21世纪高职高专规划教材·金融保险系列

U0853912

电子支付与电子银行
（第二版）

主　编　张敏敏

副主编　丁建波

中国人民大学出版社

·北京·

第二版前言

本书第一版出版于四年多以前，在这四年多的时间中，我国的电子支付行业发生了巨大的变化。网络经济的不断发展，互联网金融的迅速崛起，为商业银行带来了巨大的压力，也促使其加快了金融电子化的步伐，深耕不同电子渠道的服务内容，特别是完善手机银行的功能，以期在移动支付领域有所突破。目前，商业银行、银联、线上线下的第三方支付机构、移动运营商是电子支付体系的主要参与者，其参与数量和交易规模不断扩大。未来更多的支付将通过电子支付的方式进行，线上、线下、O2O 等支付方式的界限会越来越模糊，支付方式的选择会更加多样化。同时，进入某一支付场景也会有更多种方式，由从网页或者 App 进入到更简单快捷的通过扫码、NFC、光子等方式交换支付信息。这些看似复杂的新兴支付方式，都将配合更简单的操作流程，以及更加安全的认证方式。

在本书第二版中我们增加了以上变化的内容，对每一章最后的扩展阅读内容进行了重新筛选，以期能够反映电子支付行业的最新热点和发展趋势；对近几年由于行业发展而引入的新概念、新模式进行了补充；对于从整体来看不再重要、过时的内容进行了删除；对教材中涉及的行业数据及图表进行了更新。另外，为了突出教材的实用性，我们为各种电子支付方式的应用配了大量图片，在多数章节后面都有提升学生应用能力的实训内容。

由于编者水平有限，加之电子支付行业的变化日新月异，书中错误、疏漏之处在所难免。恳请广大读者和同仁批评指正，在此表示感谢！

第一版前言

随着我国经济的高速发展，银行业务持续蓬勃发展，新兴业务层出不穷，银行业正成为人们生活中不可缺少的重要行业。同时，银行间的业务存在交叉，客户对银行的服务品种、服务质量及服务手段的要求不断提高，各银行间的业务竞争越来越激烈。为适应这种变化，各银行在改进服务手段，增加服务功能、完善业务品种、提高服务效率方面做了大量的工作，以提高自己的竞争力，增强对客户的吸引力，从而取得更大的经济效益。实现这一目标的有效途径就是实现银行的电子化、信息化，利用高科技手段推动银行业的发展和进步。

从银行电子化的历程可以看出，银行业是计算机和通信技术最大的受益者和原始驱动力之一，技术的进步使传统银行突破了时空的限制、模糊了业务边界，也冲击了传统银行的业务制度和业务规划，以技术手段为支撑的金融产品创新层出不穷，网络技术的介入更使银行业的发展前景无可限量。目前，电子手段已经成为银行业的基本载体和生存基石，离开电子手段，银行将无所适从、无法生存。

大多数高职高专金融专业的学生毕业后将成为各金融单位的一线员工，他们是银行客户的接待者，是银行业务的操作者，也是各种新技术、新手段的使用人。这都需要他们了解银行的电子化、电子银行的业务，并在此基础上去指导、引导客户。本教材的编写目的正是为高等职业院校金融专业的学生提供这样一种熟悉、了解银行电子化和电子支付的渠道。

本教材内容包括电子支付概述、现代化支付清算系统、网上银行、电话银行、手机银行、自助渠道服务、第三方支付、电子支付的风险及安全管理，共八章。编写分工如下：第一章、第二章、第七章由张敏敏编写；第四章、第六章由丁建波编写；第三章由张敏敏、张辉编写；第五章由赵娇娇编写；第八章由张敏敏、黎杰生编写。

本教材主要有以下特点：

一是针对高等职业院校金融专业编写。以往电子支付及电子银行方面的教材大多是针对信息专业或电子商务专业编写的。本教材对涉及计算机、通信及安全方面的技术知识及理论的内容以够用为原则，更侧重从客户使用电子银行产品及银行员工办理电子银行业务的角度来阐述问题，符合高等职业院校金融专业学生的学习要求。

二是紧跟电子支付及电子银行的发展步伐。银行电子化、信息化和电子支付方式创新的步伐一直没有停止，本书以“扩展阅读”的方式在每章最后体现相关领域的最新动态，如虚拟货币的管理、我国银行卡的EMV迁移进程、央行跨行网银支付系统的建设、移动支付的竞争、第三方支付公司的发展等，旨在为学生提供本学科的前沿动态，引导学生分析、关注行业的发展。

三是多数章后设置了实训内容，有针对性地指导学生将课堂中学到的知识应用于实践，这些实训内容都是在教学过程中使用过并深受学生好评的项目，对学好教材内容有较好的辅助作用，教师可根据课程进度适当采用。

由于编者水平有限，加之银行电子化的日新月异，书中难免有错误、不当之处，敬请同行、专家和广大读者批评指正。

编　者

2012年4月

目　录

第一章　电子支付概述

知识目标

了解电子货币、电子支付、电子支付工具的概念、特点，能够辨析电子支付与传统支付的优缺点。

技能目标

能够准确识别银行卡的种类，熟练掌握不同类型银行卡的特点和功能。

第一节　电子货币

货币是固定地充当一般等价物的商品。伴随着科技进步，货币作为商品交易的媒介也相应发生着形态上的改变，至今已实现了从实物货币到金属货币，再到纸币的演化。今天，以计算机技术为标志的新技术革命正深刻地影响着人类生活的各个方面、改变着人们的生活方式，也使货币的形态与银行的业务运作发生了革命性的变化。正如纸币取代黄金、票据取代纸币一样，电子货币正在取代纸币和票据。在信息技术与互联网高速发展的推动下，货币将实现从“原子形态”向“比特形态”的转变。而这种转变又将使货币本身乃至经济的运作发生怎样的变化，也同样值得我们关注。

一、电子货币的概念

20 世纪末，人类社会进入了网络经济时代。随着这一时代的到来，货币的形式也发生了前所未有的转变，电子货币的出现为人类交易活动的进一步发展提供了可能。

所谓电子货币，简单讲就是电子（或数据）形式的货币。换言之，货币的形式不再是看得见、摸得着的纸币或金属，而是电子载体中所包含的信息。电子货币通常以计算机网络为基础，以商用电子化机具和各类交易卡为媒介，以网络技术和通信技术为手段，以数字（二进制数据）形式存储在银行或客户的计算机系统中，并通过计算机网络系统以电子信息传递形式实现流通和支付。

巴塞尔银行监管委员会在1998年对电子货币的概念做了一个比较明确的界定：电子货币是指在零售支付机制中，通过销售终端、各类电子设备，以及在公开网络（如互联网）上执行支付的"储值"产品和预付机制。这里的"储值"产品是指保存在物理介质中可以用来支付的价值，这种物理介质可以是智能卡、电子钱包等，所储的货币价值使用后可以通过专用的电子设备追加。而预付机制则是指存在于特定系统中的可以传输并可用于支付的电子数据，能直接在网络上使用。

消费者用一定金额的现金或存款从发行者处兑换为代表相同金额的数据，即电子货币，通过电子化方法将该数据转移给支付对象，从而能清偿债务实现有效支付。电子货币的发行和运行流程如图1-1所示。

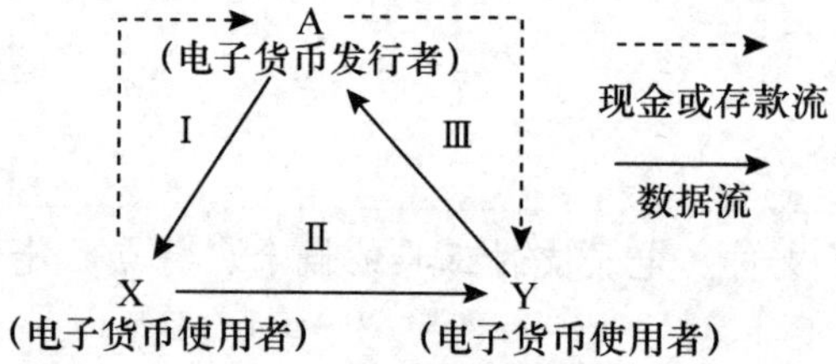

图1-1　电子货币的发行和运行流程

二、电子货币产生的条件

电子货币作为最新的货币形式，从20世纪70年代产生以来，其应用越来越广泛。电子货币是现代商品经济高度发达、银行转账与结算技术不断进步及信息技术不断发展的产物，代表了现代信用货币发展的方向，也体现了支付手段的不断进化。

（一）支付制度的演化是电子货币出现和发展的制度基础

电子货币的出现与支付制度的演化密切相关。20世纪70年代以来，伴随着电子计算机和电信技术的发展，为提高现金支付和票据支付的处理速度，降低银行处理现金支付和票据支付的成本，银行开始利用电子计算机和电信技术将"现金流动""票据流动"转换为计算机中的"数据流动"，原本以现金或票据为载体的货币资金开始在银行计算机网络系统中以人类肉眼看不见的方式进行转账和划拨，这就是资金调拨电子系统（Electronic Fund Transfer System，EFTS）。美国早在1981年就建立了专用的资金传送网，后经多次修改，于1982年组建了电子资金传输系统。随后英国和德国也相继研制了自己的电子资金传输系统，使非现金结算自动处理系统具有相当的规模。

随着电信技术的进步，几乎是在资金调拨电子系统迅速发展的同时，银行卡作为20世纪最重要的创新支付工具登上了历史舞台。1952年，美国富兰克林国民银行发行了世界上最早的银行信用卡。与资金调拨电子系统孕育了电子货币相比，银行卡支付体系使电子货币真正地应用于持卡人与商户之间的购销支付，电子货币从银行内部的支付手段和记账依据发展成为社会经济活动的支付手段。同时，银行卡的广泛应用也大大提高了电子货币的应用领域和社会接受程度。

（二）信息技术的进步是电子货币出现和发展的前提

计算机及现代通信技术构成的电脑网络，是电子货币出现和发展的前提，它将标准化的货币流通信息加以存储、传输和处理，使电子货币能在不同的范围之内运行无阻。这种联网有不同的层次，有同一银行的分支机构间的联网，也有不同银行间的联网；有同城的联网，也有异地跨地区联网，甚至有世界范围内的联网。

由于磁记录技术的出现，电子货币走出银行，使电脑转账的单纯功能向着全方位货币功能转化，发展了电子货币的存、取、转、付的作用，并深入到社会流通领域。新一代非磁记录型的智能卡装有集成电路芯片，本身就是一种带处理器和记忆功能的微型电脑，具有记忆和处理数据资料的能力，不但可以有效地发挥货币的功能，而且可以在一些没有计算机联网的地区使用。

（三）电子商务的发展是电子货币进一步发展的主要推动力

由于信息技术的进步及网络在商业贸易中的广泛应用，网上购物、虚拟交易等新的商务模式让人们在有了新的消费体验的同时，也感到支付上的不便，对能够快捷、安全地进行支付的新货币形式就有了内在需求，电子货币不但可以满足这一需求，而且具备了基本的货币特征，能够广泛为人们所接受，电子货币在这种环境下迅速发展也就成了必然。

三、电子货币的种类

目前，我国常见的电子货币主要有以下四种类型：

（一）储值卡型电子货币

这种电子货币一般以磁卡或 IC 卡形式出现，其发行主体广泛，除商业银行外还有电信部门（如电话卡）、商业零售企业（各类消费卡）、市政部门（加油卡）和学校（校园卡）等。这类卡的发行主体在预收客户资金后，发行等值储值卡，使储值卡成为独立于银行账户之外的新的“存款账户”。同时，储值卡在客户消费时以扣减方式支付费用。由于储值卡中的存款目前尚未在中央银行征收存款准备金之列，所以，储值卡可使现金和活期储蓄存款减少。

知识链接

八达通

八达通（Octopus）是香港通用的电子收费系统。芯片内置在信用卡大小的塑料胶片卡上，为卡片充值后放在接收器上即能完成付款过程。八达通从 1997 年 9 月 1 日开始使用，最初只应用在公交、铁路等公共交通工具上，后来陆续扩展至其他行业，包括商店、饮食店、停车场等，也用作学校、办公室和住所的通行卡。充值的方法也由最初的增值机，扩展至商店付款处和用信用卡、银行账户自动转账，并推出易办事充值服务，但最终因系统问题而永久取消。

八达通是全世界最早也是最成功的电子货币之一，普及程度也为全世界最高，并成为世界发展电子货币系统的重要案例。截至2009年3月，香港已经有超过1 900万张八达通，相当于平均每人有2张，每日交易宗数也超过1 000万笔。

2012年7月，“岭南通·八达通”联名卡开始在广东和香港两地发售。卡内设有两个独立的电子钱包账户，分别以港币和人民币结算。持卡人可凭卡内的人民币电子钱包账户在广东14个城市的公共交通及零售网络进行交易；在香港使用时，电子钱包会自动转为以港币账户结算。

由于上车前不用花时间准备零钱，使用八达通卡比使用现金方便得多，这成为八达通迅速普及的主因之一。八达通的另一个成功原因在于其广泛的通用性，不像其他城市的交通付款卡各自为政，香港的八达通通用于大部分公共交通工具，也成为不少大型店铺的电子货币收费方式。

资料来源：http://baike.baidu.com.

（二）信用卡应用型电子货币

这种电子货币是指商业银行、信用卡公司等发行主体发行的贷记卡或准贷记卡，又称信用卡。这种卡可在发行主体规定的信用额度内透支消费，然后在规定的时间内还款。需要注意的是，信用卡的普及使用能够扩大消费信贷，从而影响货币的供给量。

（三）存款利用型电子货币

这种电子货币主要有借记卡、电子支票、电子汇兑等，用于对银行中的存款以电子化方式进行转移或支付。这类电子化方式的普及使用，能够使消费者避免往返于银行办理相关业务，提高效率。此外这种电子货币的使用能够使现金需求大量减少，从而加快货币的流通速度。

（四）现金模拟型电子货币

这种电子货币主要有两种形式：一种是基于网络环境使用且将代表货币价值的二进制数据保管在微机终端硬盘内的电子现金；另一种是将货币价值保存在IC卡内并可脱离银行支付系统流通的电子现金。这类电子货币具有现金的匿名性，可以用于个人间支付并多次使用，是以代替实体现金为目的而开发的。

在上述四种类型的电子货币中，现金模拟型电子货币可以看成是对货币价值本身进行的电子化，用二进制数据符号来代替日常生活中所使用的实际货币，可以理解为现实货币的电子等价物，这种电子货币支付时传递的是“货币价值”本身，因此我们又把这种电子货币称为现金型电子货币。储值卡型电子货币、信用卡应用型电子货币和存款利用型电子货币的使用是将“等价物”的转移指令传递给结算服务提供者（一般为银行），由结算服务提供者完成最终资金的划拨，因此我们又把这三种电子货币称为账户依存型电子货币。

四、电子货币与传统货币的区别

电子货币是在传统货币的基础上发展起来的，与传统货币在本质、职能及作用等方面存在着许多共同之处。电子货币与传统货币的本质都是固定充当一般等价物的特殊商品，二者同时具有价值尺度、流通手段、支付手段、储藏手段和世界货币五种职能。它们对商品价值都有反映作用，对商品交换都有媒介作用，对商品流通都有调节作用。但由于它们产生于不同的社会背景、经济条件和科技水平，其区别也是显而易见的。

（一）发行机制不同

电子货币是不同发行主体自行开发设计、发行的产品，使用范围受到物理设备、相关协议的限制，被接受和使用的程度依赖于发行者的信誉与实力。而传统货币则由中央银行或特定机构垄断发行，中央银行承担其发行的成本与收益，发行机制由中央银行独立设计、管理和控制，并被强制接受、流通和使用。

（二）占用空间不同

传统货币面值有限，大量的货币必然要占据较大的空间。而电子货币所占空间非常小，其体积几乎可以忽略不计，一张智能卡或一台计算机可以存储无限数额的电子货币。

（三）传递方式不同

传统货币需要持款人随身携带，大量的货币需要运钞车和保安人员押送，运送时间长，传递数量和距离也十分有限；而电子货币利用网络和通信技术进行电子化传递，传递的只是数字信息，不存在大量物理实物的转移，既打破了时空的界限，又可以在极短的时间内把大量货币传送到有互联网的任何地方，既快捷又安全。

（四）匿名程度不同

传统货币的匿名性比较强，这也是传统货币可以无限制流通的原因。相比而言，电子货币要么是完全匿名的，几乎不可能追踪到其使用者的个人信息，如现金型电子货币；要么是非匿名的，可以详细记录交易信息，甚至交易者的所有情况，如账户依存型电子货币。

五、电子货币使用过程中应注意的问题

（一）电子货币的法律效力问题

电子货币是存储于计算机或 IC 卡中的电子数据，电子数据的法律效力问题是传统法律所要解决的重要问题之一。我国《合同法》第十一条规定数据电文为书面形式合同的一种。据此，以电子数据为物质载体的电子货币与以纸面为物质载体的纸币具有同等的效力。但是，此种“功能等同”模式的立法只是承认了电子数据的法律效力，而解决电子数据的认证问题则更具重大意义。2005 年 4 月 1 日，《电子签名法》开始正式实施，它以法律形式对直接关系公共利益的电子认证服务业设定行政许可，并授权信息产业部作为实施机关，对电子认证服务提供者实施监督管理。

（二）电子货币的安全问题

与纸币相比，电子货币很难被抢劫和偷盗；与传统票据相比，电子货币更不容易被冒认和盗用。但由于目前计算机网络资源共享的开放环境及尚存一定漏洞的软硬件环境，电子货币的安全问题不容小觑。这些安全问题主要包括：交易伙伴是否真实存在、对方的身份如何验证、黑客是否攻击密码、资金和货物是否及时到达（即对方是否履行合约）、客户隐私如何保护、出现争议谁来仲裁等。为了解决上述问题，目前广泛采用的方法是：借助密码技术对支付结算信息进行加密，防止信息泄露；采用数字签名，确认收付款方身份的合法性、信息的不可抵赖性；建立认证机构，规范交易双方行为，等等。

（三）电子货币的监管问题

电子货币的产生与发展给各国的金融机构提出了新的问题，特别是电子货币对现行金

融监管制度带来了直接或间接的影响。为维护金融体系的稳定和安全，防止侵害消费者利益的行为发生，以及避免出现恶性竞争和无秩序的行为，政府适度监督成为各国关注的问题。因此，我们需要通过详尽的法律规定完善电子货币的监管问题。

（四）电子货币的隐私权保护问题

账户依存型电子货币的流通完全依赖于转账结算，账户管理者保存其交易记录，因此对账户管理者来说，交易当事人毫无隐私可言。现金型电子货币虽不是转账交易，但要求每一个使用者都须在发行者处开设一个存款账户，便于使用者申请账户或最后兑换法定货币，发行者也可由此掌握相关信息。由此可见，目前的电子货币类型都不能像法定货币那样解决使用者的隐私保护问题。

（五）电子货币的洗钱犯罪问题

电子货币的出现和使用，为犯罪分子进行洗钱活动提供了便利。犯罪分子可以通过电话线、互联网瞬间将巨额资金从地球的一端转移到另一端。所以电子货币尤其是现金模拟型电子货币，对洗钱犯罪分子具有无限吸引力，他们可以把来源于非法活动的钱利用电子货币很快转移到法律上对洗钱犯罪监管较为薄弱的国家，在那里更容易将这些钱合法化。如何有效地预防和打击洗钱犯罪，是电子货币发展中亟待解决的问题。

第二节　电子支付工具

支付工具是传达债权债务人支付指令，实现债权债务清偿和货币资金转移的载体。收、付款人的支付指令通过支付工具传达至其开立资金账户的银行，银行将按照支付指令的要求办理资金转账。支付工具按照发展时间来看，可以分为传统支付工具和现代支付工具（电子支付工具）。

一、传统支付工具的局限

传统的支付工具以现金和票据为代表。票据结算方式如图 1－2 所示。

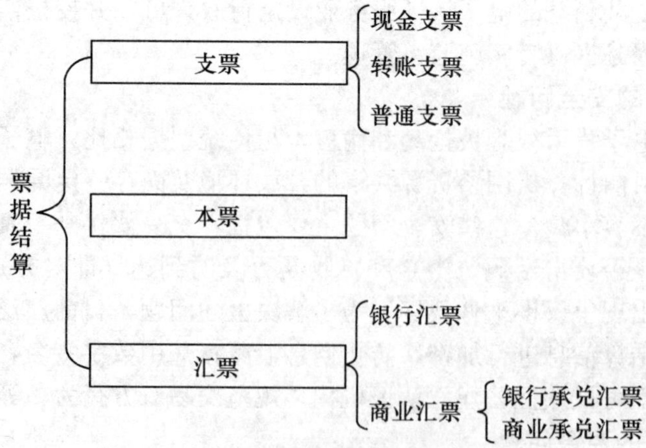

图 1－2　票据结算方式

现金支付操作简单直观，一手交钱一手交货，债权债务关系瞬间消失；票据的使用使交易可在异时异地进行，大大提高了交易的可能性，促进了交易的繁荣。但这些传统支付工具也有以下明显的局限性：

（一）使用、保管成本较高

现金和票据在印制、运送、保管等方面都需要专人采用专门的安全手段进行，使用过程中还会遇到清点、整理、挑残等人力、物力的支出。例如我国每年都要花费数千万元人民币用于货币的回笼和销毁。

（二）运作速度与处理效率比较低

传统的支付结算方式由于涉及较多的业务部门、人员，且大多数业务处理流程复杂并基于手工操作，造成支付结算的效率低下。另外，由于传统支付结算方式种类繁多，不同的支付工具使用方法和流程各不相同，消费者要根据不同的交易使用不同的结算方式，非常烦琐。

（三）支付的安全性不易保障

无论是现金还是票据，都容易伪造、丢失，从而给使用者带来损失。另外，空头支票等现象造成支付结算的不确定性和商务风险增加，特别是跨地区、远距离的支付结算。

（四）除现金以外的支付结算不是即时结算

传统的支付结算方式，特别是中国企业比较流行的纸质支票的应用并不是一种即时结算，企业资金的回笼有一定的滞后期，增加了企业的流动资金规模。现金的过多应用给企业的整体财务控制造成一定的困难，同样对国家控制金融风险不利，且给偷税漏税、违法交易提供了方便。

二、电子支付工具的概念

电子支付工具是在电子信息技术发展到一定阶段后产生的新兴金融业务所使用的支付工具，依赖于非纸质电磁介质存在，大量使用安全认证、密码等复杂的电子信息技术。可以这样理解，电子支付工具是电子货币的具体化，是电子货币的表现形式。它以金融电子化网络为基础，通过计算机网络系统传输电子信息的方式实现支付功能。利用电子支付工具可以很方便地实现现金存取、汇兑、直接消费和信贷等功能。根据支付方式不同，电子支付工具可分为银行卡、电子现金、电子钱包、电子支票等。

三、银行卡①

银行卡是商业银行向社会发行的具有消费信用、转账结算和存取现金等功能的各类卡的统称，是一种支付结算工具。

（一）银行卡的起源和发展

银行卡是 20 世纪的产物，最早出现的银行卡产品是信用卡。信用卡起源于 1915 年的美国，当时的一些商店为了促销，开始给顾客发行一种塑料卡片，顾客凭此可赊购商品，

① 对于银行卡是传统支付工具还是电子支付工具目前存在争议，考虑到多种电子支付渠道的使用都以银行卡作为电子货币的载体，本书把银行卡归入电子支付工具。

约期付款，这就是现代信用卡的雏形。

1952 年，美国加州富兰克林国民银行发行了全球第一张银行信用卡。在此之后，众多的商业银行纷纷加入到发卡银行行列，先后推出各类信用卡。银行作为买卖双方以外的第三者发行信用卡，借助其资金实力雄厚、信誉良好、分支机构分布广泛的优势，扩大了信用卡的使用范围、拓展了应用领域、增强了信用实力。

我国银行发行信用卡始于 20 世纪 80 年代中期。1985 年 3 月 1 日，中国银行珠海分行在国内率先发行人民币“珠江卡”。1986 年，中国银行北京分行发行人民币“长城卡”。之后，中国银行总行确定“长城卡”为中国银行系统的信用卡，在全国各分行发行。1987 年，中国银行加入了万事达（MasterCard）和维萨（Visa）国际组织，并于 1988 年发行了第一张外汇长城万事达卡。自此之后，中国工商银行、中国农业银行、中国建设银行、交通银行、中信实业银行、上海浦东发展银行、招商银行、福建兴业银行、深圳发展银行、广东发展银行、华夏银行和邮政储蓄等也相继发行了各自的银行卡，我国银行卡业务呈现出百花齐放的发展态势（见图 1－3）。

银行名称	卡种	银行名称	卡种
中国工商银行 INDUSTRIAL AND COMMERCIAL BANK OF CHINA	牡丹卡	中国民生银行 CHINA MINSHENG BANKING CORP.,LTD.	民生卡
中国农业银行 AGRICULTURAL BANK OF CHINA	金穗卡	招商银行 CHINA MERCHANTS BANK	一卡通
中国建设银行 China Construction Bank	龙卡	HUAXIA BANK 华夏银行	华夏卡
中国银行 BANK OF CHINA	长城卡	Bank 中国光大银行 CHINA EVERBRIGHT BANK	阳光卡
交通银行 BANK OF COMMUNICATIONS	太平洋卡	上海浦东发展银行 SHANGHAI PUDONG DEVELOPMENT BANK	东方卡
中信银行 CHINA CITIC BANK	中信卡	广东发展银行 GUANGDONG DEVELOPMENT BANK	广发卡

图 1－3　我国各银行发行的银行卡名称

知识链接

信用卡组织及其职能

国际信用卡组织是信用卡产业全球化、一体化发展的必然结果。就目前来讲，排名在前的两大国际信用卡组织分别是维萨（Visa）国际组织和万事达（MasterCard）国际组织。它们分别于 1977 年和 1979 年成立，主要职能是帮助会员行开发各种卡产品和旅行支票业务，为会员提供其产品及旅行支票服务，降低会员在网络上的重复建设，提供给会员、消费者及特约商户自动付款机具及系统，提供国际授权及清算网络服务，协助会员国利用卡产品及其服务。

中国银联是由国内 80 多家银行共同发起设立的股份制金融服务机构，通过建立和运营广泛、高效的银行卡跨行信息交换网路系统，实现高效率的银行卡跨行通用及业务的联合发展。“银联”是国家确定的国内银行卡联网通用的标志，凡持有银联标识银行卡的个人持卡人，均可在任意标有银联标识的自助终端上进行跨行存取支付，均可在任意标有银联标识的 POS 终端刷卡消费。

资料来源：中国银行业从业人员资格认证办公室．银行业从业人员资格认证考试辅导教材——公共基础．北京：中国金融出版社，2007.

（二）银行卡的外观

银行卡的外观如图 1－4 所示。银行卡均按照国际通行的 ISO 标准规定制作，选用 PVC 或 PVCA 胶质塑料材料制成，其标准尺寸为卡片长 85.725mm、宽 53.975mm、厚 0.762mm，倒角半径 3.18mm。

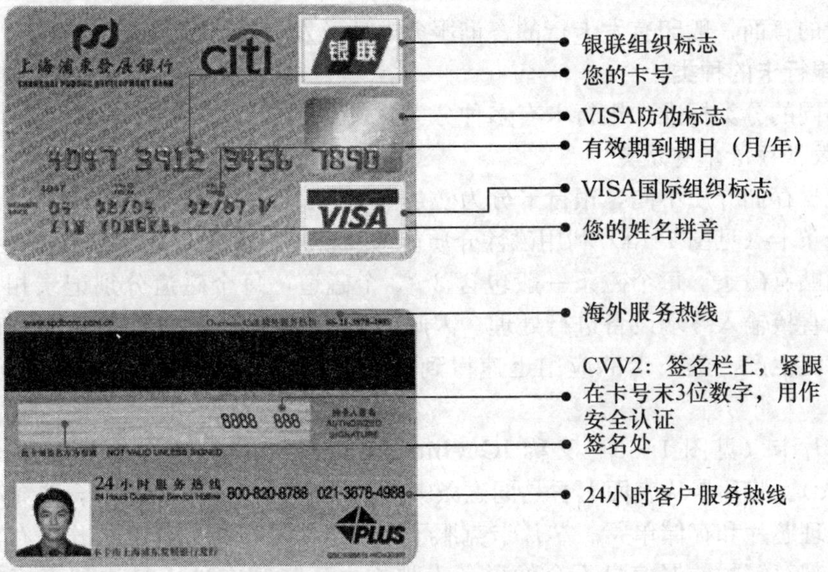

图 1－4　银行卡的正面和背面

1．银行卡的正面

（1）发卡银行行徽、行名、卡名。

发卡银行一般在其银行卡正面上半部分印制本卡的名称、注册商标图案及发卡机构的名称、标识。另外，联名卡正面还有联名单位的标志和名称。

（2）银行卡组织标志和防伪标志。

Visa 卡正面具有防伪反光的飞鸽图案；MasterCard 卡则有两个相连的立体地球激光片；中国银联有红、蓝、绿三色组成的斜体方块。

（3）卡号、有效期等。

卡的中部是卡号，各行卡号位数不尽相同。银联卡的卡号长度可以是 13～19 位，它由发卡行标识代码（6 位）、发卡机构自定义位（6～12 位）和校验位（1 位）构成。卡号的下方是有效期，最下部是身份标志，如果是个人卡则显示个人性别、姓名拼音，单位卡则需打印“DWK”字样。

2．银行卡的背面

（1）磁条。

银行卡的磁条有统一的格式，用于记载发卡银行标识码、持卡人的账号等各种信息，供银行电脑终端、商户终端或自助机具进行信息读取和鉴别卡的真伪。

（2）持卡人签名。

持卡人在领卡时，必须预先在银行卡签名栏上签名，以便持卡人在用卡结账时，商户将单据上的签字与该签名进行核对，以确定持卡人的使用合法性。

（3）发卡银行的简单声明或注意事项。

注明该卡的使用范围、使用该卡必须受发卡银行的银行卡章程约束、不能转让、如有拾到本卡请交给银行等内容。联名卡还需注明该卡在联名单位使用的优惠措施等。

（4）客户服务电话。

银行卡的背面一般印有发卡行的咨询服务电话及发卡银行网址。

（三）银行卡的种类

按照不同的分类标准，银行卡有多种分类方式：

1. *按数据存储介质分类*

按照数据存储介质不同，银行卡分为磁条卡、芯片卡、射频卡。

（1）磁条卡（见图1-4）利用磁性介质能够高密度、大容量地保存数据的特点，在银行卡的背面贴有磁条。每个磁条一般包含2～3个磁道，每个磁道分别记录相关信息。磁卡信息可以直接输入终端设备进行处理。因此，随着20世纪70年代个人微机的普及和读卡设备的广泛生产，磁条卡的应用迅速得到推广。目前，我国发行的银行卡大部分为磁条卡。

（2）芯片卡（见图1-5）又称IC（Integrated Circuits）卡、集成电路卡或智能卡（Smart Card）。芯片卡从表面上看是同磁条卡类似的塑料卡片，但它不含磁条，它的卡内包含有微处理芯片和存储单元。芯片卡克服了磁条卡易受干扰、易被损伤、存储容量小等缺陷，它内部存储的数据信息不会像磁条卡那样由于暴露在外而易遭到直接的物理损伤（折痕、划印等），它的存储容量能达到磁条卡的100倍以上，但它的制作成本较高。

图1-5 芯片卡

(3) 射频（Radio Frequency，RF）卡（见图1-6）又叫非接触式IC卡。射频卡在芯片卡的基础上增加了射频收发电路，能够进行非接触式读写，是一种以无线方式传送数据的集成电路卡片，是射频识别技术、无线通信技术和IC卡技术有机结合的产物。它解决了无源（卡中无电源）和免接触这两个难题，具有方便快捷、不易损坏的特点，因此一经问世便引起广泛的关注，并以惊人的速度得到推广应用。

图1-6　射频卡

在我国目前支持非接触式交易的银联金融IC卡，卡面上有"Quick Pass闪付"标识（见图1-7），持卡人可在支持"Quick Pass闪付"的非接触式支付终端上，轻松一挥快速完成支付交易。

图1-7　"Quick Pass闪付"标识

2. 按能否透支分类

按照能否透支，银行卡可分为信用卡、借记卡。

(1) 可以透支的银行卡是信用卡。信用卡持卡人可根据发卡机构给予的消费信贷额度，凭卡在特约商户直接消费或在其指定的机构、地点存取款及转账，在规定的时间内向发卡机构偿还消费贷款本息。信用卡按是否向发卡银行缴存备用金，又分为贷记卡和准贷记卡。贷记卡是指发卡银行给予持卡人一定的信用额度，持卡人可在信用额度内先消费、后还款的信用卡。准贷记卡是指持卡人须先按发卡银行的要求交存一定金额的备用金，当备用金账户余额不足以支付时，可在发卡银行规定的信用额度内透支的信用卡。

(2) 不能透支的银行卡是借记卡。借记卡是银行发行的一种要求先存款、后消费的银行卡。借记卡与储户的储蓄存款账户相联结，卡内消费、转账、ATM（自动柜员机）取款等都直接从存款账户扣划，不具备透支功能。

3. 按发行对象分类

按照发行对象不同，银行卡可分为个人卡、单位卡（商务卡）。

（1）个人卡是发卡银行面向有稳定收入的个人发行的具有消费信用、转账结算、存取现金等全部或部分功能的信用支付工具。负担信用卡还款责任的是申请者本人。

（2）单位卡（商务卡）是向企事业单位、团体、部队、学校等发行的具有消费信用、转账结算等全部或部分功能的信用支付工具。其申请人是单位，负担信用卡还款责任的是申请单位。单位卡在申领时，必须在银行开立基本结算账户。法人组织必须指定若干个持卡人，只有指定的持卡人才能使用单位卡。单位卡不能存取现金，卡内款项只能从基本结算账户转账转入。

4. 按流通范围分类

按照流通范围不同，银行卡可分为国内卡、国际卡。

（1）国内卡是在发行国国内或国内一定区域内使用的银行卡。

（2）国际卡是能在国际上通用的银行卡，是发卡行向符合发卡行信誉条件，并有一定外汇存款的单位和个人发行的具有转账结算、存取现金、消费信用等全部或部分功能的银行卡。

5. 按信用等级分类

按照信用等级不同，银行卡可分为普通卡、金卡、白金卡等。

（1）普通卡的发行对象经济实力一般，有关授权限额起点、服务费用收取、消费信用额度的要求相对较高。

（2）金卡、白金卡发行对象经济实力较强、社会地位高、资历程度高，银行提供的服务、信用额度比普通卡高，金卡、白金卡持有人还享有银行提供的 VIP 服务。

知识链接

美国运通“黑卡”

007 系列电影《皇家赌场》中有一幕：邦德来到巴哈马一家高档酒店，他向接待人员出示了一张黑色卡片，这张黑色卡片就是传说中的“黑卡”。之所以称之为“黑卡”，是因为其颜色是黑色的，质地却是钛金属，沉重的质感和光泽显示了它内敛而尊贵的属性。这就是美国运通公司（American Express）专为世界顶级富豪定制的顶级信用卡——百夫长卡（centurion），俗称运通“黑卡”。

百夫长卡是世界公认的“卡片之王”，该卡定位于顶级群体，无额度上限（中国地区的百夫长卡为合作发行的信用卡，所以存在额度限制，授信额度在 200 万～1 000 万元），持卡人多为各国政要、亿万富豪及社会名流，并由美国运通邀请办理，不接受办卡申请。持卡人可以享受全球顶级的会员专属礼遇、权益和服务。由于国内政策禁止国外卡组织在中国境内独立发行签账卡，于是美国运通将百夫长系列卡片在国内改为信用卡形式，授权中国工商银行、招商银行、中国民生银行发行。

6. 按合作情况分类

按照与其他单位合作情况不同，银行卡分为联名卡、认同卡。

（1）联名卡是发卡行与营利性单位在互利的基础上联合发行的银行卡。一般情况下，联名卡在联名单位消费可以享受特殊的优惠折扣服务。

（2）认同卡是发卡行与非营利性单位，通常是行政事业单位、社会福利单位等联合发行的银行卡产品，它不以获利为目的，而是用于社会慈善、公益事业等。持卡人领用认同卡表示对合作单位所从事工作的认同与支持。

（四）银行卡的功能

1. 银行卡的基本功能

（1）消费支付功能。

银行卡的持卡人可以在特约商户处直接刷卡消费，而不必使用现金，特约商户凭客户签字的单据向银行收取结算款项，并按事先约定向银行支付一定比例的手续费。

（2）存取现金功能。

银行卡的持卡人可以在发卡行指定的营业网点或发卡行约定的其他营业机构及自助机具上办理存取现金。

（3）消费信贷功能。

消费信贷功能是信用卡的本质功能。信用卡持卡人在消费时，可以在规定的限额内进行短期的透支。准贷记卡内存款按照银行活期利率计付存款利息，当卡内存款不足以支付消费款项时，按照发卡银行核定的信用额度，允许透支。贷记卡内存款不计息，持卡人可以在发卡银行核定的信用额度内进行消费透支。贷记卡消费透支有一定的免息期，免息期内还款的，不计收利息；免息期满未归还透支款的，发卡行将按照规定收取滞纳金和超限费，并收取透支利息，透支利息按月计收。

2. 银行卡的衍生功能

（1）代收代付功能。

银行卡账号作为个人的银行账户，可以进行代发工资，缴纳电话费、水电费等。代收代付功能方便了持卡人日常支付，发卡行则扩大了客户群，并可收取代办手续费。

（2）网上银行功能。

随着互联网的兴起，出现了网上银行。银行卡充当了最佳的网上支付工具。持卡人可以在网上实现查询、挂失、转账支付等功能。结合网上商城，利用银行卡足不出户就可以进行网上支付。

（3）自助服务功能。

持卡人可以用银行卡在自助银行存取款、转账、修改密码；在自助机具上缴费、查询交易明细。

（4）理财功能。

持卡人可以办理股票资金转账、直接买卖股票等业务；可以进行外汇买卖、国债买卖、基金买卖等金融理财活动。

四、电子现金

（一）电子现金的概念

电子现金（E-cash）又称数字现金，是一种以数据形式流通的货币。电子现金是一种隐形货币，它把现金数值转换成为一系列的加密序列数，通过这些序列数来表示现实中各种金额的币值，用户在开展电子现金业务的银行开设账户并在账户内存钱后，就可以在接受电子现金的商店购物了。

可以说，电子现金是纸质现金的电子化，具有与纸质现金一样的优点。随着电子商务的发展，电子现金必将成为网络支付中的一种重要工具，特别是涉及个体的、小额网上消费的电子商务活动。

目前电子现金的表现形式主要有两种：预付卡式电子现金和纯电子形式的电子现金。预付卡式电子现金与电话卡有些类似，客户通过购买将电子现金存储在卡片上，这种预付卡一般用于小额支付，并不只限于在互联网上使用，目前许多商家的POS（销售点终端）机上都受理这种电子现金。纯电子形式的电子现金以特殊的电子数据形式存在，特别适用于买卖双方物理上处于不同地点、通过网络进行支付的情况。支付行为表现为把电子现金从买方扣除并传输给卖方，卖方可以继续使用也可以去银行兑换。在传输过程中，通过加密方式保证电子现金的真实性和安全性。以下提到的电子现金指纯电子形式的电子现金。

当用户进入互联网网上银行，使用一个口令（Password）和个人识别码（PIN）来验明身份，直接从其账户中下载成包的低额电子“硬币”后，电子现金才起作用。这些电子现金被存放在用户的硬盘当中，直到用户从网上商家进行购买为止。为了保证交易安全，计算机还为每个“硬币”建立随时选择的序号，并把这个号码隐藏在一个加密的信封中，这样就没有人可以搞清是谁提取或使用了这些电子现金。按这种方式购买实际上可以让买主无迹可寻，提倡保护个人隐私权的人对此很欢迎。

（二）电子现金的发行与使用流程

电子现金的发行与使用流程如图1-8所示。

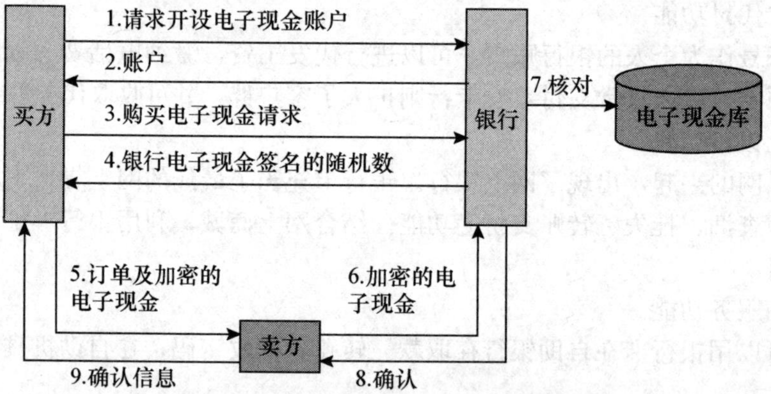

图1-8 电子现金的发行与使用流程

1. 购买

买方在电子现金发行银行开立电子现金账户并申请购买电子现金。要在网上的货币服务器或银行购买电子现金，首先要在银行建立一个账户，将足够资金存入该账户以支持今后的支付。

2. 存储

使用电脑电子现金终端软件从银行取出一定数量的电子现金存在硬盘上。一旦建立账户，买方就可以使用电子现金软件产生一个随机数，它是银行使用私钥进行加密的随机数。

3. 用电子现金购买商品或服务

买方向接受电子现金的卖方订货，用卖方的公钥加密电子现金后，传送给卖方。

4. 资金清算

接受电子现金的卖方与电子现金发行银行进行清算。在交易中，电子现金发给卖方，卖方再把它直接发给发行电子现金的银行，银行检验货币的有效性。银行将从卖方获得的电子现金与已经使用的电子现金数据库进行比对，并确认它没有被重复使用，然后将它转入卖方账户。

（三）电子现金的特点与问题

1. 电子现金的特点

（1）银行和商家之间应有协议和授权关系。

（2）用户、商家和电子现金发行银行都需要使用电子现金软件。

（3）电子现金发行银行负责用户和商家之间资金的转移。

（4）身份验证是由电子现金本身完成的。银行在发放电子现金时使用了数字签名。商家在交易中，将电子现金传送给银行，由银行验证用户支付的电子现金的有效性。

（5）具有匿名性。

（6）具有现金特点，可以存、取、转让，适用于小额交易。

2. 电子现金的问题

（1）电子现金的支付属于“模拟支付层”模式，真正的资金划拨还需要通过“实际支付过程”进行，例如使用转账的方式从银行卡中划拨一定的资金购买电子现金。

（2）成本较高。电子现金对于软、硬件的技术要求很高，需要一个大型的数据库存储用户完成的交易和电子现金序列号，以防止重复消费。

（3）电子现金的匿名性和不可追踪性使得电子现金的持有者一旦丢失相关资料，将无法报失。更令人担心的是，一旦电子伪钞获得成功，那么，发行人及其客户所要付出的代价则可能是毁灭性的。

（四）使用电子现金的安全保障

电子现金以数字签名的密码系统为基础。数字签名安全可靠，而且比手写的签名更不容易仿造。电子现金在保密上有两方面的内容：一是交易内容的保密。通过将所有在协议执行过程中传递的敏感数据进行加密，可实现支付内容的保密性。二是不可跟踪性。这又包含两个方面的内容：一方面，通过强有力的密码学技术，银行可以检测到电子现金的任何非法性插入，并能追踪到应对欺诈行为负责的一方；另一方面，给那些诚实账户所有者提供强有力的支付保密性功能。

电子现金所要解决的另一个问题是如何保证电子现金只使用一次。不法分子可能会想方设法复制或多次使用电子现金。在交易时，用户的身份识别与银行的授权可以同时在联机系统中出现，这样可以防范电子现金的复制或非法多次使用。

五、电子钱包

（一）电子钱包的概念

电子钱包是小额购物时常用的支付工具，就像我们日常生活中的钱包中会放有现金、银行卡、身份证等物品一样，电子钱包把有关方便网上购物的信用卡信息、钱包所有者的身份证明、地址、电子现金等信息集成在一个数据结构中，以备整体调用并辅助客户取出其中的电子货币进行网络支付。电子钱包既可能是软件的形式，如中银电子钱包，也可能是硬件形式，如IC卡形式的电子钱包。

客户使用电子钱包时，调用电子商务服务器上的电子钱包软件，利用电子钱包服务系统就可以把自己的各种电子货币或电子银行卡上的数据输入进去。在发生收付款时，如顾客需用电子信用卡付款，如用 Visa 或 MasterCard 等付款时，顾客只要单击一下相应项目（或相应图标）即可完成，人们常将这种电子支付方式称为单击式或点击式支付方式。

电子商务活动中的电子钱包的软件通常都是免费提供的，电子钱包持有人可以直接使用与自己银行账号相连接的电子商务系统服务器上的电子钱包软件，也可以从网上直接调出电子钱包软件来使用。

（二）电子钱包的功能

1. 个人资料管理

消费者成功申请电子钱包后，系统将在电子钱包服务器为其开立一个属于个人的电子钱包档案，消费者可在此档案中增加、修改、删除个人资料。

2. 网上付款

消费者在网上选择商品后，登录到电子钱包，选择电子钱包中的银行卡，向支付网关发出付款指令来进行支付。

3. 交易记录查询

消费者可对通过电子钱包完成支付的所有历史交易记录进行查询。

4. 银行卡余额查询

消费者可通过电子钱包查询个人银行卡余额。

5. 商户站点链接

电子钱包内设有众多商户站点链接，用户可通过链接直接登录商户站点进行购物。

使用电子钱包购物，通常需要在电子商务服务系统中进行。在电子商务服务系统中设有电子货币和电子钱包的功能管理模块，称为电子钱包管理器（Wallet Administration），客户可以通过它来改变保密口令或保密方式，用它来查看自己银行账号上收付往来的电子货币账目、清单和数据。电子商务服务系统中还有电子交易记录器，客户通过查询记录器查询全部交易记录，这样就可以了解自己都买了什么物品、购买了多少，也可以把查询结果打印出来或进行选择打印。

（三）使用电子钱包购物的流程

在使用电子钱包前，客户要向提供电子钱包的银行申请注册电子钱包，并利用电子钱包软件把自己的各种电子货币或电子银行卡上的数据输进去。这样客户就可以用电子钱包进行支付了。利用电子钱包在网上购物，其基本流程如下：

(1) 客户使用浏览器在商家的 Web 主页上查看在线商品目录浏览商品，选择要购买的商品。

(2) 客户填写订单。包括从哪个销售商店购买什么商品、购买多少，订货单上还注明将此货物在什么时间、送到什么地方及交给何人等信息。

(3) 客户确认后，选择用电子钱包来支付，点击“支付”激活电子钱包，然后输入自己的密码口令，从电子钱包中选择支付工具进行支付。

(4) 电子商务服务器采用某种交易协议，将此订单发送到商家。商家收到订单后，将自己的客户编码加入电子购货账单后，再转送到电子商务服务器。商家可以看到有关的交易信息，而客户账户方面的个人信息是看不到的。经过电子商务服务器对客户和商家确认后，将其同时送到银行和发卡机构，进行相应的账款结算处理及有关请求确认和授权处理。

(5) 经银行对客户的账号确认并授权后，商家就可交货。与此同时，商家发送给客户一份电子收据。然后商家按要求送货。

至此，电子钱包的购物全过程就完成了。购物过程中虽经过发卡机构和商业银行多次进行身份确认、银行授权、各种财务数据交换和财务往来，但这些都是在极短的时间内完成的。实际上，从客户输入订货单开始到拿到销售商店出具的电子收据为止的全过程仅用5～20秒的时间。这种电子购物方式十分省事、省力、省时。对于客户来说，整个购物过程自始至终都是十分安全可靠的。

六、电子支票

(一) 电子支票的产生

早期支票的清算都是通过手工进行的，效率十分低下。传统支票的流转程序如图1-9所示。自动清算所出现后，通过专业电子设备进行自动清分、结算，提高了效率，但仍耗费大量的人力、物力。一张支票的处理时间为2～3天，有时甚至长达一周。另外，由于传统支票易于伪造，伪造支票给银行和客户带来不少损失。据统计，美国每年因伪造空头支票而给银行和客户带来的损失高达6亿美元。

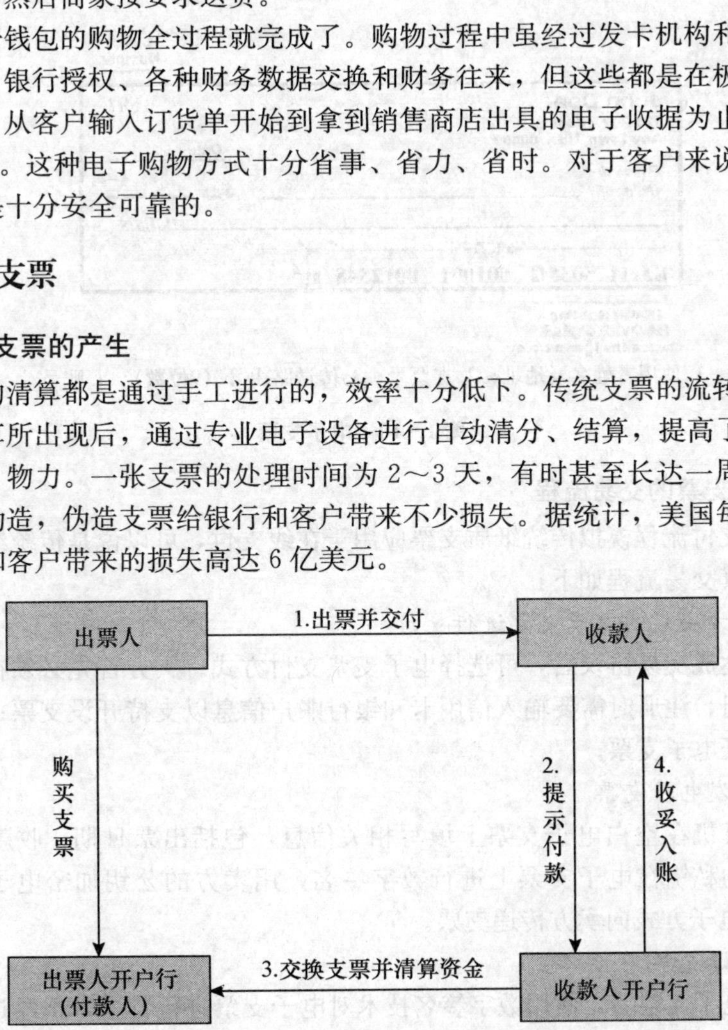

图1-9 传统支票的流转程序

传统支票存在费时费力、安全性较差、使用区域受局限等诸多不足。如果借助以互联网为代表的信息网络技术，发展一种在使用方法上与传统支票类似、应用流程模拟传统支票支付结算流程、用户熟悉的纯电子形式的支票，将会大大促进信息社会中商务经济的发展。这就是电子支票的产生原因。

（二）电子支票的概念

电子支票（E-Check）又称数字支票（见图 1-10），是客户向收款人签发的、无条件的数字化支付指令。电子支票是将传统支票的全部内容电子化和数字化，形成标准格式的电子版，借助计算机网络（互联网与计算机专用网）完成在客户之间、银行与客户之间及银行与银行之间的传递与处理，从而实现银行客户之间的资金支付结算。简单地说，电子支票就是传统纸质支票的电子版，它包含和纸质支票相同的信息，如支票号码、收款人姓名、签发人账号、支票金额、签发日期、开户银行名称等，具有和纸质支票相同的支付结算功能。

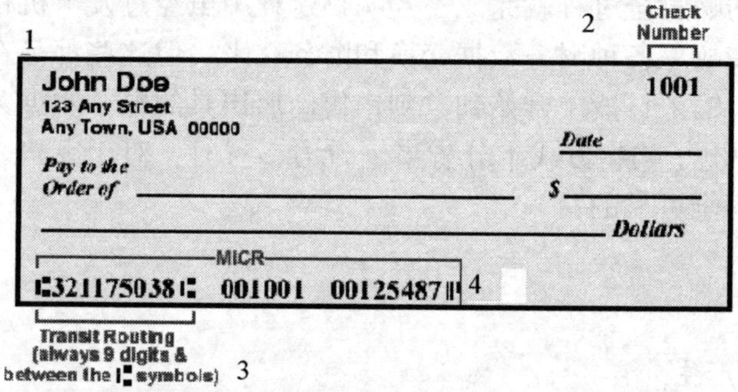

1. 使用者姓名及地址；2. 支票号；3. 传送路由号（9位数）；4. 账号。

图 1-10　电子支票

（三）电子支票的交易流程

电子支票支付流程模拟传统纸质支票应用于在线支付，可以说是传统纸质支票支付在网络的延伸。其交易流程如下：

1. 买卖双方决定用电子支票进行支付

买卖双方达成交易协议后，可选择电子支票支付方式。买方首先必须在提供电子支票服务的银行注册，注册时需要输入信用卡和银行账户信息以支持开设支票；而卖方也必须能够接受并验证电子支票。

2. 买方签发电子支票

买方用计算机在空白电子支票上填写相关信息，包括出票日期、收款人信息、金额等，并用自己的私钥在电子支票上进行数字签名，用卖方的公钥加密电子支票，然后用 E-mail 或其他电子方式向卖方传递支票。

3. 卖方验证支票

卖方收到电子支票后，使用数字签名技术对电子支票进行背书，把经过背书的电子支票传递给自己的开户银行。

4. 清算

如果交易的双方均在同一家银行开设账户，此时双方的资金结算在该开户行内部直接转账完成。如果交易双方在不同的银行开设账户，此时所涉及的金融机构除了两家开户银行外，还包括票据交换所或清算所。卖方开户银行收到电子支票后，将其转发到票据交换所的资金清算系统，清算系统向买方开户行申请兑换电子支票，并且将资金发送到卖方开户行，买方开户行向卖方发送收款通知，将资金转入卖方账户。

（四）电子支票与传统支票的区别

电子支票的运作方式与传统支票相同，因此比较容易被经常使用传统支票的客户所接受。但因其传递渠道是电子化的，所以与传统支票相比又有以下特点：

（1）电子支票将整个支票处理过程自动化，缓解了银行处理支票的压力，极大地降低了处理成本，同时也为客户提供了更方便快捷的服务，减少了在途资金，提高了资金使用效率。

（2）电子支票通过应用数字证书、数字签名及各种加密/解密技术，提供了比传统支票中使用印章和手写签名更加安全可靠的防欺诈手段。同时电子支票具有可追踪性，所以，当使用者支票遗失或被冒领时，可以停止付款并取消交易，降低了交易的风险。

（3）电子支票可以借助银行的金融专用网络进行跨省市的电子汇兑和清算，实现全国甚至世界范围内的资金传输。而传统支票一般应用于同一城市。

电子支票的出现使支票的概念发生了彻底的变革，完全脱离了纸质媒介，真正实现了资金转移的无纸化和电子化。

（五）电子支票的安全保障

电子支票实质上是一种在网络上进行传输的电子化和数字化的信息，因此其在实现中有许多安全性要求。主要包括：

1. 信息保密性

同传统支付方式一样，电子支票支付中的商务信息有很高的保密性，不能被第三方窃取。

2. 交易者身份的确定性

交易双方因为不能见面，很难确认对方的真实身份，这就需要网络系统提供能够方便安全地确认对方身份的保障措施。

3. 不可否认性

无论在网上还是在传统渠道中，市场都是瞬息万变的，交易一旦达成则不可否认，否则必将导致市场的紊乱与交易一方利益的受损。

4. 不可修改性

支付的细节信息在传递过程中不能被任何人恶意地进行修改。

为了达到上述的安全性要求，在电子支票的使用过程中运用了多种安全性技术。具体来讲，在电子支票系统中使用数字证书可以实现身份识别；数字签名可以取代手写签名和签章且实现了信息的完整性和不可抵赖性；加密/解密技术能实现支票信息的保密性，这些技术手段的综合运用能够保证网络支付的安全要求。由于电子支票的数字签名是用签发者的私钥生成的，私钥的保存非常关键，一旦私钥被窃取，任何人都可以签发和使用电子支票。为了确保私钥的安全性，现行的做法是客户利用智能卡来实现私钥的储存。智能卡拥有一整套性能极强的安全保密控制机制，安全控制程序被固化在只读存储器之中，因而具有无法复制和读写等可靠的安全保证。

第三节　电子支付系统

支付系统是支撑各种支付工具应用、实现资金清算并完成资金最终转移的通道。各种支付工具的支付信息、业务流程和数据信息标准贯穿于支付系统处理的全过程，因此支付信息传输和资金结算需要得到支付系统的有效支持。随着社会经济与信息网络技术的不断发展，人们对支付系统的运行效率和服务质量的要求越来越高，促使支付系统不断由手工操作走向电子化、网络化。

一、电子支付系统的概念

电子支付系统指的是消费者、商家和金融机构之间使用安全电子手段，把支付信息通过信息网络安全地传送到银行或相应的处理机构，以实现货币支付或资金流转的支付系统，即把新型支付工具（包括电子现金、电子银行卡、电子支票）的支付信息通过网络安全传送到银行或相应的处理机构，来实现电子支付。

电子支付系统的参与者主要有金融机构或银行、收款人或付款人、支付网关（Payment Gateway）、金融（银行）专用网及认证中心（CA）。

（1）金融机构或银行：就支付而言，是指收款人或付款人的开户银行。

（2）收款人或付款人：资金划出或接收的个人或团体。

（3）支付网关：连接银行专用网与互联网的一组服务器。其主要作用是完成两者之间的通信、协议转换和进行数据加密、解密，以保护银行系统内部的安全。

（4）金融（银行）专用网：金融机构或银行之间用于数据传输的网络。

（5）认证中心：具有权威性和公正性的第三方机构，专门提供网络身份认证服务，负责签发和管理数字证书。

二、电子支付系统的发展

电子支付系统经历了五个发展阶段：

第一阶段：银行内部电子管理系统与其他金融机构的电子系统连接起来，如利用计算机处理银行之间的货币汇划、结算等业务；

第二阶段：银行计算机与其他机构的计算机之间资金的汇划，如代发工资等；

第三阶段：通过网络终端向客户提供各项自助银行服务，如ATM系统；

第四阶段：利用网络技术为大众在消费时提供自动的扣款服务，如POS系统；

第五阶段：网上支付方式的发展，电子货币可随时随地通过互联网直接转账、结算，形成电子商务环境。

三、电子支付系统的功能

不同支付系统所涉及的支付工具、支付渠道及参与主体都有可能不同，但提供安全、高效、便捷的支付服务是各种支付系统共同的目标。作为电子支付系统应实现以下功能：

(一) 使用数字签名和数字证书对交易各方进行认证

通过认证机构或注册机构向参与交易的各方发放数字证书，以证实其交易的合法性，保障交易的安全。

(二) 使用加密技术对传送信息进行加密

可以采用各种加密技术（对称加密、非对称加密、数字信封等）加强数据传输的保密性，防止未被授权的第三者获取消息的真正含义。

(三) 使用消息摘要算法以确认业务的完整性

为保证数据不被未授权者建立、嵌入、篡改、删除，可以采用数据杂凑技术。通过对原文的杂凑生成消息摘要一并传送给接收方，接收方就可以通过摘要来判断所接收的消息是否完整。

(四) 当交易双方出现纠纷时，保证对业务的不可否认性

这用于保护用户应对来自其他合法用户的威胁，如发送方否认他所发的消息、接收方否认他已接收的消息等。支付系统必须在交易的过程中生成或提供足够充分的证据来迅速辨别纠纷中的是非。

(五) 能够处理贸易中的多边支付问题

由于网上贸易的支付要涉及客户、商家和银行等多方，其中传送的购货信息与支付指令必须连接在一起，因为商家只有确认了支付指令才会继续交易，银行也只有确认了支付指令后才会提供支付。但同时，商家不能读取客户的支付指令，银行不能读取商家的购货信息，这种多边支付关系可以通过双重签名等技术来实现。

四、电子支付系统的类别

根据不同的划分标准，电子支付系统有如下类别：

(一) 按业务金额分类

根据处理业务金额大小不同，可分为大额（批发）支付系统、小额（零售）支付系统。

1. 大额（批发）支付系统

大额（批发）支付系统主要处理银行间大额资金转账，通常支付的发起方和接收方都是商业银行或在中央银行开设账户的金融机构。大额支付系统是一个国家支付体系的核心应用系统。大额支付系统通常由中央银行运行，处理贷记转账。大额支付系统处理的支付业务量很少（1%～10%），但资金额很大（超过 90%），因此大额支付系统中的风险管理特别重要。国际上主要的大额支付系统有 Fedwire、CHIPS 等。我国的大额实时支付系统由中国人民银行按照我国支付清算需要建设并运行，在我国支付体系中占据重要地位。2015 年，我国大额实时支付系统日均处理金额突破 118 556.49 亿元，日均处理业务 316.80 万笔。

2. 小额（零售）支付系统

小额（零售）支付系统是一种批量电子支付系统，主要特点是金额小、业务量大，交易资金采用净额结算。小额支付系统主要包括支票、信用卡和自动清算机构等形式，主要用于消费者的商业购物的资金支付。我国小额支付系统由中国人民银行于 2006 年 6 月 30

日投入运行，主要处理跨行同城、异地借记支付业务，以及金额在规定数额以下的贷记支付业务。小额支付系统定时批量发放支付指令，轧差净额方式清算资金，支持各种支付工具的应用。2015 年，我国小额批量支付系统日均处理业务 506.98 万笔，金额 688.96 亿元。

（二）按支付渠道分类

根据支付渠道不同，可分为基于互联网的网上支付、基于电话网的电话支付、基于移动网的移动支付等。

1. 网上支付

网上支付是电子商务发展的核心工程，它带动了网络经济这一新兴市场的形成与发展。目前中国网上支付市场规模已经超过百亿元人民币。其中，游戏点卡、航空客票、网络购物是主要部分；教育、网上代收费、数字出版和其他也占一定比例。网上支付系统的主体是银行，但是随着电子商务的发展及对网上支付需求的增加，第三方支付平台市场规模增长迅速。

2. 电话支付

电话支付是指客户利用电话终端，通过电话网与银行业务信息系统联系，自助或由业务代表为其进行业务处理。电话支付系统不是自动语音应答系统与人工话务的简单合并，它是利用一系列先进技术，如自动来电分配、自动外呼、计算机电话集成等，实现语言与客户数据资料、账务信息的同时转接。其丰富的资料信息库与客户信息系统为坐席业务代表提供了强有力的数据支持，能高效率地为客户处理各项银行业务。

3. 移动支付

移动支付也称为手机支付，就是用户使用其移动终端（通常是手机）对所消费的商品或服务进行账务支付的一种服务方式。移动支付系统的价值链包括移动运营商、支付服务商（银行、银联等）、应用提供商（公交、校园、公共事业等）、设备提供商（终端厂商、卡供应商、芯片提供商等）、系统集成商、商家和终端用户。目前，我国移动支付市场百花齐放，进入飞速发展阶段。移动支付分联机支付和脱机支付两种形式，脱机支付主要指电子现金的支付，而联机支付有短信、手机银行、扫码等方式。

（三）按参与主体分类

根据参与主体不同，分为银行（金融机构）之间的电子支付、银行与客户之间的电子支付、第三方与客户之间的电子支付。

1. 银行（金融机构）之间的电子支付

以银行（金融机构）专有计算机网络为基础构建，用以保障银行之间数据传输的安全性，如我国现代化支付体系中的大额支付系统、小额支付系统，能够高效、安全地处理各银行办理的异地、同城各种人民币支付业务及其资金清算。

2. 银行与客户之间的电子支付

以公用信息网为基础，用于客户通过通信网络远距离自助办理业务，如汇款、转账等。

3. 第三方与客户之间的电子支付

由一些和国内外各大银行签约，并具备一定实力和信誉保障的第三方独立机构提供交易支持平台。在通过第三方支付平台进行的交易中，买方选购商品后，使用第三方平台提供的账户进行货款支付，由第三方通知卖家货款到达、进行发货。买方检验物品后，就可以通知付款给卖家，第三方再将款项转至卖家账户。

拓展阅读

比特币

2008 年 11 月 1 日，一位自称中本聪（Satoshi Nakamoto）的人在 metzdowd. com 上的密码学讨论组上发布了一篇题为《比特币：一个点对点的电子现金系统》的论文。该论文希望能创建一套“基于密码学原理而不是基于信用，使得任何达成一致的双方能够直接进行支付，从而不需要第三方中介参与”的电子支付系统。这一系统应用密码学原理和 P2P 思想，在无须第三方介入的前提下，出色地解决了数字货币的防伪造和防重复支付问题。这意味着人们可以拥有一套绕过银行的数字货币流通体系。

2009 年 1 月 3 日，中本聪发布第一版比特币客户端。同日，他“创造”了第一批 50 枚比特币。在此后大约一年的时间里，比特币只在极少量的密码爱好者中流传。但是逐渐地，比特币的名气开始超越密码界，得到电子货币“前辈”们的赏识。

2011 年春天，由于美国知名财经杂志《福布斯》报道了比特币，这种新型“密码货币”的价值开始飙升。科技资讯网站 Gawker 在同年 6 月 1 日的报道更使得比特币的价值在一周之内增长幅度超过 3 倍。2013 年 3 月，塞浦路斯金融危机爆发，人们疯狂寻求资金出路。他们实然发现，比特币或许可以挽救他们的财富。从 3 月下旬到 4 月 10 日，仅用了三周时间，比特币兑美元的价格从 65 美元到达 266 美元，增幅超过 3 倍。但也就是在 4 月 10 日这一天，比特币价格突然从 266 美元跌至 105 美元，一天之内跌幅超过 61%，并在一周之内跌至最低 50 美元。

2013 年 12 月 5 日下午，中国央行等五部委联合发出防范比特币风险的通知，要求各金融机构和支付机构不得以比特币为产品或服务定价。消息发布后一个小时内，国内比特币价格跌幅达 35%。五部委的政策一出，国内比特币交易网站的生存空间受到了极大的怀疑，这一日被戏称为“国内比特币创业者最黯淡的一天”。然而这一政策并没有影响国内交易平台的蓬勃发展。这些比特币交易网站通过银行转账、转账充值、点卡充值等灵活的方式规避了这些问题。

比特币的暴涨暴跌引发社会的热议，理论界、金融界、经济界纷纷对比特币的价值与意义展开争论。这些争论使得比特币进一步走出“数字货币”狂热信徒的小圈子，引起普通民众的关注。

资料来源：李耀东，李钧. 互联网金融——框架与实践. 北京：电子工业出版社，2014.

问题讨论：

1. 比特币的发行原理与传统货币有什么区别？
2. 从技术上控制比特币的安全可行吗？

我国银行卡的 EMV 迁移

EMV 迁移是银行卡从磁条卡向智能 IC 卡转换的过程。EMV 标准由国际三大银行卡组织——Europay（欧陆卡，现已被 MasterCard 收购）、MasterCard 和 Visa 共同发起制定，是基于 CPU IC 卡的金融支付标准，目前已成为公认的框架性标准。其目的是在金融 IC 卡支付系统中建立卡片和终端接口的统一标准，使得在此体系下所有的卡片和终端能够互通互用，并且该技术的采用将大大提高银行卡支付的安全性，减少欺诈行为。

相比磁条卡，IC 卡有以下优点：

1. 安全性高。由于 IC 卡可以采取多种复杂的加密技术，所以其防伪能力较强，难以成批解密、复制。相比较而言，磁条卡只需用简单的制卡设备就可以复制出大量的“克隆卡”，造假成本低、安全性小。

2. 存储容量大。IC 卡存储容量可以从几个字节到几兆字节，卡上可以存储数据、文字、声音、图形、图像等各种信息。

3. 可靠性高。IC 卡可以防磁、防一定强度的静电，抗干扰能力强，可靠性比磁条卡高。一般可重复读写十万次以上，使用寿命长。

4. 对网络依赖性小。IC 卡的安全可靠及大容量的特性使其在应用中对计算机网络的实时性、敏感性要求降低，为离线支付提供了可能。除节约交易成本和时间外，还有效地减少了卡片交易对通信网络的依赖性，减轻了银行交易系统的压力，有利于在网络质量不高的环境中应用。

5. 适合一卡多用。IC 卡芯片采用的是计算机框架结构，可以在同一个芯片的不同区域上实现不同的功能。除了支付功能以外，还可以附加其他功能，如交通卡、身份认证、消费积分等。

目前全球已经实施金融 IC 卡迁移的国家和地区主要集中在欧洲和亚太地区，中东、中非、拉美及北美等地区的金融 IC 卡迁移也在逐步进行。

欧洲从 20 世纪 90 年代末开始启动金融 IC 卡迁移计划。英国进展最快，于 2006 年 10 月完成迁移。截至 2010 年 12 月 31 日，欧洲各国完成了 ATM 和磁条卡的迁移。亚太地区有 14 个以上的国家和地区启动了金融 IC 卡迁移计划，中国、马来西亚、日本、韩国已基本完成，新加坡、新西兰、菲律宾等国家和地区正在有步骤地实施。2006 年 1 月，风险转移政策在拉美生效，拉美最大的国家巴西一直在积极组织实施。同年，加拿大开始在全国范围内启动 IC 卡迁移。在美国，鉴于银行卡欺诈率较低（0.06%左右），通讯费用也较低，银行卡业还没有制定明确、统一的迁移计划，但为了抢占小额卡基支付市场，各发卡行纷纷发行非接触式金融 IC 卡，大大加快了美国 IC 卡迁移速度。

1997 年 12 月中国人民银行颁布我国金融行业第一项 IC 卡标准——《中国金融集成电路（IC）卡规范（1.0 版）》，为我国金融 IC 卡的发展奠定了基础。1998 年，人民银行组织协调各商业银行开始在北京、上海、长沙等地区进行 IC 卡试点，随后逐步扩展到天津、福州、杭州、贵阳、重庆等城市。2005 年 3 月，人民银行在前期探索的基础上，颁布了《中国金融集成电路（IC）卡规范（2.0 版）》，2008 年宁波被批准为全国首个金融 IC 卡多应用试点城市，宁波市民卡应用试点将居民密切相关的民政、劳动、医疗卫生、公积金、公安、工商、税务、教育等政府服务项目，以及交通、公用事业和其他小额支付等商业服务项目整合在一张 IC 卡上。宁波市民卡项目是金融 IC 卡运用于公共领域的最新探索，也是《中国金融集成电路（IC）卡规范（2.0 版）》区域性应用的成功实践。

2009 年以来，人民银行先后颁布了《银行卡卡片规范》《银行卡 POS 终端规范》《银行卡 ATM 终端规范》和《银行卡联网联合技术规范》等标准，特别是 2010 年 4 月《中国金融集成电路（IC）卡规范》（2010 年版）的颁布，标志着中国金融 IC 卡进入了一个新的历史发展阶段。2011 年 3 月 15 日，《中国人民银行关于推进金融 IC 卡应用工作的意见》正式发布，决定在全国范围内正式启动银行卡芯片迁移工作，“十二五”期间推进金融 IC 卡应用的总体目标得到进一步明确：在“十二五”期间，加快银行卡芯片化进程，形成增量发行的银行卡以金融 IC 卡为主的局面；推动金融 IC 卡与公共服务应用的结合，促进金融 IC 卡应用与国际支付体系的融合。在受理环境方面，在 2011 年 6 月底前直联 POS 能够受理金融 IC 卡，全国性商业银行布放的间联 POS、ATM 受理金融 IC 卡的时间分别为 2011 年底、2012 年底，2013 年起实现所有受理银行卡的联网通用终端能够受理金融 IC 卡。在商业银行发行金融 IC 卡方面，2011 年 6 月底之前工行、农行、中行、建行、交行、招商银行、邮储银行应开始发行金融 IC 卡。2013 年 1 月 1 起，全国性商业银行均应开始发行金融 IC 卡。2015 年 1 月 1 日起在经济发达地区和重点合作领域，商业银行发行的以人民币为结算账户的银行卡均应为金融 IC 卡。

问题讨论： 进行 EMV 迁移的必要性及迁移过程中可能存在的问题。

本章小结

计算机、信息技术的进步及电子商务的发展，促进了货币形态由实物向电子信号转变，在此基础上，电子支付工具的应用也逐渐被人们所接受。电子货币通常以计算机网络为基础，以商用电子化机具和各类交易卡为媒介，以网络技术和通信技术为手段，以数字（二进制数据）形式存储在银行或客户的计算机系统中，并通过计算机网络系统以电子信息传递形式实现流通和支付。常见的电子货币有储值卡型电子货币、信用卡应用型电子货币、存款利用型电子货币和现金模拟型电子货币。电子支付工具是电子货币的具体化，是电子货币的表现形式。常见的电子支付工具有银行卡、电子现金、电子钱包和电子支票。电子支付系统指的是消费者、商家和金融机构之间使用安全电子手段，把支付信息通过信息网络安全地传送到银行或相应的处理机构，以实现货币支付或资金流转的支付系统，即把新型支付工具（包括电子现金、电子银行卡、电子支票）的支付信息通过网络安全传送到银行或相应的处理机构，来实现电子支付。

本章实训

◆ 实训名称：信用卡设计

◆ 实训目的：

1. 熟悉银行卡卡面各要素及功能。
2. 开阔思路，提高创新能力。
3. 提高团队合作能力。

◆ 实训内容：

以小组为单位设计一张（套）信用卡，步骤如下：

1. 确定自己的设计理念和目标客户。
2. 讨论卡面如何表现自己的设计理念。
3. 卡片设计。要求画图，可用电子方式或手工制作，银行卡的要素要齐全。
4. 说明本卡的功能及特色服务。
5. 设计、制作完成后，各小组进行展示（通过 PPT、演讲等，各小组可自选展示方式）。

课后习题

一、填空题

1. 银行卡根据是否能透支，分为__________和__________。
2. 电子货币的职能有____________________________________。

二、简答题

1. 简述电子货币与传统货币的区别。
2. 常见的电子支付工具有哪些？分别有什么特点？
3. 简述电子支票的交易流程。
4. 电子支付系统依据参与主体不同可分为哪几类？

三、思考题

1. 如何理解电子货币的特征、分类与运行条件？
2. 如何理解电子货币、电子支付工具和电子支付系统之间的关系？

第二章　现代化支付清算系统

知识目标

了解银行电子化产生的背景、发展阶段及特点；熟悉中国现代化支付系统的组成、各应用系统的功能及运作流程；了解国外主要的支付清算系统的功能及特点。

技能目标

能够辨别大额实时支付系统和小额批量支付系统所处理的业务种类。

第一节　银行电子化

20 世纪 50 年代以来，世界范围的金融创新进入一个全方位、大规模的时期。这些创新不仅改变了传统的经营管理方式，加剧了金融业的竞争，打破了金融活动的国界局限，而且改变了金融体制，重塑了金融运作机制，提高了金融在经济中的地位与作用，使金融业发生了巨大而深刻的变化，这些金融创新的一个突出特征就是电子化。可以说没有现代计算机技术，大部分金融创新和组织管理创新是难以实现的。几乎所有的新业务、新技术、新工具、新市场、新机构、新管理等都离不开计算机和网络技术。

一、银行电子化产生的背景

银行电子化是指采用计算机技术、通信技术、网络技术等现代化技术手段，彻底改造银行业传统的工作方式，实现银行业务处理自动化、银行服务电子化、银行管理信息化和银行决策科学化，为国民经济各部门提供及时、准确的金融信息的全部活动过程。银行电子化的最终目标是建立集业务处理、信息管理和经营决策为一体的现代银行信息系统。

传统银行业务是以人工操作（纸质凭证传递）为主要特征，能够适应经济水平低下、业务量较少的状况。第二次世界大战以来，商品生产的规模和商品交换的方式都发生了很大的变化。科学技术的发展，促进了劳动生产率的迅速提高，此外全国性和国际性贸易的急速发展，无论是从规模还是从速度上看，都使商品流动和货币流动速度加快。除了与商品流动有关的货币流动外，在现代商业银行业务中还有大量与实物商品流通没有直接关系的衍生交易行为也产生巨额的货币流动，如存取款、贷款、证券交易、货币交易等。其中，仅储蓄和信贷就可以使货币流动的强度增大 10 倍。如此急剧增长的货币流通强度使银行陷入困境，整个银行业被日益堆积如山的金融纸票（现金、支票和各种凭证）所困扰，而这种困境是仅靠增加人力无法解决的。正当银行业为应付货币流通激增的局面寻找出路时，电子计算机应运而生。用计算机来处理银行业务，在网络上用电信号的速度传输数据，使银行业发生了革命性的变革，银行业从困境中获得新生。

此后，信息技术革命获得了突飞猛进的发展，微电子技术、软件开发、通信网络自动化、互联网、人工智能技术、卫星通信技术等高新技术不断涌现，并在实践中获得了广泛的应用。信息技术的迅猛发展使商业银行发生了革命性的变革，从根本上改变了传统金融业务处理和管理的旧体制，促进了业务处理的自动化和管理的科学化。大银行往往不惜花费大量的资金更新核心系统的软硬件，积极大胆地采用最新的计算机产品与最新的软件技术。这些技术和设备的普及不仅降低了银行的服务成本，而且大大提高了服务质量。

二、银行电子化的发展阶段

自从银行迈出了电子化的步伐，整个银行业从业务处理、管理手段到决策方式，产生了根本性的变革。总体来说，银行电子化过程可以总结为以下四个阶段：

（一）传统业务处理电子化阶段

银行的传统业务包括吸收存款、发放贷款、办理汇款结算等，这些交易处理是最平常也是业务量最大的。这些日常银行业务主要是在分理处和储蓄所里进行。早期的银行电子化基础技术是简单的脱机处理，只是用于分支机构及各营业网点的记账和结算。到了 20 世纪 60 年代，银行电子化开始从脱机处理发展为联机处理，使各银行之间的存、贷、汇等业务实现电子化联机管理，并且建立起较为快速的通信系统，以满足银行之间汇兑业务发展的需要。这种采用联机柜员终端和管理终端的方法极大地简化了交易的处理，并使得数据的利用率大大提高。同时，它还允许交易源分散分布，扩大了银行服务的地理区域。在方便客户的同时使银行数据集中化，有利于银行内部资源的整合和优化。

（二）提供自助服务阶段

银行柜员联机系统的建立，为开发一系列新型的自助银行服务打下了良好的物质基础。自助银行服务项目主要包括 ATM 服务、POS 服务、HB（家庭银行）服务等。这些自助银行服务项目由客户启动交易，然后数据流通过电子传输和计算机处理，产生适当的借、贷和控制信息，以完成对客户的服务。自助银行交易一般不需要银行柜员干预，因此，自助银行服务是完全依赖于计算机信息技术等现代科技发展起来的全新服务项目。

（三）为客户提供金融信息服务阶段

银行服务不仅包括银行业务服务，也包括金融信息服务。最丰富、最快捷的信息意味着最高的效率和最大的收益。电子化银行能够借助信息技术，从各种金融交易数据中提取有用的信息，将信息转化成知识，再将知识转化为竞争优势，向各类客户提供具有高附加值的金融信息增值服务，如投资咨询、代客理财、用于各种辅助决策支持的信息咨询等。

信息增值服务不仅可以实时发布存款利率、外汇牌价、基金、债券、黄金、财经新闻等金融信息和电子理财、金融知识、银行业务介绍，还可以提供员工培训等。该服务的提供体现了银行从基于传统业务的电子化开始进入银行信息化建设。这是现代银行的一个实质性的变化，是银行真正进入电子银行时代的标志。

（四）网上银行阶段

伴随着互联网技术在经济领域的全面渗透，银行业也悄然兴起一场革命，经历从传统银行到电子化银行，再到网络银行的转变。1995 年美国出现第一家办理网络支付和交易业务的“网上银行”，其后，这种新的银行形式便以惊人的速度发展。现在，世界上各大银行纷纷推出自己的网上银行，网上银行服务已经成为各商业银行竞争的新焦点。在网络银行的世界里，银行的规模不再以分行数、网点数和人员数来衡量，互联网的发展将会改变全球银行的排行榜，迟迟未能投入网络服务的银行将面临被迫出局的危险。

三、银行电子化系统的特点

银行电子化系统是计算机技术、通信技术和银行业务、管理、决策相结合的综合系统，它有区别于其他行业应用系统的显著特点：

（一）及时有效

资金融通时间的长短意味着资金成本的高低，在现代社会中缩短资金在途时间、提高资金使用效率，是充分发挥资金效益的有效手段。而现代计算机技术、通信技术和网络技术能够提供高精度、高速度、高容量的技术支撑，运用这些先进的技术建立起来的银行电子化系统能够为客户提供及时、准确的各项资金融通服务，不仅能实现本行内的资金及时融通，而且还能实现跨行甚至跨国界的及时有效的资金融通。

（二）准确可靠

银行业务涉及大量资金、货币，账务的准确是保证客户权益不受损害的基础。以计算机为核心的银行电子化系统采用了先进的技术和手段，运用自动化的处理方式，减少人工干预，避免了由于各种人为因素造成的不安全性。高精度的运算工具避免了人工计算所造成的差错，自动化的通信线路能确保信息快捷、准确地到达目的地。

（三）连续可扩

银行电子化系统投入成本巨大，而银行产品、业务的创新步伐正不断加快。因此，要求银行电子化系统采用先进的结构化、模块化的设计方法，使其功能的拓展简便且易于实现，大容量、高速度、多功能的硬件的选择，使得系统的处理能力有相当的富余以满足日后系统扩展的需要。

（四）开放多功能

银行电子化系统与传统处理方式相比具有更丰富的功能，不仅能处理传统方式所能处理的一切业务，而且有更多的创新，如开办自助银行、实现证券的自动交易、实施资金的瞬时清算等。不仅能满足业务部门的要求，而且能够为管理部门提供各种有效的信息服务，并进一步为社会其他部门、政府部门等提供所需要的信息帮助。银行电子化系统具有广泛收集、处理、存储、传输大量数据信息的能力，能够为管理决策者提供有效、可靠的数据。

（五）安全保密

由于银行是与金钱紧密相关的行业，有关银行的计算机犯罪案件较多，所以系统的安全保密工作显得更加重要。银行计算机应用软件的开发和使用严格分离，并使用最先进的加密、认证技术，对客户信息、资金信息及其他各类银行信息进行加密和授权，以确保这些信息的安全，维护银行业的信誉。

四、我国银行电子化发展及现状

我国银行电子化的发展，从20世纪70年代开始至今只有四十余年历程，发展速度较快。目前一些大中城市的银行电子化建设已接近发达国家的水平。在这四十余年的发展历程中经历了三个重要的、具有历史意义的发展阶段：计算机化阶段、网络化阶段和电子银行阶段。银行计算机化是以模拟手工、传统产品电子化为主要特征；银行网络化是以区域数据集中、业务分散处理、企业网互联为特点；电子银行是以产品创新、流程再造和个性化服务为主要特征。

（一）计算机化阶段

20世纪70年代中后期到80年代初，以中国银行引入第一套RIXOH-8型主机系统为标志，我国银行电子化建设进入试点阶段。这一阶段的主要特征是以计算机代替手工操作，采用脱机批处理方式进行大量繁琐的财务处理工作，旨在提高银行业务处理的效率和准确性，实现了对公业务、储蓄业务、联行对账业务、编制会计报表等日常业务活动的自动化。虽然仅限于某些地区的某几个分行的试点，但为以后的全面推广、快速发展积累了经验、奠定了基础。这一阶段的计算机处理能力和应用系统开发都十分有限。

（二）网络化阶段

从20世纪80年代末期开始，随着计算机技术、通信技术和网络技术的发展，以及我国银行机构技术力量的不断加强，银行业在单机应用的基础上，通过建立银行内部的联机网络系统，以联机实时处理方式替代了单机处理，经历了从分布式微机网络系统发展为集中分布式小型机网络系统的过程，部分发达地区的银行更率先步入数据集中处理的发展阶段。

进入20世纪90年代，以国有商业银行为首的各大银行开始将电子化发展的重点放在联网联合上，先后建立了实时电子汇兑网、信用卡全国授权网、全国ATM及POS联网。有些商业银行甚至开始将部分区域数据中心相互连接。同时商业银行的数据中心开始进行与企业网之间互联，尝试用专线的方式实现与其他企业、政府机构、商业机构的数据中心联网，从而开展合作。

到20世纪90年代末，各家商业银行开始提出全国大集中的战略思路。中国工商银行提出了在全国建立五个数据中心的目标，中国银行提出了在全国建立三个数据中心的目标，中国农业银行更是提出了跨越式发展的思路——全国仅建立一个数据中心，中国人民银行也已经开始建立全国银联 ATM、POS 联网。可以说，到目前为止，国内银行网络体系已初具规模，业务数据逐步集中，银行业务不断整合。网络化的最终结果将实现业务处理模式向集中处理的转变，完成内部资金清算和综合柜台业务、信用卡业务的数据源的统一，为发展各项中间业务、拓展新的金融服务工具创造条件。

网络化业务集中处理模式具有以下特点：(1) 各级分支行通过减弱技术力量，可节约大量的硬件设备、技术开发、人力资源等费用开支；(2) 总行技术力量集中、雄厚，可集中全部力量开发、推广应用软件，避免了低水平多头重复开发现象；(3) 通过来源于总行的全面客户信息资源，可方便地建立信贷客户档案管理、客户评估及优胜劣汰的客户选择机制，以适应客户结构的变化，并有利于提高中小规模商业银行的整体竞争能力；(4) 银行信息系统搜集的企业客户、居民个人信息资料可成为在电子时代建立社会信用机制的基础；(5) 在结算方面，集中的信息资源可保证银行间建立可靠的电子数据档案资料，对从客户到付款行乃至发送行的票据流动过程进行标准化管理，并实现整个系统内自动化的实时清算。

当前计算机技术、网络技术、通信技术迅猛发展，电话网络、数据传输网络、无线通信、卫星通信、光纤通信等远程信息交换渠道不断增加，计算机多 CPU 并行处理能力不断提高，价格却大幅下降，这一切都为各家银行建立“多种协议并存、各种资源共享”的高速、高效、高度集中的网络系统创造了充分条件。

(三) 电子银行阶段

电子银行也称“虚拟银行”，指银行突破传统柜台服务局限，广泛运用计算机、网络、通信等先进的技术手段，通过电话、网络、手机、电视、传真、自助设备等服务渠道，向个人和企业客户提供任何时间 (Anytime)、任何地点 (Anywhere)、任何方式 (Anyhow) 的 AAA 式全方位金融服务的创新金融服务体系，电子银行体系由电话银行、网上银行、移动银行、自助银行等组成。

20 世纪 70 年代 ATM 的出现，是电子银行的萌芽。1995 年网络银行的出现，标志着当代银行业开始步入电子银行时代。可以说电子银行既是电子商务发展的支撑点，又是银行自身金融产品创新与业务发展的增长点。正是电子银行业务的突飞猛进，使得金融产业和金融市场出现异彩纷呈的发展势头。

电子银行的发展极大地提高了银行处理信息的能力和效率，促进了金融工具和金融服务的不断创新，更推动传统的银行经营和服务模式发生根本性的变化，这种变化突破时间、空间和方式的限制，以更低的服务成本、更高的服务效率与更优的服务质量，为客户提供 AAA 式全方位金融服务。因此，也有人称电子银行是无处不在、无时不在的虚拟银行。

经过近四十余年的迅速发展，我国银行电子化建设已经取得了令人瞩目的成绩，从根本上改变了传统的业务处理模式。中国人民银行的货币政策、宏观调控应用系统、办公自动化系统及现代支付清算系统的建设取得突出进展。商业银行的综合业务处理、资金汇兑、银行卡等一系列应用系统也发挥着越来越重要的作用。自助银行、网络银行等新型金融服务项目不断涌现。这些建立在先进的计算机和通信网络基础上的各种业务处理系统的成功运行，表明我国银行业多功能、开放、综合性的电子化体系已初步形成。

第二节 我国银行现代支付清算系统

支付清算系统是支撑各种支付工具应用、实现资金清算并完成最终结算的通道。目前，我国已初步建成以中国现代化支付系统为核心，以商业银行行内系统为基础，由票据交换系统①、银行卡支付系统及外币清算系统共同组成的支付清算网络。

一、中国现代化支付系统

中国现代化支付系统（China National Advanced Payment System，CNAPS）是中国人民银行按照我国支付清算的需要，利用现代计算机技术和通信网络自主开发建设的，能够高效、安全处理各银行办理的异地、同城各种支付业务及其资金清算和货币市场交易的资金清算的应用系统，主要提供商业银行之间跨行的支付清算服务，是为商业银行之间和商业银行与中国人民银行之间的支付业务提供最终资金清算的系统，是各商业银行电子汇兑系统资金清算的枢纽系统，是连接国内外银行重要的桥梁，也是金融市场的核心支持系统。

中国现代化支付系统主要由大额实时支付系统和小额批量支付系统两个业务应用系统组成。

（一）大额实时支付系统

大额实时支付系统（High Value Payment System，HVPS）指以实时、全额的方式处理异地、同城每笔业务在规定金额起点以上的贷记支付和紧急的在规定金额以下的贷记支付的应用系统。

1. 大额实时支付系统的结构

大额实时支付系统是中国现代化支付系统的重要应用系统和组成部分，系统结构包括两级处理中心，分别是国家处理中心（NPC）及省会（直辖市、首府）城市和包括深圳市在内的32个城市处理中心（CCPC）。商业银行省级分行作为支付系统直接参与者通过前置机系统与支付系统城市处理中心连接，商业银行营业网点作为支付系统间接参与者通过各自行内系统经前置机系统连接大额实时支付系统处理支付业务。

中国人民银行地市以上中心支行（中央银行会计集中核算系统，ABS）、库（国家金库会计核算系统，TBS）作为直接参与者与城市处理中心直接连接，通过城市处理中心处理其支付清算业务；中国人民银行县（市）支行作为间接参与者通过各自系统经中心支行（库）连接大额实时支付系统处理支付业务。

中央结算公司等特许参与者与大额实时支付系统国家处理中心连接，办理支付交易的即时转账业务。

2. 大额实时支付系统处理的业务

根据大额实时支付系统建设的目的、设计的功能特点，以及与小额批量支付系统应用

① 我国目前的票据交换采取机器自动清分和人工传递票据的方式进行，票据交换不属于电子支付范围，故本书不做叙述。

范围的划分原则，大额实时支付系统处理下列支付业务：

（1）中国人民银行规定金额起点以上的跨行贷记支付业务；

（2）中国人民银行规定金额起点以下的紧急跨行贷记支付业务；

（3）商业银行行内需要通过大额实时支付系统处理的贷记支付业务；

（4）特许参与者发起的即时转账业务；

（5）城市商业银行银行汇票资金的移存和兑付资金的汇划业务；

（6）中国人民银行会计营业部门和国库部门发起的贷记业务及内部转账业务；

（7）中国人民银行规定的其他支付清算业务。

3. 大额实时支付系统的运行时序

大额实时支付系统按照国家法定工作日运行。系统支持 24 小时连续运行，将每一个工作日分为日间业务处理时间、清算窗口处理时间、日终业务处理时间和营业准备时间四个时间段。8:30—17:00 为日间业务处理时间；17:00—17:30 为清算窗口处理时间，用于各清算账户筹措资金；17:30 进行日终业务处理，日终业务处理完后进入下一个工作日营业准备时间。

4. 大额实时支付系统业务的处理流程

大额实时支付系统采取逐笔实时处理、全额清算资金的做法处理业务。逐笔实时处理、全额清算资金是指发起清算行收到发起行发送的大额支付信息后，与发起行完成相关业务处理及资金清算后，同时自动将报文通过中间业务平台发送到中国人民银行前置机并加押、传送至中国人民银行城市处理中心。同时城市处理中心向国家处理中心转发发起清算行的支付信息，国家处理中心收到支付业务信息后对清算账户头寸足以支付的，立即进行资金清算，即减少发起清算行在中国人民银行的备付金，增加接收清算行在中国人民银行的备付金；不足支付的，按资金清算的优先级次及收到的时间顺序作排队处理。一般大额业务处理流程如图 2-1 所示。

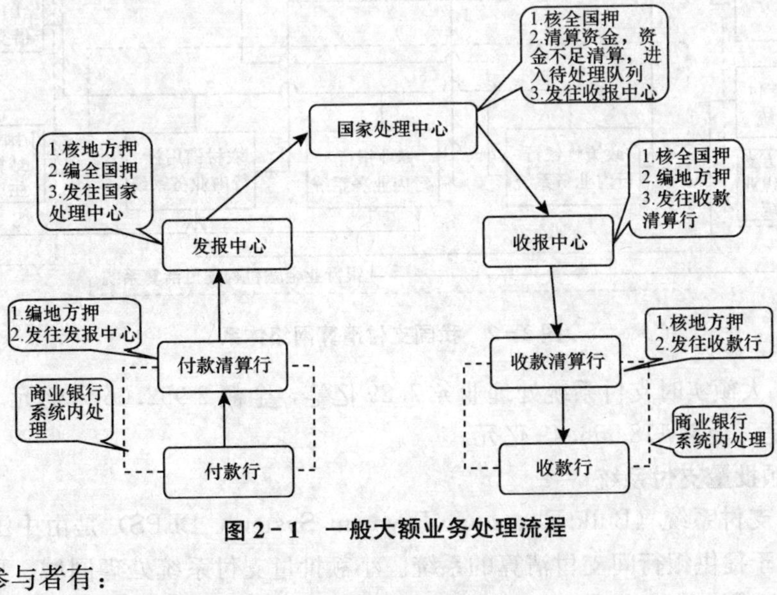

图 2-1 一般大额业务处理流程

涉及的参与者有：

（1）付款行：向付款清算行提交支付业务的参与者；

（2）付款清算行：向支付系统提交支付信息并开设清算账户的直接参与者或特许参与者（也可以作为付款行向支付系统发起支付业务）；

（3）发报中心（发报城市处理中心）：向国家处理中心转发付款清算行支付信息的城市处理中心；

（4）收报中心（收报城市处理中心）：向收款清算行转发国家处理中心支付信息的城市处理中心；

（5）收款清算行：向收款行转发支付信息并开设清算账户的直接参与者（也可以作为收款行接收支付信息）；

（6）收款行：从收款清算行接收支付信息的参与者。

中国人民银行于2005年6月建成运行的大额实时支付系统目前连接了各银行业金融机构行内支付系统、中央债券综合业务系统、银行卡支付系统、人民币同业拆借和外汇交易系统等多个系统，以及香港地区、澳门地区的人民币清算行，是金融基础设施的核心系统，成为社会经济活动及资金运行的大动脉。因此，相关系统的安全稳定运行将严重依赖大额实时支付系统的运行状况。我国支付清算网络体系如图2-2所示。

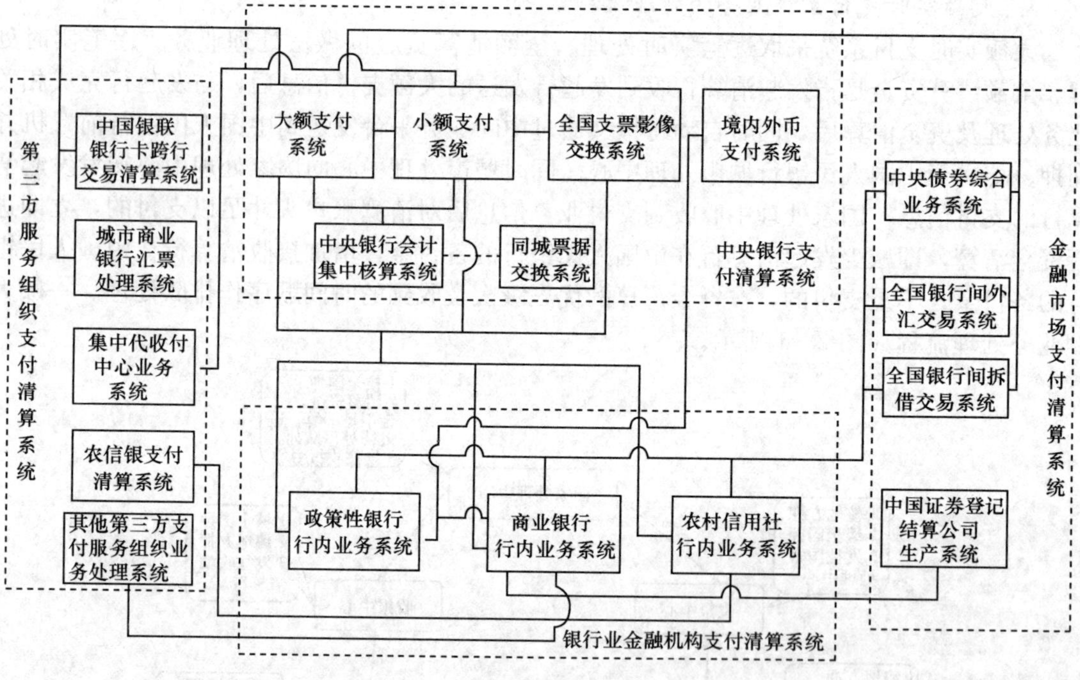

图2-2　我国支付清算网络体系

2015年，大额实时支付系统处理业务7.89亿笔，金额2 952.06万亿元。日均处理业务316.80万笔，金额118 556.49亿元。

（二）小额批量支付系统

小额批量支付系统（Bulk Electronic Payment System，BEPS）是由中国人民银行建设并运行，用于提供银行间支付清算的系统。小额批量支付系统处理同城、异地的借记支付业务，以及金额在规定起点以下的贷记支付业务，批量发送支付指令，轧差净额清算资金。其中，同城业务是指同一城市处理中心的参与者相互间发生的支付业务；异地业务是指不同城市处理中心的参与者相互间发生的支付业务。

小额批量支付系统是以国家处理中心为核心，以城市处理中心为接入节点的两层星型结构，并与大额实时支付系统在同一支付平台上运行；中央银行会计集中核算系统、国家金库会计核算系统、同城清算系统通过城市处理中心接入小额批量支付系统；商业银行、清算组织等机构通过前置机系统与城市处理中心连接。小额批量支付系统结构如图 2－3 所示。

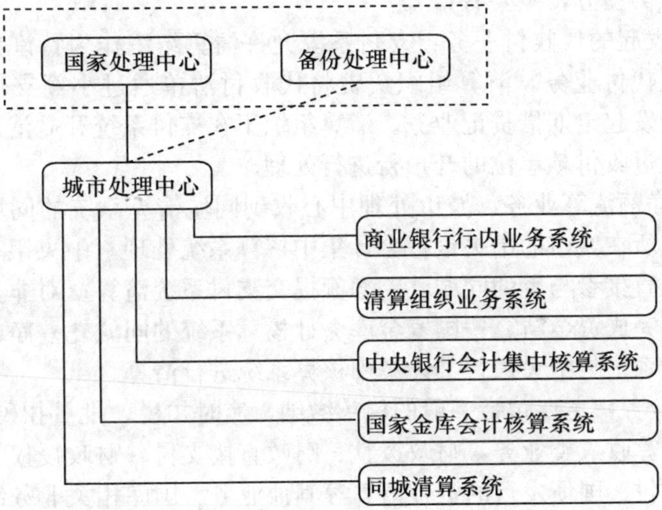

图 2－3　小额批量支付系统结构

国债、银联、外汇和城市商业银行汇票等处理系统不接入小额批量支付系统，只处理大额实时支付业务。

1. 小额批量支付系统处理的业务

小额批量支付系统处理的业务种类多、业务量大，普遍具有金额小、时限性要求不太高等特点。主要处理以下跨行支付业务：

（1）按照业务流程来分，主要有：

1）普通贷记支付业务，是指付款行向收款行主动发起的付款业务。包括下列业务种类：汇兑、委托收款（划回）、托收承付（划回）、国库贷记汇划业务、网银贷记支付业务、中国人民银行规定的其他普通贷记支付业务。

2）定期贷记支付业务，是指付款行依据当事各方事先签订的协议，定期向指定收款行发起的批量付款业务。包括下列业务种类：代付工资业务、代付保险金、养老金业务、中国人民银行规定的其他定期贷记支付业务。

3）普通借记支付业务，是指收款行向付款行主动发起的收款业务。包括下列业务种类：中国人民银行机构间的借记业务、国库借记汇划业务及中国人民银行规定的其他普通借记支付业务。

4）定期借记支付业务，是指收款行依据当事各方事先签订的协议，定期向指定付款行发起的批量收款业务。包括下列业务种类：代收水、电、煤气等公用事业费业务，国库批量扣税业务及中国人民银行规定的其他定期借记支付业务。

5）实时借记支付业务，是指收款行接受收款人委托发起的、将确定款项实时借记指定付款人账户的业务。包括下列业务种类：个人储蓄通兑业务、对公通兑业务、国库实时扣税业务及中国人民银行规定的其他实时借记支付业务。

6）实时贷记支付业务，是指付款行接受付款人委托发起的、将确定款项实时贷记指定收款人账户的业务。包括下列业务种类：个人储蓄通存业务及中国人民银行规定的其他实时贷记支付业务。

（2）按照业务类型分，主要有：

1）清算组织发起的代收付业务：支付系统允许清算组织作为特许参与者，接入城市处理中心办理代收代付业务。清算组织负责将代收付清单通过小额支付系统转发至代理行，由代理行负责发起定期借贷记业务。清算组织不在支付系统开立清算账户，代收付业务的资金清算仍通过收付款单位的开户行进行处理。

2）同城轧差净额清算业务：城市处理中心收到同城清算系统的同城轧差净额后，转发到同城清算系统所在城市的中央银行会计集中核算系统处理。中央银行会计集中核算系统将涉及支付系统直接参与者的同城轧差净额提交支付系统清算；对非直接参与者的同城轧差净额在其内部完成资金清算；国家金库会计核算系统的同城轧差净额按照付方启动的原则通过大额支付系统与中央银行会计集中核算系统进行清算。

3）国库相关业务：主要包括一般的税款缴纳、实时扣税、批量扣税、预算收入上划、预算收入退库等预算收入类业务，财政拨款、财政直接支付、财政授权支付等预算支出类业务，以及国债兑付、国债发行的资金清算等其他业务。国库相关业务统一通过国家金库会计核算系统与支付系统的接口，采用发送和接收各类贷记业务、借记业务完成处理。

4）通存通兑业务：跨行储蓄通存通兑业务是指依托小额支付系统，实现不同银行营业网点的资源共享，储户可以通过任何一家银行的柜台办理跨行存取款业务。

5）支票圈存业务：支票圈存业务是指借助于支付密码技术，由收款人在收受支票时，通过 POS、网络、电话等受理终端，经由小额批量支付系统向出票人开户行发出圈存指令，预先从出票人账户上圈存支票金额，以保证支票的及时足额支付。

6）支票截留业务：支票截留业务是指持票人开户行收到客户提交的纸质支票后，不再将支票交换至出票人开户行，而是通过小额系统向出票人开户行发起一笔借记业务，出票人开户行根据借记业务指令中提供的支票信息、支付密码、支票影像等确认支票的真实性，并通过小额系统完成跨行资金清算。

7）信息服务业务：指支付系统参与者间相互发起和接收的，不需要支付系统提供清算服务的信息数据，主要包括支票“圈存”信息等非支付类信息。支付系统接收参与者发送的各类信息，经由所在城市处理中心或国家处理中心实时转发接收参与者。

2. 小额批量支付系统运行时序

小额批量支付系统实行 7×24 小时连续运行，系统每日 16:00 进行当日日切处理，即系统每一工作日运行时间为前一自然日 16:00 至本自然日 16:00。清算日为国家法定工作日，清算时间为 8:30—17:00。中国人民银行可以根据需要设定清算场次及清算时点。

3. 小额批量支付系统业务的处理流程

小额批量支付系统在国家处理中心进行异地业务轧差，在城市处理中心进行同城业务轧差。其基本业务处理流程可以归纳为：24 小时连续运行、逐笔发起、组包发送、实时传输、双边轧差、定时清算。

（1）小额批量支付系统处理的同城贷记支付业务，其信息从付款行发起，经付款清算行、城市处理中心、收款清算行，至收款行为止。

（2）小额批量支付系统处理的异地贷记支付业务，其信息从付款行发起，经付款清算行、付款行城市处理中心、国家处理中心、收款行城市处理中心、收款清算行，至收款行为止。

（3）小额批量支付系统处理的同城借记支付业务，其信息从收款行发起，经收款清算行、城市处理中心、付款清算行、付款行，由付款行按规定时限发出回执信息，原路径返回至收款清算行止。

（4）小额批量支付系统处理的异地借记支付业务，其信息从收款行发起，经收款清算行、收款行城市处理中心、国家处理中心、付款行城市处理中心、付款清算行、付款行，由付款行按规定时限发出回执信息，原路径返回至收款清算行止。

其中，付款清算行是指向小额批量支付系统提交贷记支付业务信息或发起借记支付业务回执信息的直接参与者；收款清算行是指向小额批量支付系统提交借记支付业务信息，并接收借记支付业务回执信息或贷记支付业务信息的直接参与者。

小额批量支付系统充分发挥了其作为我国零售支付系统的重要作用，为社会提供了业务种类齐全的支付清算服务，便利了社会公众的日常支付。2015 年，小额支付系统共处理支付业务 18.35 亿笔，金额 24.94 万亿元，日均处理业务 506.98 万笔，金额 688.96 亿元。

（三）中国现代化支付系统的作用

1. 加快资金周转，提高社会资金的使用效益

社会经济、金融的运行，每天都有大量巨额资金进入支付清算环节，处于流转状态。支付清算效率的高低、资金流转的快慢，对市场经济的发展将会产生巨大的影响。中国现代化支付系统是现代经济的血脉。大额实时支付系统，采取从发起行到接收行的全过程的自动化处理，实行逐笔发送、实时清算。通过支付系统处理的每笔支付业务不到 60 秒即可到账。

2. 支撑多样化支付工具的使用，满足各种社会经济活动的需要

中国现代化支付系统，尤其是其中的小额批量处理系统能够支撑各种贷记、借记支付业务的快速处理，并能提供大业务量、低成本的服务，可以满足社会各种经济活动的需要。

3. 培育公平竞争的环境，促进银行业整体服务水平的提高

随着我国金融体制改革的不断深化，逐步形成了政策性银行、国有独资商业银行、股份制银行、城市商业银行、农村合作银行、城乡信用合作社及外资银行的组织体系，相互之间既有合作也有竞争。建设运行的中国现代化支付系统，是中国人民银行为金融机构提供的一个公共的支付清算服务平台，所有符合条件的银行及其分支机构都可以参与到这个系统中，从而为各金融机构创造一个公平竞争的环境，推动各银行的有序竞争，促进银行业整体服务水平的提高。

二、商业银行行内人民币清算系统

（一）商业银行行内人民币清算系统的功能

商业银行行内人民币清算系统是商业银行依托自身科技实力及网络资源，设计开发的

集汇划、结算、清算为一体的人民币实时支付和清算业务处理平台。涵盖了商业银行结算资金汇划、内部资金调拨拆借及清算等业务处理，满足了各项离柜异地业务系统内资金清算的需求，是在数据集中处理的管理理念下科技技术革新的产物。

目前，商业银行行内人民币清算系统的主要功能如下：

1. 汇划业务

汇划业务主要包括系统内（含同城）汇兑、托收承付、委托收款（含商业汇票、国内信用证、储蓄委托收款、债券）、银行汇票、信用卡、内部资金划拨、代收学费等款项汇划及其资金清算，储蓄、借记卡、对公异地通存通兑业务，以及外卡ATM取现业务、信用卡异地业务、金卡业务、网银业务、跨行支付业务等其他业务的资金清算，各种汇划报文的查询查复及差错补账和冲账处理。

2. 结算业务

结算业务主要包括银行汇票签发、兑付、挂失、解挂、未用退回及系统外划回核销，应解汇款的登记及现金或转账解汇。

3. 清算业务

清算资金调拨、拆借业务主要包括各级清算行备付金的上存、调回及调账，各种渠道的借款还款，备付金透支强拆和存借款的计息，定期存款到期支取、基金债券业务及资金市场业务的资金清算，各种清算报文的查询查复业务及差错补账处理。

商业银行行内人民币清算系统具有清算网络层次少、资金清算速度快、电子数据利用率高等特征。我国各大商业银行经过不断地更新改造，目前都已拥有了一套功能完善、业务覆盖面广、符合本行业务发展特点的人民币清算系统——实时清算系统。实时清算系统是商业银行用于办理结算资金和内部资金汇划与清算的工具，是集汇划、清算、结算业务于一体的综合应用系统，各商业银行以此为核心平台不断开发出了与之相适应的衍生业务。

（二）商业银行行内人民币清算系统的原则

商业银行行内人民币清算系统遵循“实存资金、同步清算、头寸控制、集中监督”这一资金清算管理原则。

1. 实存资金

实存资金是指以清算行为单位在总行清算机构开立备付金存款账户，用于汇划款项时的资金清算。

2. 同步清算

同步清算是指发报经办行通过其清算行经总行清算机构将款项划至收报经办行，同时，总行清算机构办理清算行之间的资金清算。

3. 头寸控制

头寸控制是指各清算行在总行清算机构开立的备付金存款账户必须保证有足额存款，总行清算机构对各行汇划资金实行集中清算。当清算行备付金存款不足时，二级分行可向管辖省区分行借款，省区分行、直辖市分行和直属分行头寸不足可向总行借款。

4. 集中监督

集中监督是指总行清算机构对汇划往来的数据发送、资金清算、备付金存款账户资信情况，以及行际情况和行际间查询查复情况进行管理和监督。

三、银行卡支付系统

银行卡支付系统是专门处理银行卡跨行数据的信息交换系统，由中国银联股份有限公司统一运营，是我国零售支付体系的重要组成部分。为适应各行数据集中处理的需要，提高银行卡跨行网络的服务水平，中国银联于 2004 年调整了支付网络架构，建设了新一代跨行交换系统，集中处理资金清算业务。2004 年 11 月，银行卡支付系统实现了与中国现代化支付系统的连接，通过在人民银行开设的特许清算账户实现资金实时划拨，进一步提高了资金清算效率。

随着联网通用的不断深化和国内银行卡受理环境的不断改善，银行卡交易额呈现快速增长。截至 2016 年第一季度末，全国银行卡在用发卡数量 56.58 亿张，同比增长 13.18%（见图 2－4）。其中，借记卡在用发卡数量 52.08 亿张，同比增长 14.72%。全国人均持有银行卡 4.15 张，其中，人均持有信用卡 0.30 张。2016 年第一季度，全国共发生银行卡交易 246.36 亿笔，金额 192.30 万亿元（见图 2－5、图 2－6）。

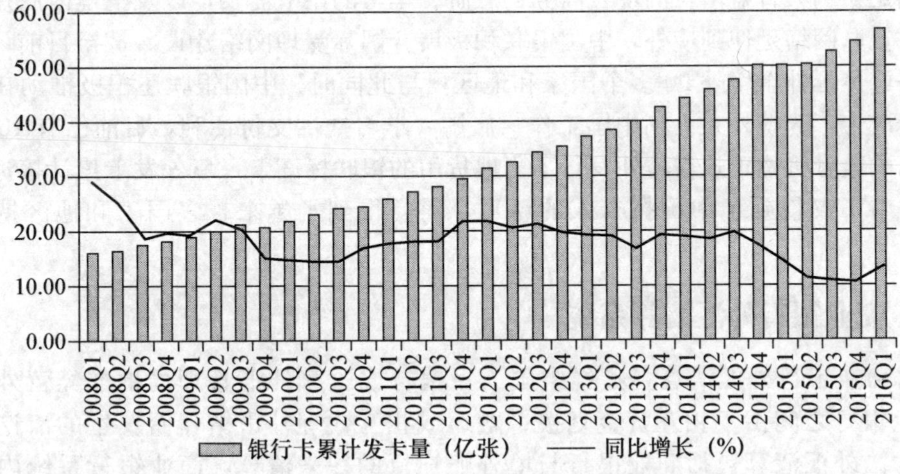

图 2－4 2008—2016 年第一季度银行卡累计发卡量

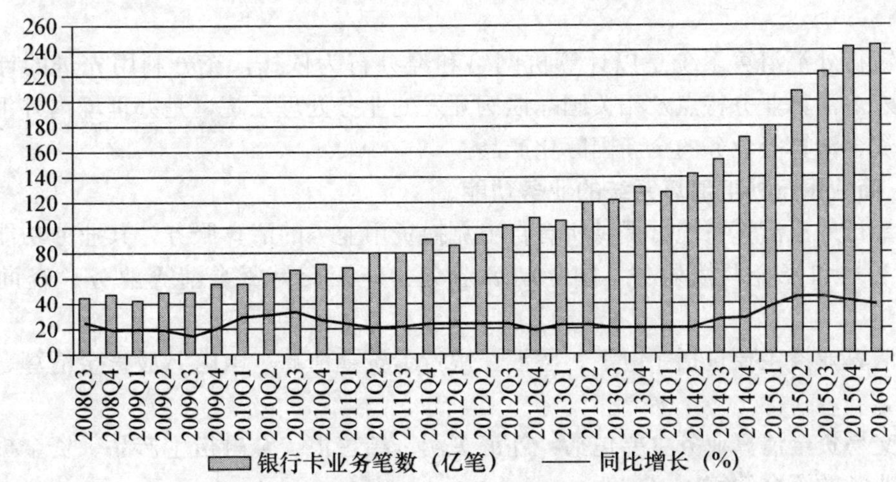

图 2－5 2008—2016 年第一季度银行卡交易笔数

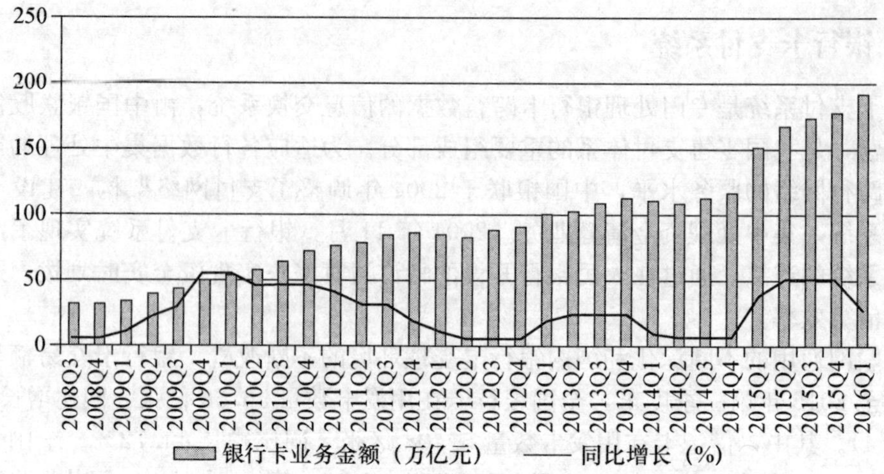

图 2-6　2008—2016 年第一季度银行卡交易额

为满足中国人日益增长的境外商务、旅游、学习的用卡需要，以及把境内商业银行的服务通过银联网络延伸到境外，中国银联积极展开国际受理网络建设。截至目前，银联卡受理网络已经延伸至境外 90 多个国家和地区；与此同时，中国银联还积极推动在境外发行银联标准卡，为境外人士到中国工作、旅游、学习提供支付便利，目前已有 10 多个国家和地区的金融机构正式在境外发行了当地货币的银联标准卡，境外发卡累计接近 700 万张。银联卡不仅得到了中国持卡人的认可，而且得到了越来越多国家和地区持卡人的认可。

四、商业银行外汇清算系统

我国商业银行外汇清算是指经中国人民银行或国家外汇管理局批准经营外汇业务的各商业银行之间由于相互资金划拨、融通或相互代理外币结算而发生的清讫外汇资金的行为。外汇清算包括商业银行与境外账户行的往来清算，商业银行系统内分行与总行、分行与分行、分行辖内的往来清算及外币现钞解缴，境内同业之间的往来清算。

商业银行外汇清算系统是以计算机网络和经办行为依托，充分利用先进的计算机技术，结合外汇清算业务特点及相关国际惯例开发的业务处理系统，是办理境内外汇款、系统内外汇资金清算等业务的全新国际化产品。

（一）商业银行外汇清算系统的业务功能

商业银行外汇清算系统可提供所有自由兑换货币业务的清算服务。其业务功能主要包括：客户汇款和资金调拨业务、国际结算业务、外汇交易资金清算业务、查询查复业务等。

汇款清算业务主要包括：电汇、票汇、银行卡资金清算、国内 B 股资金清算、内部资金划拨等。

外汇交易资金清算业务主要包括：外汇买卖、结售汇、金融衍生产品、资金拆借、定期存款等业务的资金清算。

查询查复业务主要包括：各类汇划业务、结算业务报文的查询查复处理。

商业银行外汇清算系统通过与环球银行金融电信协会（SWIFT）网络系统连接，实现外币资金全额逐级清算，不仅可以满足银行及客户实时资金划拨需求，实现资金流、信息流同步传输，还具备较强的业务直通处理能力，可以全面提升业务自动化处理水平，减少纸质凭证的传递和人工操作环节，降低凭证“落地”处理的操作风险。清算系统在大型计算机上实现 SWIFT 报文自动延伸到营业网点的处理，涉及网络的每一个角落，同时还涉及与国际 SWIFT 网络系统的通信，实现了跨平台、跨机种、多协议、多种类型网络的联网运行。

（二）商业银行外汇清算系统的基本原则

商业银行外汇清算系统的基本原则是：实存资金、头寸控制、联动记账、国际接轨、内外通达。

1. 实存资金

实存资金是指从发报经办行开始，逐级在其上级行按币种开立备付金账户，存有清算备付金，实现逐级实存资金清算。

2. 头寸控制

头寸控制是指各级行在上级管辖行开立备付金账户，由上级管辖行统一进行辖属行头寸控制和管理。在下级行备付金不足时，上级管辖行可以通过及时止付或向下级行拆借款项等方式处理。

3. 联动记账

联动记账指该系统实现了业务数据传输、审核和会计核算授权统一管理，业务录入、收发报文与银行账务系统联机登记账务的功能。

4. 国际接轨

国际接轨指本系统参照了国际清算中统一的 SWIFT 报文格式，提供了报文要素中文、英文、电报码转换功能，实现了系统内汇款报文和 SWIFT 汇款报文自动转换，使系统可以自动发送和接收境内外外汇汇款、SWIFT 支付指令和头寸调拨报文，实现了境外外汇汇款与境内外汇汇款业务及外汇资金清算的统一。

5. 内外通达

内外通达是指该系统大面积地扩展了商业银行外汇汇款通达的范围，使商业银行境内开通资金汇划的经办行均可实时收发境内外外汇汇款、SWIFT 支付指令及进行外汇资金清算，大幅提高了境内外外汇款业务和外汇资金清算业务的效率。

五、我国央行第二代支付清算系统

2009 年 12 月，中国人民银行正式启动第二代支付系统建设。作为第二代支付系统的重要组成部分，网上支付跨行清算系统已先期建成，并于 2010 年 8 月份上线首期试运营，整体二代支付系统在 2011 年建成。

第二代支付系统以清算账户管理系统为核心，以大额支付系统、小额支付系统、支票影像交换系统、网银互联子系统为业务应用子系统，以公共管理控制系统和支付管理信息系统为支持系统（见图 2－7）。

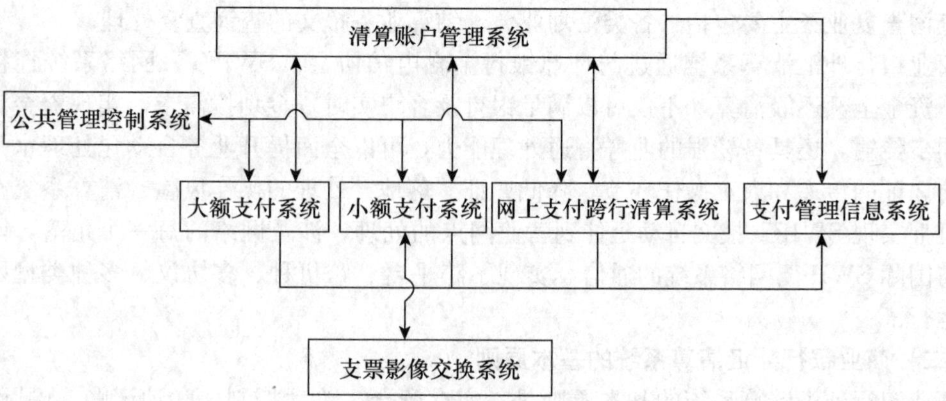

图 2-7　第二代支付系统架构

与第一代人民币跨行支付系统相比，第二代支付系统主要有以下新增功能及特点：

（一）灵活支持多种接入方式、清算模式

第一代支付系统以城市处理中心作为接入节点。全国性银行业金融机构以省级分行为单位通过所在地城市处理中心接入，地方性银行业金融机构以法人为单位通过所在地城市处理中心接入。第二代支付系统在保留现有接入方式的基础上，同时提供法人一点接入方式，支持银行业金融机构从城市处理中心或国家处理中心一点接入。管理上可要求业务量达到一定规模的参与者通过国家处理中心一点接入，其他参与者通过所在地城市处理中心一点接入。

第二代支付系统将同时支持“一点清算”和“多点清算”。一点接入方式下，银行机构可灵活选择资金清算模式，既可开设单一清算账户，所有支付业务通过该账户结算，也可开立多个清算账户，支付业务分别通过指定账户结算。在多点接入方式下，现在清算模式保持不变。

（二）全面的流动性风险管理功能

在保留第一代支付系统排队管理、清算窗口、自动质押融资、小额业务撮合等流动性管理功能的基础上，新增大额清算排队业务撮合、“资金池”管理、日终自动拆借、“一揽子”流动性实时查询等功能，为参与者提供更加全面的流动性管理。

大额清算排队业务撮合主要处理因直接参与者清算账户头寸不足导致清算排队的业务。该功能将进一步提高系统的资金清算效率，为直接参与者节约资金成本。“资金池”管理是指根据法人机构授权，系统将其在支付系统的清算账户与其分支机构进行双边绑定，当分支机构清算账户可用头寸不足支付时，自动从“资金池”内法人机构清算账户调拨资金完成资金清算。日终自动拆借是指支付系统参与者之间预先签订拆借协议并在系统中存储，在日终自动拆借功能启用时，如协议一方清算账户余额不足支付，系统将自动从其协议另一方清算账户拆入资金，完成排队业务的资金清算。“一揽子”流动性实时查询是指商业银行通过支付系统，实时查询包括清算账户和非清算账户余额在内的“一揽子”流动性。

（三）网银互联

网银互联系统为个人和单位用户提供跨行实时的资金汇划、跨行账户和账务查询，以及当下支付系统所无法实现的跨行扣款、第三方支付、第三方预授权等业务功能，为商业

银行在电子商务、跨行资金管理等方面提供创新服务奠定了基础。网银互联又被称为“超级网银”。使用传统网银时，想知道自己在各家银行账户情况如何，需进行多次登录、查询操作。而超级网银可通过统一的操作界面，查询管理多家商业银行开立的结算账户资金余额和交易明细，一个工行 U 盾即可完成所有银行网银登录。使用超级网银，可直接向各家银行发送交易指令并完成汇款操作。超级网银还有强大的资金归集功能，可在母公司结算账户与子公司结算户之间建立起上划下拨关系。

（四）支持外汇交易市场的 PVP 结算

目前，我国境内银行间外币询价交易主要通过外汇交易市场完成，外币资金结算通过外币支付系统完成，人民币资金结算则主要通过支付系统完成，人民币与外币之间资金结算不同步，存在结算风险。第二代支付系统将与境内外币支付系统连接，支持人民币与外币交易的 PVP（同步交收）结算，提高了结算效率，降低了结算风险。

（五）支持人民币跨境支付业务发展

近年来，人民币在我国周边部分国家和地区大量流通，被周边国家和地区居民作为交易媒介和支付手段大量使用。2009 年国务院批准上海、广州等部分城市开展人民币跨境支付试点业务；2010 年国务院批准 18 个省（市）开展人民币跨境支付试点，人民币正逐步向国际化货币发展。为支持人民币跨境支付业务的资金结算，第二代支付系统设计相关功能，支持人民币用于跨境支付及境外支付的最终结算。

知识链接

人民币加入 SDR

2015 年 11 月 30 日，经过国际货币基金组织（IMF）执行董事会严格审议，人民币被认定为国际“可自由使用货币”，并于 2016 年 10 月 1 日起，加入美元、欧元、日元和英镑，组成特别提款权（SDR）货币篮子。

这是国际金融史上历史性的一刻，是国际货币金融体系发展中的一个里程碑，也是自 SDR 诞生近 50 年来，第一个由新兴市场国家发行并被国际社会正式认定的国际可自由使用货币。

这一决定，不仅是中国经济进一步开放、融入全球金融体系的一个重要标志，也是 IMF 与时俱进、不断推进国际金融货币体系发展完善的见证。

第二代支付系统在功能上支持参与者之间办理以电汇、保函、托收、信用证为主要国际贸易结算方式产生的人民币跨境支付业务的信息流转及资金清算。目前支付系统参与者已覆盖香港和澳门地区的商业银行，未来还有可能扩展至其他地区，对于收、付款人开户银行均为支付系统参与者的跨境人民币支付业务，可直接通过支付系统办理；对于收、付款人开户银行不是支付系统参与者的，可通过代理行方式委托支付系统参与者完成资金结算。

除以上功能及特点外，第二代支付系统还将具备健全的备份功能和强大的信息管理与数据存储功能，建立高效的运行维护机制，进一步强化安全管理措施，并逐步实现支付报文标准国际化。

第三节 境外外汇支付清算系统

许多发达国家和地区的银行业都已建成运行效率高，较为完善、可靠的支付系统，尽管各国和各地区支付系统中的支付工具有所不同，支付方式各异，经营机构也不尽相同，但基本功能是一致的。主要都是用于银行间资金调拨、清算转账和证券交易的清算等。

一、美元支付清算系统

（一）FEDWIRE

美国联邦储备电子调拨系统（Federal Reserve Wire Transfer System，FEDWIRE），是全美境内美元支付系统。1913 年美国政府颁布了联邦储备法，建立联邦储备体系，各银行开始向联邦储备银行缴存存款准备金，建立全国范围支付系统的条件趋于成熟。联邦储备银行利用其集中的存款准备金向银行提供跨区票据托收服务，出于票据清算的需要，建立了 FEDWIRE，跨区票据业务托收通过 FEDWIRE 调拨清算净差额，从此终止了异地运输黄金和纸币以清算票据托收款项的传统做法。1970 年，FEDWIRE 建立了自动化的通信系统，从此得到迅猛发展，目前成员行已达 12 000 多家，已成为美国大额美元的电子支付系统。

FEDWIRE 是美国支付清算的主动脉，主要用于金融机构之间的隔夜拆借、行间清算、公司之间的大额交易结算、美国政府与国际组织的记账债券转移业务等。它将全美划分为 12 个联邦储备区（见图 2-8）、25 个分行和 11 个专门的支付处理中心，通过专用的电子通信网络将美联储总部、所有的联储银行、美国财政部及其他联邦政府机构连接在一起，提供实时全额结算服务。个人和非金融机构可以通过金融机构间接使用 FEDWIRE。此外，FEDWIRE 还承担着美联储货币政策操作及政府债券买卖的重任。FEDWIRE 每日运行 18 个小时，每笔大额的资金转账从发起、处理到完成全部实行自动化。

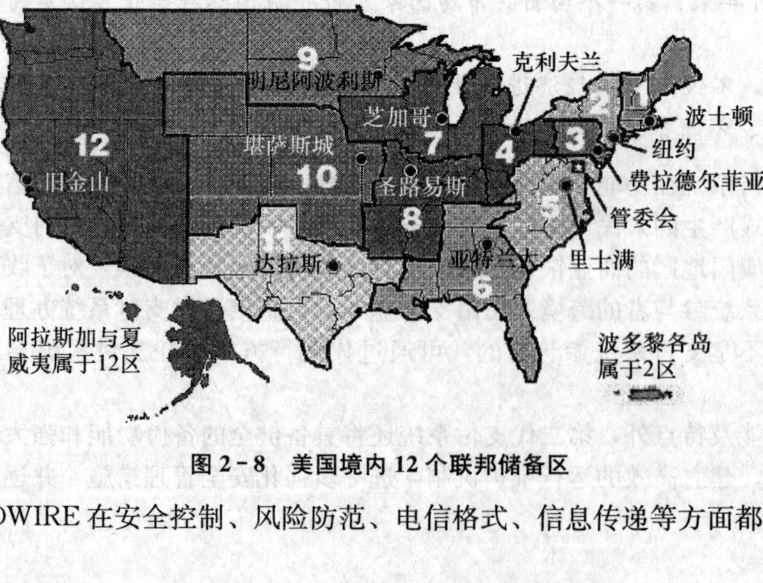

图 2-8 美国境内 12 个联邦储备区

由于 FEDWIRE 在安全控制、风险防范、电信格式、信息传递等方面都实行了严格的规范和标准化措施，所以该系统的使用大大提高了美国国内资金清算的效率，确保了联邦储备银行体系中大额资金的清算和证券交易的安全。

（二）CHIPS

清算所银行同业支付系统（Clearing House Interbank Payment System，CHIPS）是纽约清算所协会（NYCHA）经营管理的全球最大的私营支付清算系统，主要进行跨国美元交易的清算。CHIPS日处理交易28.5万笔，金额1.5万亿美元，平均每笔金额500万美元。系统自建立起来，美元清算金额逐年以近20%的幅度增长，目前全球95%以上的美元清算是通过该系统进行的。可以说，CHIPS是国际贸易资金清算的桥梁，为维护美元的国际地位和国际资本流动的效率及安全发挥了十分重要的作用。

CHIPS系统的成员有两大类：一是清算用户，要求在联邦储备银行设有储备账户，能直接使用该系统实现资金转移；二是非清算用户，不能直接利用该系统进行清算，必须通过某个清算用户作为代理行，在该代理行建立账户进行间接资金清算。CHIPS已有47家直接会员，有纽约清算所协会会员、纽约市商业银行、外国银行在纽约的分支机构等，包括我国的中行和交行。

CHIPS是一个净额多边清算的大额贷记支付系统，每天只有一次日终结算，其最终的结算是通过FEDWIRE中储备金账户的资金转账来完成的。CHIPS规定在一天清算结束时，若有一家或多家银行出现清偿问题，且这些银行找不到为其代理的清算银行则被视为倒闭，这时，其造成的损失由其余各成员行共同承担，以确保一天清算的完成。这些风险控制措施，不仅控制了成员行的风险，而且控制了整个系统的信用风险。因此，可以说CHIPS为国际美元交易提供了安全、可靠、高效的系统支付。

二、欧洲支付清算系统

自1999年1月1日欧元诞生的那一刻开始，欧洲中央银行就一直致力于将各成员的本币清算系统转换成欧元清算系统，并整合成一个欧元区的清算系统。欧洲间实时全额自动清算系统（Trans-European Automated Real-time Gross Settlement Express Transfer，TARGET）于1995年开始建设，并于1999年1月1日正式启动。它是欧洲中央银行管理的连接欧元区各成员清算系统的实时欧元支付系统。它包括了欧洲中央银行自己的付款系统（EPM）及16个成员当地的实时清算系统（Real Time Gross Settlement，RTGS）。在TARGET启动之后，成员的RTGS的职能分为两部分：当执行跨境支付职能时，使用TARGET；当执行本国境内的支付职能时，采用原有功能。

欧洲中央银行及成员中央银行负责监督TARGET的运营。TARGET的清算成员包括欧元区内的各国中央银行，任何一家金融机构只要在欧元区内所在国家的中央银行开立汇划账户，即可通过与TARGET相连接的所在国的RTGS，进行国内清算或跨国清算。该系统采取逐笔清算的方法，只要清算账户中有足够的资金，付款指示能随时到达随时处理。在系统最佳情况下，从支付命令发出到经收款方的RTGS贷记到收款方账户仅仅需要几秒钟。

采用RTGS模式，系统在整个营业日内连续、逐笔地处理支付指令，所有支付指令均是最终的和不可撤销的，从而大大降低了支付系统风险，但对参加清算银行的资金流动性具有较高要求。由于资金可以实时、全额地从欧盟一国银行划拨到另一国银行，不必经过原有的货币汇兑程序，从而减少了资金占用，提高了清算效率和安全系数，有助于欧洲中央银行货币政策的实施。欧洲中央银行对系统用户采取收费政策，用户业务量越大，收费标准越低，这一收费规则对大银行更为有利。此外，系统用户需要在欧洲中央银行存有足够的资金或备有等值抵押品，对资金规模要求较高。加之各国中央银行对利用该系统的本国用户不予补贴，故与其他传统清算系统相比，TARGET 的清算成本较高。

三、英镑支付清算系统

清算所自动化支付清算系统（Clearing House Automated Payment System，CHAPS）是银行间实时发送同日起息指令的电子传输系统。它是由英格兰银行参与的 CHAPS 清算公司（CHAPS Clearing Company）运行的，专门提供付款和清算服务的系统。该系统是世界上最大的实时清算系统之一，也是独一无二的双币组合清算系统。CHAPS 为成员行及其他参与行提供有效、安全及可信赖的同日付款机制。每一笔通过 CHAPS 支付的汇款都是有条件的、不可撤销的和有保证的。

CHAPS 是伦敦的主要大额支付清算系统，可提供 CHAPS 英镑（1996 年实施该系统）和 CHAPS 欧元（1999 年实施该系统）两种独立清算服务，其中欧元清算与欧洲统一支付平台 TARGET 连接，便利英国国内与境外交易者之间的欧元批发性支付，并确保了英镑和欧元在伦敦金融市场交易中具有同等的计价地位。

伦敦还有两个重要的小额零售支付清算系统：一个是 BACS 有限公司提供的 ACH 电子支付清算系统；另一个是支票和贷记清算公司提供的纸质票据清算系统。

四、日本支付清算系统

日本的银行间支付结算体系主要包括四个系统，其中三个由私人部门运营，分别是汇票和支票清算系统（Bill and Check Clearing System，BCCS），用于对提交到同城清算所的汇票和支票进行清算；全银数据通信系统（Zengin Data Telecommunication System，简称 Zengin System），用于零售贷记转账交易的清算；外汇日元清算系统（Foreign Exchange Yen Clearing System，FXYCS），用于外汇交易中日元部分的清算。另一个是由日本银行负责运营的日本银行金融网络系统（Bank of Japan Net Funds Transfer System，BOJ-NET），主要用于结算银行债务，包括私营清算系统清算后产生的净债务。2001 年该系统由传统的定时清算系统（Designated-Time Net Settlement，DNS）升级为实时全额结算（Real Time Gross Settlement，RTGS）系统。

为了加速和巩固日元的国际化进程，日本银行对日元的国际支付清算进行了精心安排，不仅建立了专门的 FXYCS，而且将其纳入了 BOJ-NET 运行，使得 FEYCS 中的日元交易实质上都能够通过日本银行账户进行结算，确保了所有东京跨国金融交易中日元清算的支付最终性。FEYCS 始终处于高效运转状态，日均交易额为 28 万亿日元，为东京外汇市场的国际化，尤其是日元的国际化发挥了重要作用。

日本银行是日本政府债券的托管结算机构，通过 BOJ-NET 以实时券款对付结算方式

(DVP)进行证券和资金的支付清算。JASDEC(日本证券存管中心)主要托管股票,JSCC(日本证券清算公司)办理清算,通过与 BOJ-NET 的连接也能够实现 DVP 清算模式。

五、中国香港支付清算系统

经过多年努力,香港金融管理局、汇丰银行、渣打银行分别建成了港币、美元、欧元三个实时支付清算系统,并实现了全面联网,使得在香港一地就能够同时完成三种货币的即时支付同步交收(PVP)清算,极大地提升了香港作为国际金融中心的优势地位。其中,2000 年香港金融管理局和汇丰银行共同建立的美元/港币外汇交易 PVP 机制,是世界上第一个跨币种支付撮合处理模式,确保了美元和港币的同时结算,并且清算系统中交易后的货币能够立即投入使用,进一步增强了香港外汇交易市场的流动性。目前,香港的三个实时全额支付清算系统不仅均与香港债券托管结算机构 CMU(中央货币市场单位)实现了无缝连接,完成了所有在港债券交易的 DVP 清算安排,而且与其他主要国家中央银行的 RTGS 实现了连接,能够做到全球主要金融市场交易的同时支付。

为了确立人民币国际支付清算中心的地位,1998 年和 2000 年,香港先后与深圳、广州两市建立了联合票据清算便利系统。2006 年 3 月,一个专门处理跨境人民币支付的人民币实时结算系统已经开始在香港运作。

香港股票和债券的交易结算是分开进行的。1996 年,香港推出了亚洲最先进的银行与债券实时支付清算系统,1998 年推出了股票交易的货银两讫结算服务,全面实现了证券交易结算的 DVP 模式。2000 年香港联合交易所、期货交易所、中央结算有限公司、联交所期权结算所及期货交易有限公司进行了股份化合并,统一负责股票的托管清算。香港债券的托管、交易、清算业务则是由香港金管局的 CMU 系统负责办理,该系统与 Euroclear(欧洲清算)和 Clearstream(明汛银行)两个国际证券结算系统连接,可以为外币债券提供结算服务,极大地提升了香港吸引欧美投资的能力和水平。

六、SWIFT 组织

环球银行金融电信协会(Society for Worldwide Interbank Financial Telecommunication, SWIFT),是一个银行同业非营利性的国际合作组织,也是国际上最重要的金融通信网络之一。通过该系统,可以在全球范围内把原本互不往来的金融机构全部串联起来交换信息。该系统主要提供通信服务,专为其成员金融机构传送同汇兑有关的各种信息。成员行接收到这种信息后,将其传送到相应的资金调拨系统或清算系统内,再由后者进行各种必要的资金转账处理。SWIFT 的标志如图 2-9 所示。

(一)SWIFT 的历史

由于国际银行业之间经济活动日益频繁,账务往来与日俱增,传统的手工处理手段无法满足客户的要求,为了适应瞬息万变的市场发展,客户要求在一个国家内,甚至世界范围内的转账结算与资金清算能迅速完成。所以,在 20 世纪 60 年代末 70 年代初,欧洲一些银行就酝酿建立一个国际通信系统以提供国际间金融数据及其他信息的快速传递服务,

图 2-9　SWIFT 的标志

开始对通用的国际金融电文交换处理程序进行可行性研究。研究结果表明，应该建立一个国际化的金融处理系统，该系统要能正确、安全、低成本和快速地传递标准的国际资金调拨信息。

1973 年 5 月，来自美国、加拿大和欧洲的 15 个国家的 239 家银行宣布正式成立 SWIFT，其总部设在比利时的布鲁塞尔，它是为了解决各国金融通信不能适应国际支付清算的快速增长而设立的非营利性组织，负责设计、建立和管理 SWIFT 国际网络，以便在该组织成员间进行国际金融信息的传输和确定路由。从 1974 年开始设计计算机网络系统；1977 年夏，SWIFT 网络系统的各项建设和开发工作完成，并正式投入运营。

该组织创立之后，其成员银行数量逐年迅速增加。从 1987 年开始，非银行的金融机构，包括经纪人、投资公司、证券公司和证券交易所等开始使用 SWIFT 网络。目前该网络已连接遍布全球 206 个国家和地区的 8 000 多家金融机构，提供金融行业安全报文传输服务与相关接口软件，支援 80 多个国家和地区的实时支付清算系统。

1980 年 SWIFT 网络连接到我国香港地区。我国的中国银行于 1983 年加入 SWIFT，是 SWIFT 的第 1 034 家成员行，并于 1985 年 5 月正式开通使用，成为我国与国际金融标准接轨的重要里程碑。之后，我国的各国有商业银行及上海和深圳的证券交易所也先后加入 SWIFT。进入 20 世纪 90 年代后，除国有商业银行外，中国所有可以办理国际银行业务的外资和侨资银行及地方性银行纷纷加入 SWIFT。SWIFT 网络的使用也从总行逐步扩展到分行。1995 年，SWIFT 在北京电报大楼和上海长话大楼设立了 SWIFT 访问点（SWIFT Access Point，SAP），它们分别与新加坡和我国香港地区的 SWIFT 区域处理中心主节点连接，为用户提供自动路由选择。

（二）SWIFT 网络系统所提供的服务

（1）全球性通信服务。为全球 206 个国家和地区的 8 000 多家金融机构提供相互通信服务。

（2）接入服务。使用户能够低成本、高效率地进入 SWIFT 网络系统。SWIFT 的接入服务通过 SWIFT Alliance 的系列产品完成，包括：传送金融信息的接口软件、接入 SWIFT 网络系统的窗口软件和桌面接入软件、文件传输接口软件等。

（3）存储和转发电文（Store and Forward Messaging）服务。

(4) 交互信息传送（Interactive Message）服务。

(5) 文件传送服务。1992年开始提供银行间的文件传送（Interbank File Transfer，IFT）服务，用于传送处理批量支付和重复交易的电文。

(6) 电文路由（Message Routing）服务。通过SWIFT网络系统传输的电文可同时拷贝给第三方，以便能由第三方进行电子资金转账处理，或转到另一网络完成支付结算、证券交易结算或外汇交易结算处理。

SWIFT网络系统自投入运行以来，以其高效、可靠、低廉和完善的服务，在促进世界贸易的发展、加速全球范围内的货币流通和国际金融结算、促进国际金融业务的现代化和规范化方面发挥了积极的作用。

(三) SWIFT的电文

SWIFT网络系统提供240多种电文标准，SWIFT网络系统的电文标准格式已经成为国际银行间数据交换的标准语言。SWIFT的标准部门每年都要根据用户需求，总结现有的电文格式，研究制定新格式计划。鉴于SWIFT网络系统在外汇交易中的重要作用，我国的金融网络和金融应用系统必须与SWIFT网络系统接轨。因此，我国银行的电文或者直接采用SWIFT格式，或者基于SWIFT格式支持，完成证券和贸易等业务电文的通信。通过SWIFT网络系统传输的电文类型包括以下十类：

(1) 客户汇款与支票（Customer Payments & Checks）。

(2) 金融机构间头寸调拨（Financial Institution Transfers）。

(3) 资金市场交易（Treasury Markets-FX，MM，Derivatives）。

(4) 托收与光票（Collections & Cash Letters）。

(5) 证券（Securities Markets）。

(6) 贵金属（Treasury Market-Precious Metals）。

(7) 跟单信用证和保函（Documentary Credits and Guarantees）。

(8) 旅行支票（Traveler's Checks）。

(9) 现金管理与账务（Cash Management & Customer Status）。

(10) SWIFT系统电报。

SWIFT的设计能力是每天传输1 100万条电文，而当前每日传送500万条电文，这些电文划拨的资金以万亿美元计。

在SWIFT电文中，用于区分各家银行的代码是SWIFT Code，依靠SWIFT Code便会将相应的款项准确地汇入指定的银行。每个申请加入SWIFT的银行都必须事先按照SWIFT的统一规则，制定出本行SWIFT Code，经SWIFT批准后正式生效。每个银行（包括每个分行、支行）都有一个代码，是由银行名称的英文缩写和总行所在地的英文缩写（也有用数字加字母表示某城市的）及该分行所在地的代码（字母、数字或混合）组成。在国际上，银行的SWIFT Code都是统一的格式，例如：BKCHCNBJ110，其中第1至4位为一家银行的统一代码（中国银行为BKCH），第5、6位代表国家代码（中国为CN），第7、8位代表城市代码（北京为BJ），110代表北京市分行。总行的SWIFT Code没有所在地代码，位数为8位（如中国银行总行BKCHCNBJ）。

我国一些银行的SWIFT Code如下：

（1）ABOCCNBJ：中国农业银行。

（2）BKCHCNBJ：中国银行。

（3）ICBKCNBJ：中国工商银行。

（4）IBOCCNBJ：中国投资银行。

（5）COMMCNBJ：交通银行。

（6）PCBCCNBJ：中国建设银行。

（7）PBOCCNBJ：中国人民银行。

（8）CIBKCNBJ：中信实业银行。

（9）BOFXCNSX：美洲银行上海分行。

（10）HSBCCNSX：汇丰银行上海分行。

拓展阅读

我国电子商业汇票系统

商业汇票是主要的票据品种之一，兼具支付结算和短期融资功能，对满足企业支付需要、拓宽融资渠道、降低财务费用、提高商业银行支付服务水平、强化资产负债管理，以及丰富中央银行货币政策手段都有着非常重要的作用。

电子商业汇票是纸质商业汇票的继承和发展，其所体现的票据权利义务关系与纸质商业汇票没有不同。但是电子商业汇票以数据电文形式取代原有纸质实物票据，以电子签名取代实体签章，以网络传输取代人工传递，以计算机录入取代手工书写，实现了出票、流转、兑付等票据业务过程的完全电子化。票据安全性和交易效率得到了极大提升。

与纸质商业汇票一样，企业使用电子商业汇票，必须遵守我国《票据法》等相关法律规定，遵循诚实信用的原则，具有真实的交易背景和债权债务关系，并在商业银行开立人民币银行结算账户。但是，由于电子商业汇票的特殊性，企业使用电子商业汇票还必须具备以下条件：一是必须具有中华人民共和国组织机构代码；二是必须是具备办理电子商业汇票业务的基本技术条件，比如，应当是商业银行的网银企业客户等；三是所选择的开户银行能够提供电子商业汇票服务，并与其开户银行签订电子商业汇票服务协议，明确双方的权利和义务。具备上述条件后，企业就可以通过其开户银行办理电子商业汇票业务了。

为进一步推动国内票据业务和票据市场发展，便利企业支付和融资，支持商业银行票据业务创新，在充分调研论证的基础上，中国人民银行于2008年1月决定组织建设电子商业汇票系统，6月正式立项，2009年10月28日建成投入运行。电子商业汇票系统是依托网络和计算机技术，接收、登记、转发电子商业汇票数据电文，提供与电子商业汇票货币给付、资金清算行为相关服务，并提供纸质商业汇票登记查询和商业汇票公开报价服务的综合性业务处理平台。电子商业汇票系统的建成运行，是我国金融信息化、电子化进程中的又一个重要里程碑，标志着中国现代化支付体系基本建成，标志着我国商业票据业务进入电子化时代，对促进电子商务和票据市场发展将产生深远影响。

首先，电子商业汇票系统为电子票据业务提供安全高效、互联互通、标准统一、方便快捷的多功能、综合性业务处理平台。与现行纸质商业汇票相比，其最大的特性就是签发和流转都采取电子化方式，以数据电文来完成。电子商业汇票系统的建成能从根本上解决纸质商业汇票交易方式效率低下、信息不对称、风险较大等问题。

其次，电子商业汇票系统的建成对企业、商业银行、中央银行和票据市场的发展意义重大。对企业来说，电子商业汇票不仅提供了纸质票据的所有功能，更重要的是企业在使用过程中不受时间和空间的限制，交易资金在途时间大大缩短，资金周转效率明显提高。对商业银行来说，电子商业汇票系统的建成不仅使电子票据能够实现实时、跨地区流通使用，而且节省了纸质票据业务的人工成本，节约票据印制成本，降低票据保管成本，规避票据遗失风险，增强了业务的安全性，加快了结算速度，从而有效提高银行的金融服务效率。对中央银行来说，电子商业汇票系统的建成使中央银行成为电子商业汇票市场的一个经常性交易主体，未来可能成为中央银行公开市场操作的一个主要手段，增加中央银行货币政策操作的弹性和力度，提高中央银行调控货币市场的能力，畅通货币政策传导机制。通过电子商业汇票系统，中央银行能够全面监测商业汇票各种票据行为，准确了解资金流量流向，为宏观经济决策提供重要的参考依据。电子商业汇票系统实现商业汇票签发、流转和结算等业务的电子化处理，进一步推动全国统一、规范、效率更高的票据市场形成。电子商业汇票系统能改变目前票据市场运行格局，有利于票据市场的进一步繁荣。电子商业汇票的付款期最长至一年，增加了票据市场中可交易的票据数量，大大活跃票据市场。

截至 2014 年年末，电子商业汇票系统参与共计 373 家。全年系统出票 84.49 万笔，金额 3.13 万亿元，分别占全年商业汇票业务量的 4.59%和 16.23%；承兑业务量 83.78 万笔，金额 3.07 万亿元；贴现 23.53 万笔，金额 1.50 万亿元；转贴现 49.11 万笔，金额 4.81 万亿元。

资料来源：http://www.pboc.gov.cn.

问题讨论：电子商业汇票与传统纸质汇票相比有哪些优缺点？

中国清算市场开放脚步加快

2015 年 4 月 22 日，中国政府网发布《国务院关于实施银行卡清算机构准入管理的决定》，从 2015 年 6 月 1 日，符合要求的机构可申请“银行卡清算业务许可证”，在中国境内从事银行卡清算。这意味着银联在中国清算市场“一家独大”12 年的局面被打破，银联将告别垄断时代。

银联垄断清算市场 12 年

成立于 2002 年的银联，是我国境内唯一的支付清算组织，在国内从事支付业务必须通过银联渠道。

按照相关规定，国内每刷一次卡，提供刷卡机的商户都需要支付一笔手续费，发卡银行拿走 70%，提供 POS 机的银行或银联的子公司“银联商务”拿走 20%，银联拿走 10%。坐收政策之利，银联一直备受垄断指责。

清算市场开放后，受冲击最大的就是银联。事实上，银联对此次市场开放早有准备，2014 年年底就提出“二次创业”的概念，目前正逐渐退居机构客户身后，扮演起平台服务角色。

“5年经验”卡住一大批机构

根据规定，申请成为银行卡清算机构需要注册资本不低于10亿元人民币；至少具有符合规定条件的持股20%以上的单一主要出资人，或者符合规定条件的合计持股25%以上的多个主要出资人；提出申请前应当连续从事银行、支付或者清算等业务5年以上。

银行卡清算业务包含持卡人、商户、收单机构和发卡机构的大量金融信息，涉及重大公共利益，关系到银行间清算秩序，因此，对银行卡清算机构实施准入管理。

要有5年业务经验，就是说2010年5月以后从事支付业务的都没有资格，这就刷掉了一大批。还要求连续3年盈利，目前看，银行及支付宝、腾讯这些第一批大型第三方支付机构具备资格。

境外机构静等中国清算市场开放30年

央行要求清算机构在中国境内有能够独立完成银行卡清算业务的基础设施和异地灾备系统，这对于国内的第三方支付企业并不是问题，但对于国际卡组织是个难题。在其他国家和地区还没有这个先例，如果要真正建立这样一个基础设施和系统，估计至少也得一年半载。

20世纪90年代，国际卡组织进入中国市场。1988年，万事达成立北京代表处，5年后Visa也来到中国设立代表处。多年来，中国的银行卡清算市场始终未能开放，国际卡组织只能分享中国人境外消费的部分市场。

2010年6月，Visa与银联“反目”，Visa封堵中国银联部分境外通道，最终WTO定案：银联在中国市场并没有垄断行为，但需要尽快开放境内支付清算市场。由此中国支付清算市场开放提速。2014年10月底，国务院常务会议决定进一步放开银行卡清算市场，符合条件的内外资企业均可申请在我国境内设立银行卡清算机构。

资料来源：http://www.china.com.cn.

问题讨论：我国开放清算市场对银联有哪些挑战？

本章小结

银行的电子化与信息化反映了电子银行的发展历程：先从银行柜面开始，再到分行办事处，最终联机到商业、企事业单位和家庭。银行的电子服务既提供支付服务，又提供金融信息增值服务，银行还要从电子化的实体银行向虚拟的网络银行发展。在银行业现代化支付体系中，我国已建成了以中国人民银行大额实时支付系统、小额批量支付系统为中枢，以银行业金融机构行内业务系统为基础，以票据支付系统、银行卡支付系统、证券结算系统和境内外币支付系统为补充的支付清算网络体系，对加快社会资金周转、降低支付风险、提高支付清算效率、促进国民经济又好又快发展发挥着越来越重要的作用。许多发达国家和地区的银行业都已建成运行效率高，较为完善、可靠的支付系统，尽管各国和各地区支付系统中的支付工具有所不同，支付方式各异，经营机构也不尽相同，但基本功能是一致的，主要都是用于银行间资金调拨、清算转账和证券交易的清算等。

课后习题

一、填空题

1. 银行电子化是指采用__________技术、__________技术、__________技术等现代化技术手段，彻底改造银行业传统的工作方式，实现银行__________、__________、__________和__________，为国民经济各部门提供及时、准确的金融信息的全部活动过程。

2. 电子银行能够以更低的服务成本、更高的服务效率与更优的服务质量，为客户提供 AAA 式的全方位金融服务，AAA 是指__________、__________、__________。

3. 我国金融市场的核心支持系统是__________。

4. 中国现代化支付系统主要由__________、__________两个业务应用系统组成。

5. 全球最大的美元私营支付清算系统是__________。

6. SWIFT 主要提供__________服务，专为其成员金融机构传送同汇兑有关的各种信息。成员行接收到这种信息后，将其传送到相应的资金调拨系统或清算系统内，再由后者进行各种必要的__________。

二、简答题

1. 我国银行电子化经历了哪几个阶段？各有什么特点？
2. 中国现代化支付系统在国民经济运行过程中起到了什么样的作用？
3. 我国央行第二代支付系统有哪些新增功能？

三、思考题

1. 与业务分散处理相比，银行业务数据的集中处理能为银行带来哪些优势？
2. 参考境外成熟完善的支付清算体系，谈谈如何促进我国本外币清算一体化改革。

第三章　网上银行

知识目标

掌握网上银行的概念、分类、特点；熟悉关于网上银行的各项规章制度；了解网上银行的发展历程；了解我国商业银行网上银行发展的最新动态。

技能目标

能够注册并使用网上银行，能够在网上银行的使用过程中利用各种安全保障措施保护自己账户的安全。

第一节　网上银行概述

网上银行是银行利用互联网将客户的计算机终端连接到银行网站，实现将银行的金融服务直接送到企业和个人家庭的金融服务系统。网上银行代表了未来银行业的发展方向，给该行业带来了前所未有的机遇和挑战。银行业步入网络时代，网络融入银行业，迎合了现在电子商务发展的趋势，也奠定了全球网络金融服务体系的基础。

一、网上银行的定义

网上银行又称网络银行、在线银行，是指银行利用互联网技术，通过互联网向客户提供开户、销户、查询、对账、行内转账、跨行转账、信贷、网上证券、投资理财等服务项目，使客户足不出户就能安全便捷地管理活期和定期存款、支票、信用卡及个人投资等。可以说，网上银行是在互联网上的虚拟银行柜台。

网上银行的定义可以从三个层次理解：一是银行提供服务的载体（途径或渠道）。传统银行服务方式，客户需要到银行营业场所，通过与银行临柜人员面对面接触获取所需的银行服务。在网上银行服务方式下，客户无须到银行网点，无须和银行业务人员接触，只需通过计算机的鼠标和键盘，点击相应的菜单，输入数据或指令，借助虚拟的网络空间，即可享受银行服务。二是银行服务的场所。传统银行需要在繁华、交通便捷的城市中心地带建立或租用体面的办公楼，配备设备齐全的营业柜台，需要在落实安全措施的情况下才能向客户提供银行服务。网上银行只需要设计友好的用户界面，利用客户的个人电脑就可以向客户提供金融服务。也就是说，网上银行的服务柜台前移了。三是银行服务的内涵。通过网上银行，客户不仅可以享受传统的存、贷、汇等银行服务，而且可以享受因信息技术带来的其他的金融创新服务。以上三个层次的内涵也是网上银行最基本的特征。

二、网上银行的分类

按照不同的分类标准，网上银行可分为不同类型：

（一）按服务对象分类

1. 个人网上银行

个人网上银行适用于个人与家庭的日常消费支付与转账。个人可以通过网上银行服务，来完成实时查询和转账、网上支付和汇款。个人网上银行服务的出现，标志着银行的业务触角直接伸展到个人客户的电脑上，方便实用，真正体现了家庭银行的风采。

2. 企业网上银行

企业网上银行适用于企业与政府部门等企事业单位客户。企事业单位可以通过企业网上银行服务实时了解企业财务运作情况，及时在组织内部调配资金，轻松处理大批量的网上支付和工资发放业务，并可处理信用证等相关业务。

（二）按组织架构分类

1. 纯网上银行

纯网上银行是一种完全依赖于互联网发展起来的全新网上银行，也叫虚拟银行。这类银行除后台业务处理中心外，没有任何其他物理上的营业机构，雇员很少，银行的所有业务几乎都在互联网上进行。纯网上银行又分成两种：一是直接建立的独立的网上银行；二是以原银行为依托，成立新的独立的银行来经营网上银行业务。

纯网上银行的典型代表是德国的 Entrium Direct Bankers。1990 年它作为 Quelle 邮购公司的一部分成立，最初通过电话线路提供金融服务，1998 年开辟网上银行系统。目前已经成为德国乃至欧洲最大的纯网上银行之一，控制着德国纯网上银行界 30%的存款和 39%的消费贷款。Entrium Direct Bankers 没有分支机构，员工共计 370 人，依靠电话和互联网开拓市场、提供服务。另外，美国的花旗银行（Citibank）建立的 E-City、展翼银行（Wingspan Bank）、印第安纳州第一网上银行（First Internet Bank of Indiana，FIBI）、休斯敦康普银行（Compu Bank）也是采用这种模式。

纯网上银行的优势很明显：它可以树立自己的品牌，以极低廉的交易费用实时处理各种交易，提供一系列的投资、抵押和保险综合业务。由于客户服务成本很低，银行还可以向客户提供更优惠的存贷款利率。但与传统银行相比，纯网上银行也存在一些难以克服的缺点：纯网上银行无法收付现金，加重了对第三方机构的依赖性；纯网上银行改变了以往银行保存交易记录的方式，需要法律和客户方面的不断确认；纯网上银行缺乏客户基础，需要培养新客户的信任度和忠诚度；纯网上银行前期技术的投入非常大。

2. 传统银行的网上分支（分支型网上银行）

这种网上银行是指在传统银行基础上运用公共的互联网服务，设立新的网上服务窗口，把传统银行业务延伸到网上，在原有银行基础上再发展网络银行业务，是实体与虚拟结合的银行。这种形式与前一种形式的不同之处在于，它是利用互联网辅助银行提供金融服务，而不是银行的完全电子化和网络化。

分支型网上银行的典型代表是富国银行（Wells Fargo）。富国银行是美国第七大银行，资产总额 218 亿美元，拥有 5 925 个分支机构，资本收益率高达 34%。它被认为是美国银行业提供网上银行服务的优秀代表，网上银行客户数量高达 160 万，银行网站每月访问人数 96 万（并非人次），接受网上银行服务的客户占其全部客户的 20%。富国银行的网上银行系统不仅节约成本，更主要的是带来新增收入和客户，使用网上银行的客户素质好、收入高、账户余额大、需求种类多，银行赚取的收益和手续费收入相对较多。在 160 万网上银行客户中，15%是由网上银行服务带来的新客户。另外，美国的国民银行（Nations Bank）、加拿大的 Royal Bank of Canada（RBC）及我国的商业银行都是采用这种模式提供网上银行服务。

分支型网上银行的优势是显而易见的，它以传统母体银行为依托，有强大的资金来源和广泛的客户基础。一方面，采用这种模式的都是大银行，本身在客户群中有较好的信誉和较高的品牌效应；另一方面，由于大银行所涉及的业务面比较广，能不断推出适合客户偏好的金融产品，有利于吸引潜在客户，这些都使分支型网上银行在突破传统银行业务限制的基础上，开辟了获得新的利润和客户的空间，推动了银行规模的增长，促进了银行整体效益的提高。但是，分支型网上银行的劣势也很明显：首先，这种模式会受到母体银行原有的体制框架、技术框架的束缚；其次，母体银行能否对网上银行保持一定的投入成为发展分支型网上银行的关键，究竟是发展更多的传统业务还是发展电子业务成了决策的难题。

三、网上银行的优势

与传统银行相比，网上银行有许多优势，主要体现在以下几个方面：

（一）大大降低银行经营成本，有效提高银行盈利能力

开办网上银行，主要利用公共网络资源，无须设置物理的分支机构或营业网点，减少了人员费用，提高了银行后台系统的使用效率。

根据 Allen&Hamilton 公司的统计，美国商业银行中每家分行提供手工操作交易的单位平均成本约 1.07 美元，利用自动柜员机和电话中心交易的单位平均成本约 0.54 美元和 0.27 美元，利用互联网交易的平均成本约 0.1 美元（见图 3-1）。

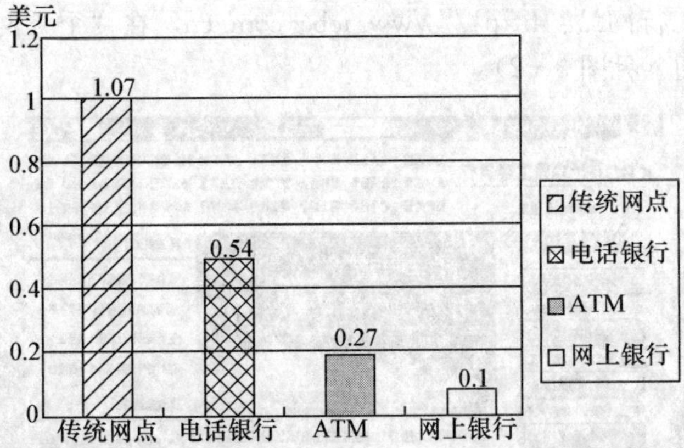

图 3-1 美国银行业统计的不同渠道单笔交易成本

(二) 无时空限制，有利于扩大客户群体

网上银行产品打破了传统银行产品的地域、时间限制，能为客户提供 AAA 式的金融服务，这既有利于吸引和保留优质客户，又能主动扩大客户群，开辟新的利润来源。

(三) 有利于服务创新，向客户提供多种类、个性化服务

通过银行营业网点销售保险、证券和基金等金融产品，往往受到很大限制，主要是由于一般的营业网点难以为客户提供详细的、低成本的信息咨询服务。利用互联网和银行支付系统，容易满足客户咨询、购买和交易多种金融产品的需求，客户除办理银行业务外，还可以很方便地在网上进行股票债券的买卖等，网上银行能够为客户提供更加合适的个性化金融服务。

第二节 网上银行业务

一、个人网上银行业务

一般个人客户只要拥有银行的资金账户（包括储蓄账户、定期账户或银行卡账户），就可以在网上或营业柜台填写开通网上银行申请表，成为网上银行客户。

下面以工商银行的网上银行（普通版）为例，来讲述个人网上银行的开通、业务操作及安全注意事项。

(一) 个人网上银行的开通

凡在工行开立工银财富卡、理财金账户、牡丹灵通卡、牡丹信用卡、活期存折等账户且信誉良好的个人客户，均可申请成为工行个人网上银行注册客户。个人用户可以通过以下几种方式开通网上银行：

1. 网上自助注册

个人网上银行自助注册是指未在柜面注册开通网上银行服务的牡丹信用卡、贷记卡、商务卡、灵通卡、“理财金账户”卡持卡人，可以通过工行网站实现网上自助注册。

自动注册流程如下：

（1）首先登录工行网站：http://www.icbc.com.cn，在“个人网上银行登录”菜单下单击“注册”按钮（见图3-2）。

图3-2　工行网站首页

（2）阅读“注册须知”后，单击“注册个人网上银行”按钮（见图3-3）。

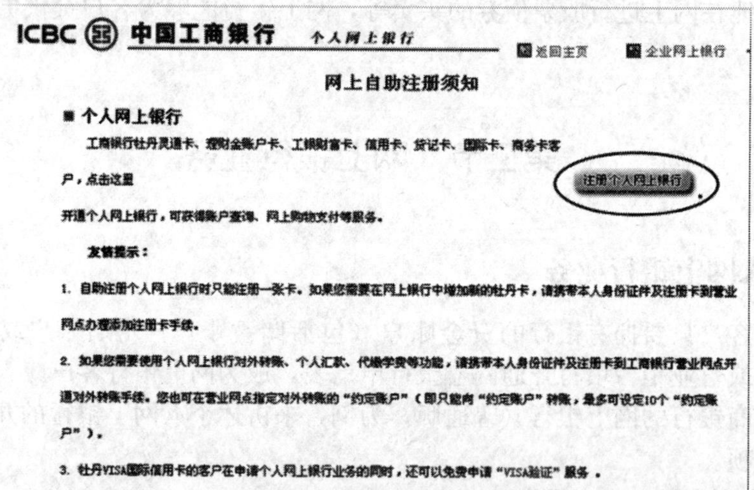

图3-3　工行网上银行自助注册须知

（3）签订“中国工商银行电子银行个人客户服务协议”（见图3-4）。个人用户应认真阅读此协议，明确协议双方的权利和义务并明确安全注意事项。

（4）客户认可此协议后，单击“接受此协议”按钮，进入“用户注册”页面进行个人信息和账户信息的填写（见图3-5）。

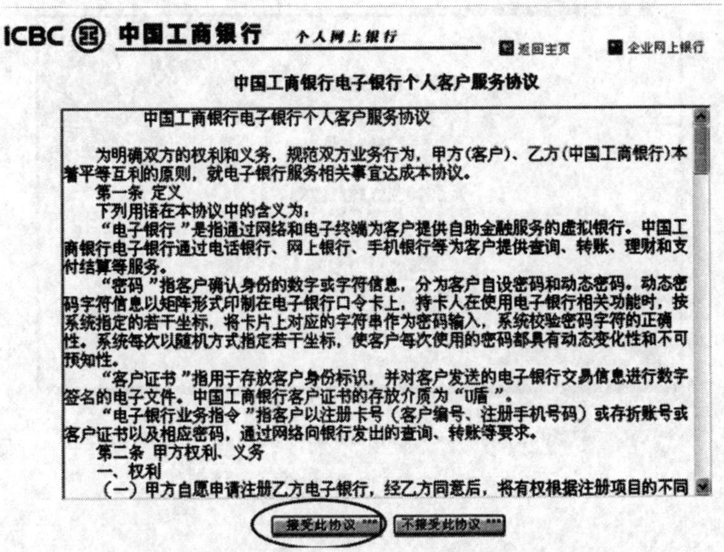

图 3-4 工行电子银行个人客户服务协议

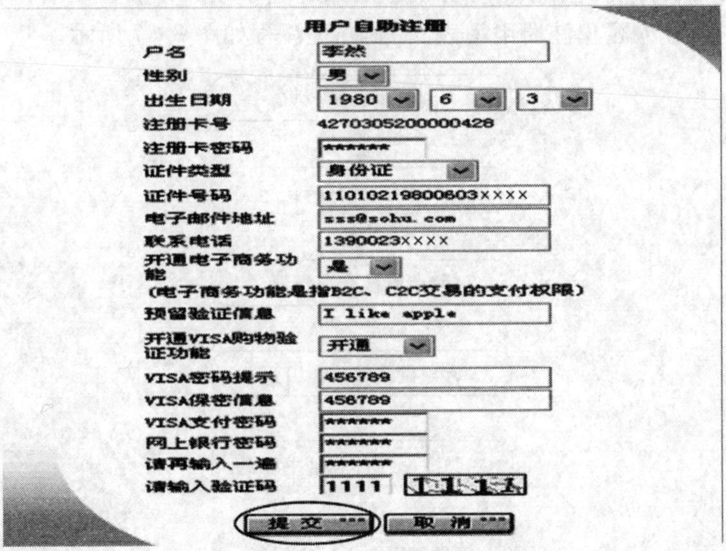

注：注册卡密码为此卡在银行开户时密码；网上银行密码是登录网银时使用的密码；支付密码是从注册卡支付资金时需输入的密码。

图 3-5 注册信息的填写

(5) 点击“提交”后，工行系统核查用户信息，在确认客户的信息输入正确之后，系统会进入“用户自助注册确认”界面。单击“确定”按钮，完成网上自助注册（见图 3-6）。

此时，工行网上银行自助注册流程结束。网上银行自助注册用户只能获得注册账户的查询及网上购物支付等服务，如果客户需要使用个人网上银行对外转账、个人汇款、缴费等功能，应携带本人身份证件及注册卡到工商银行营业网点办理开通对外转账手续。另外，自助注册个人网上银行时，每位客户只能注册一张卡。

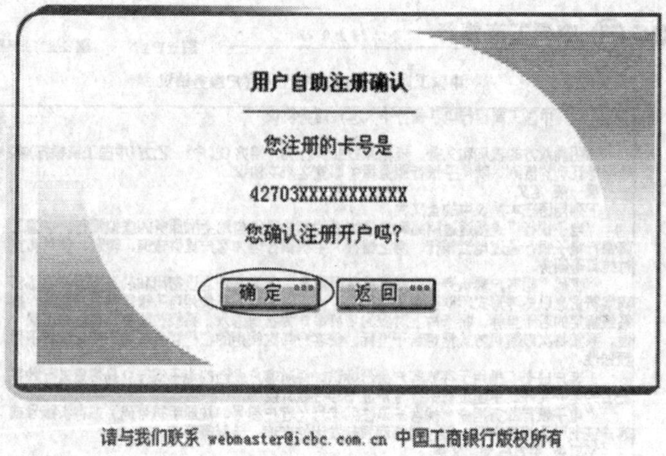

图 3-6　用户自助注册确认

2. 柜面注册

为了能够实现更全面的个人网上银行功能，客户应持本人身份证件和银行卡（拟注册账户卡）到银行柜台办理网上银行业务的注册及开通手续。柜面注册客户需要填写《中国工商银行电子银行个人客户注册申请表》。其办理流程如图 3-7 所示。

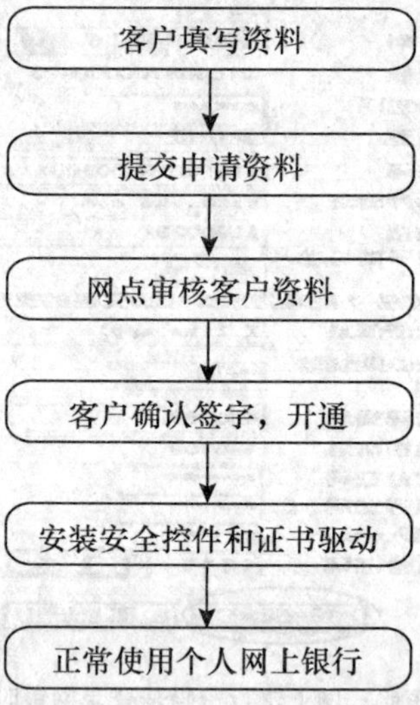

图 3-7　工行网银柜面注册流程

为了保证资金的安全，客户在柜面注册时可以选择三种资金支付安全措施：

(1) 静态密码。

柜员在为客户开通网上银行时，需要客户输入一个支付密码，用于支付资金时的验证。

(2) 电子银行口令卡（动态口令卡）。

电子银行口令卡（见图 3-8）相当于一种动态的电子银行密码。口令卡上以矩阵的形式印有若干字符串，客户在使用电子银行（包括网上银行或电话银行）进行对外转账、B2C 购物、缴费等支付交易时，电子银行系统就会随机给出一组口令卡坐标，客户根据坐标从卡片中找到口令组合并输入电子银行系统。只有当口令组合输入正确时，客户才能完成相关交易。这种口令组合是动态变化的，使用者每次使用时输入的密码都不一样，交易结束后即失效，从而杜绝不法分子通过窃取客户密码盗窃资金，保障电子银行安全。

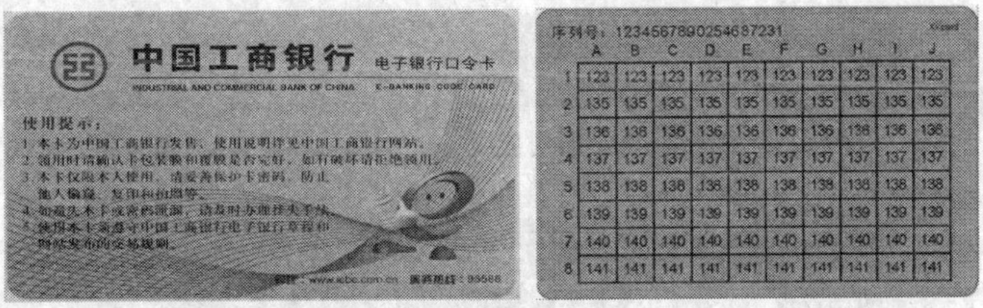

图 3-8 电子银行口令卡的正面和背面

领用口令卡时，客户需要确认口令卡的包装膜和覆膜是否完好。新申领的口令卡应如图 3-9 所示，包含完整的塑料包装膜和密码覆膜，如有损坏，客户应该要求更换。

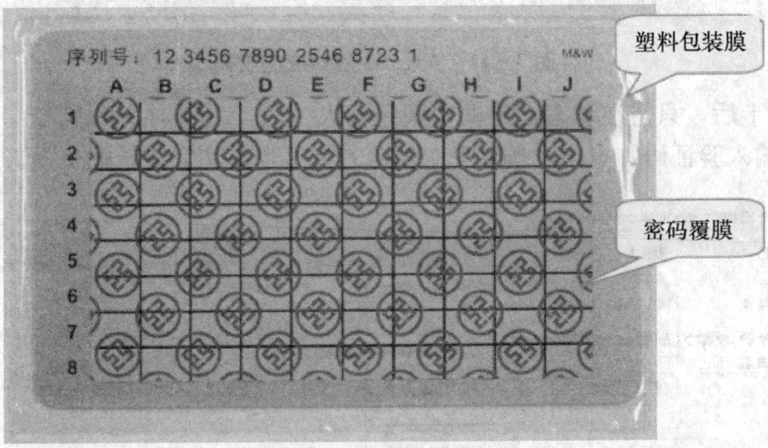

图 3-9 新口令卡的背面

下面以网上银行转账为例，演示口令卡的使用方法。例如：客户通过网上银行转账汇款时，会出现相应信息（见图 3-10）。

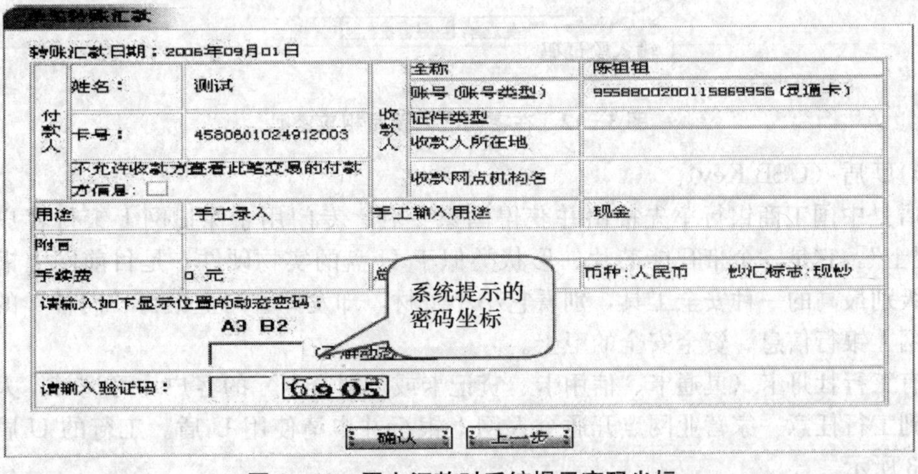

图 3-10 网上汇款时系统提示密码坐标

客户应根据系统提示的动态密码坐标，刮开 A3、B2 所对应的口令卡坐标（为了更好地保护口令卡信息安全，建议客户只刮开需要的口令卡坐标），如图 3－11 所示。

图 3－11　A3、B2 所对应的密码

刮开口令卡后，只需在动态密码框中顺序输入 A3、B2 所对应的口令：136135（中间不空格），并输入验证码，点击“确认”（见图 3－12），成功完成转账交易。

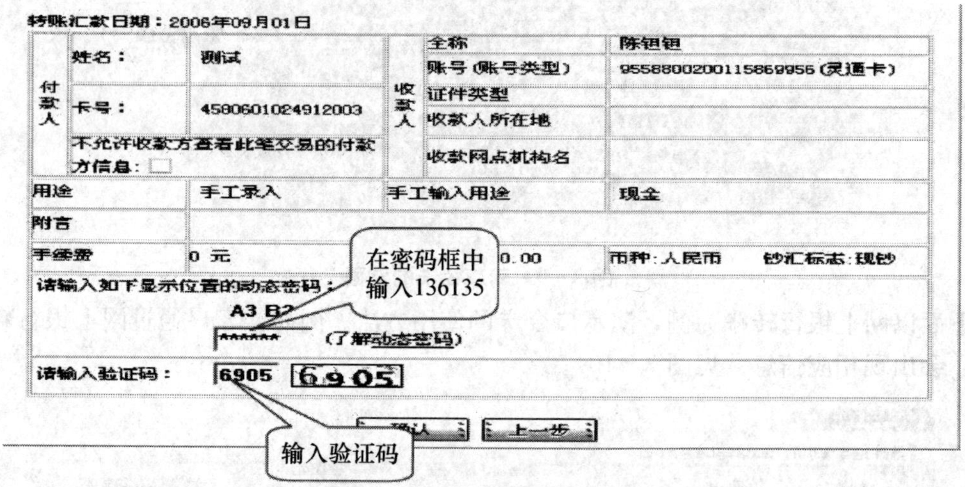

图 3－12　在密码栏内填写相应密码

（3）U 盾（USB Key）。

U 盾是中国工商银行率先推出并获得国家专利、专门用于保护网上银行客户安全的“智能卫士”。它是一个带智能芯片、形状类似于 U 盘的实物硬件，是目前网上银行客户端安全级别最高的一种安全工具，别看它小小身材，却发挥着网上银行“门神”的巨大作用，是网上银行信息、资金安全的卫士。

拥有工行牡丹卡（灵通卡、信用卡、贷记卡或理财金卡）的客户均可携带本人有效身份证件到工行任意一家营业网点开通个人网上银行并申请使用 U 盾。工行的 U 盾产品如图 3－13 所示。

产品型号		证书价格	现U盾外观	原U盾外观
金邦达	GEMPC KEY（16K）	60元		
	Gem e-Seal（32K）	60元		
捷德	STARKEY 100（32K）	60元		
华虹	BHDC USB（16K）	58元		
	BHDC USB（32K）	60元		
	HH-UKEY（LCD）	85元		

图 3－13　工行的 U 盾产品

如果客户是第一次在本机上使用个人网上银行，应参照个人网上银行系统设置指南设置自己的计算机系统，安装 U 盾驱动程序。驱动程序安装过程如下：

1）将光盘插入，光盘会自动运行系统升级程序 autorun. exe，出现“欢迎”页面（见图 3－14）。

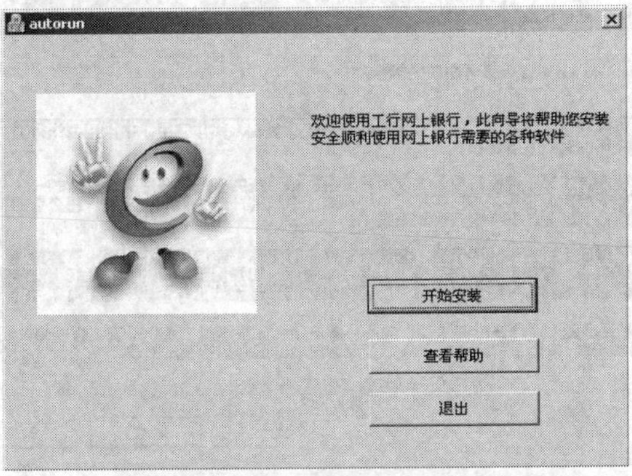

图 3－14　U 盾驱动程序开始安装提示

2）点击“开始安装”，进入安装提示页面（见图 3－15）。

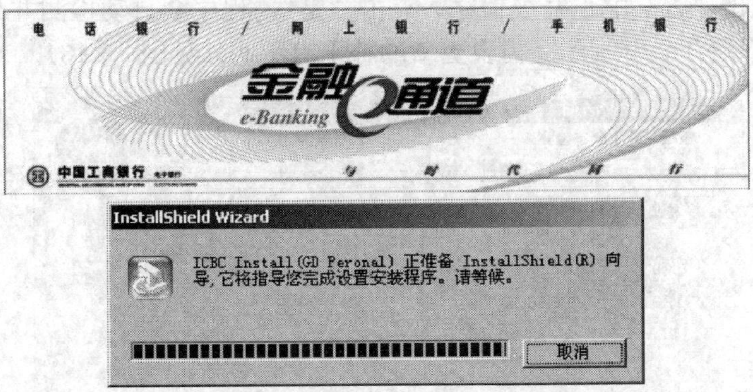

图 3－15　安装前的测试和准备

3）安装进度条走完后弹出安装确认页面，如果要安装，点击“下一步”，如果要退出，点击“取消”（见图 3－16）。

4）点击“下一步”，进入“许可证协议”页面（见图 3－17）。

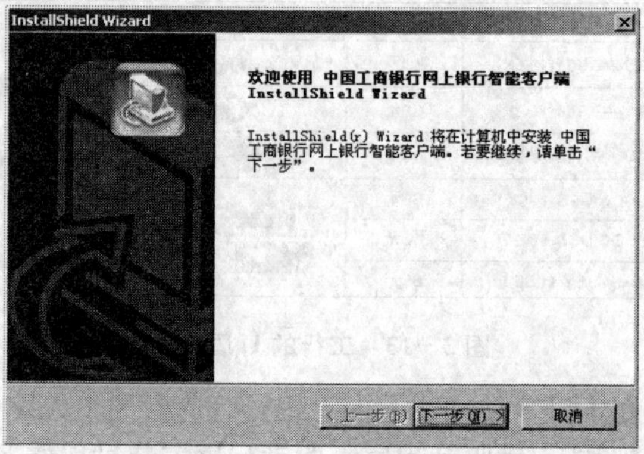

图 3-16　安装确认界面

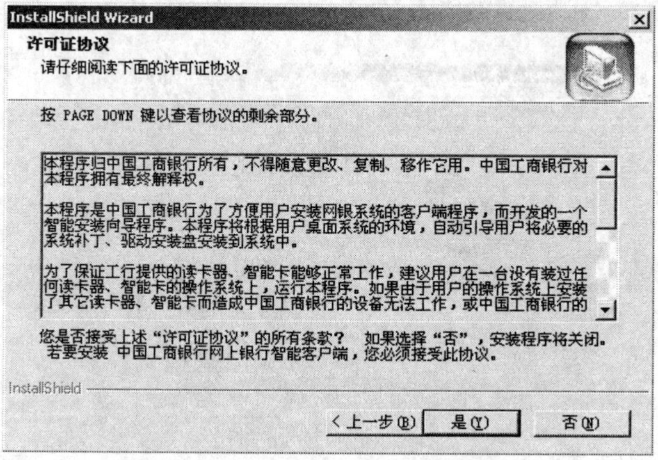

图 3-17　安装许可证协议

5）用户必须点击“是”，认可显示的许可证协议，才能继续后面的步骤。如果不接受许可证协议，点击“否”中止升级程序。点击“是”，程序会自动检测并列出用户的操作系统和 IE 版本及补丁，并提示还需要更新的补丁有哪些（见图 3-18）。

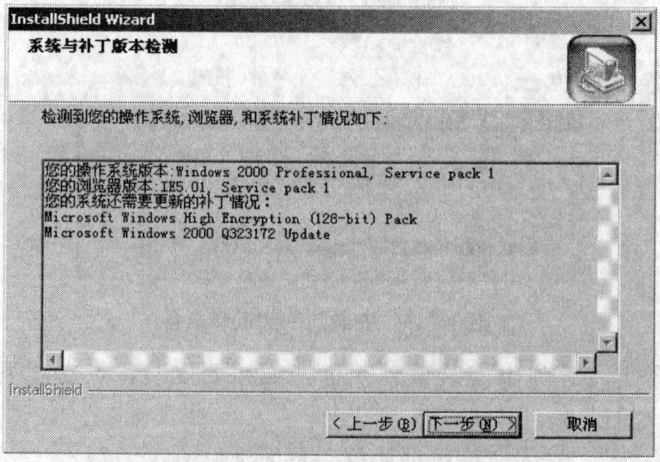

图 3-18　操作系统及补丁信息

6）点击“下一步”继续。

7）开始安装补丁包、U盾驱动，系统升级程序将进入等待状态（见图3-19），请耐心等待，直到弹出安装完成提示（见图3-20）。

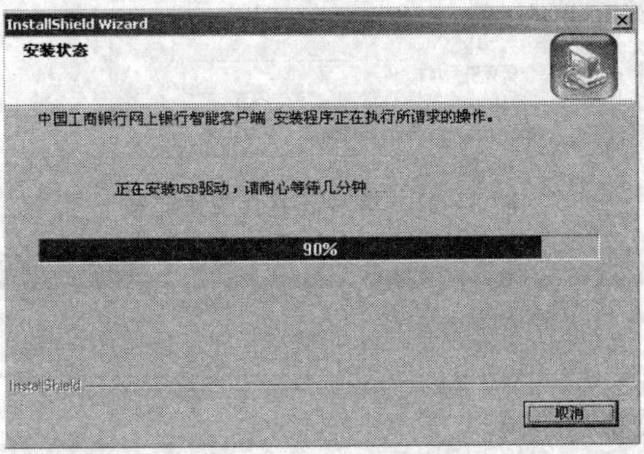

图3-19　安装进度提示

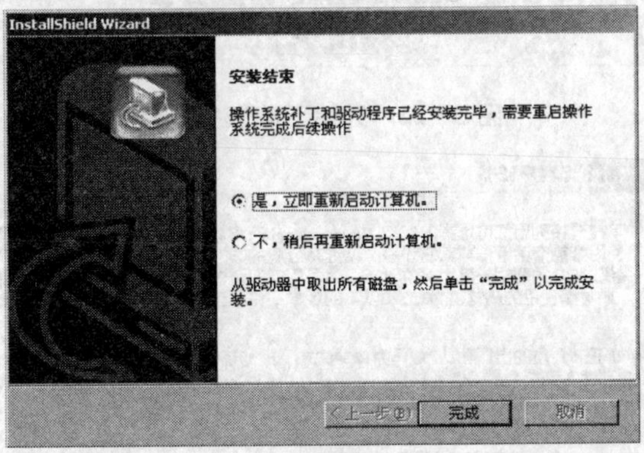

图3-20　安装完成的提示

8）安装结束，需要重启系统进入后续的操作，用户可以选择立即重启或稍后再重启，建议选择“是”，点击“完成”重启操作系统。

安装完驱动程序后，客户在使用U盾之前可以委托柜台代理下载个人证书信息到U盾，也可以登录工行个人网上银行，进入“客户服务”选择个人客户证书自助下载功能，完成证书信息下载。下载前应确保U盾已连接到电脑USB接口上。个人自助下载证书的过程如下：

1）进入个人网上银行服务页面，选择“客户服务”项目的“证书下载/更新”栏“个人客户证书自助下载”，点击“个人客户证书自助下载”后客户将看到如图3-21所示的画面，输入证书介质凭证号（证书介质凭证号为印在U盾上的10位号码），然后点击“确定”。

2）下载证书，将U盾与计算机连接后点击“开始下载”按钮（见图3-22）。

3）在“请设置证书PIN码”框中设置证书的密码，并在“请确认证书PIN码”框中再次输入同一密码。然后，在“请选择CSP”下拉框中选择相应的证书版本，点击“下载”按钮（见图3-23）。

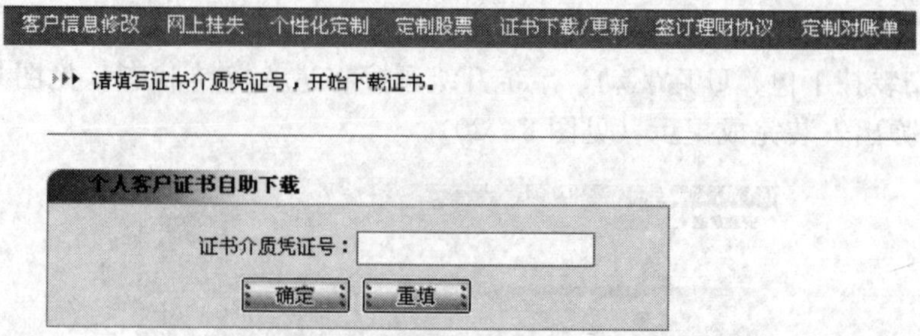

图 3-21　填写证书介质凭证号

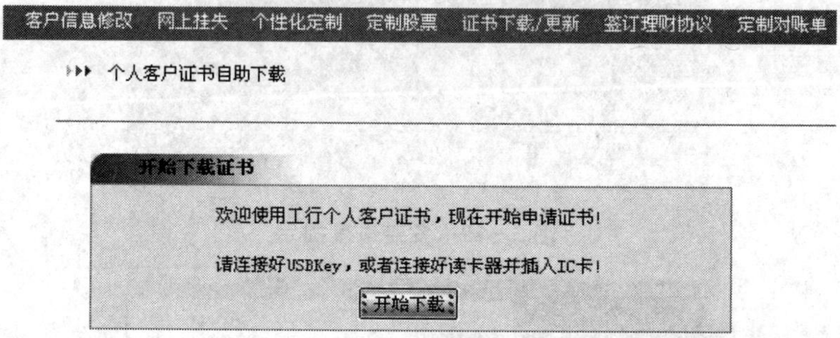

图 3-22　开始下载证书提示

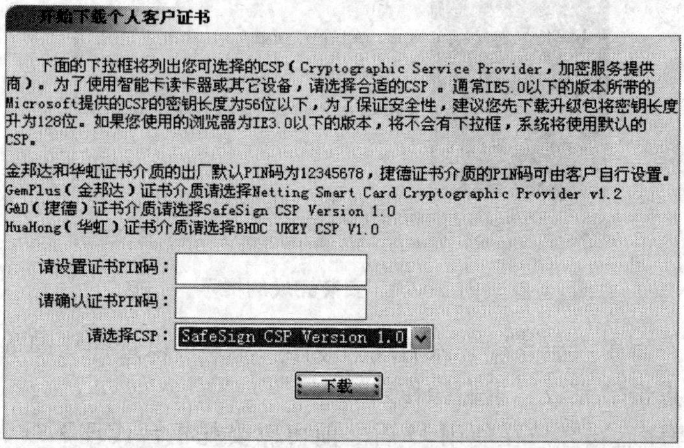

图 3-23　输入证书密码

4）在弹出的“潜在的脚本冲突”提示对话框中，点击“是”开始下载证书；点击“否”则放弃下载（见图 3-24）。

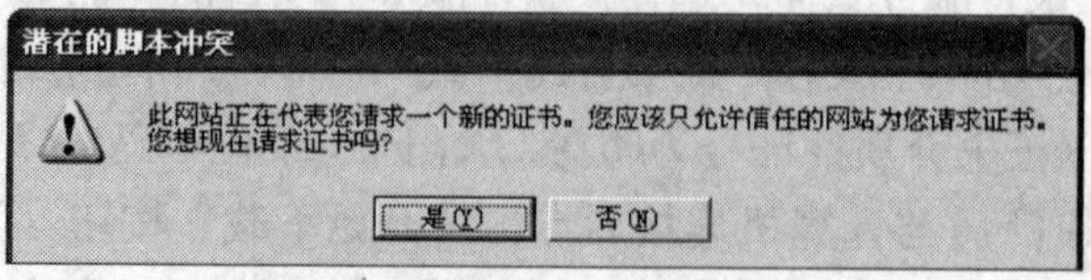

图 3-24　确认请求证书

5）在输入密码提示框中输入证书介质的密码，点击“OK”继续下载（见图 3-25）。

图 3-25　输入证书密码

6）在下载证书的过程中，会连续弹出两个“潜在的脚本冲突”提示框，点击“是”，下载证书；点击“否”，放弃下载证书（见图 3-26）。

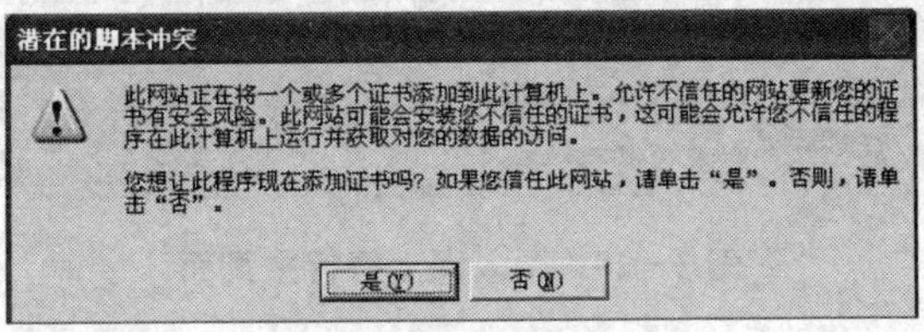

图 3-26　风险提示

7）证书下载成功后将出现如图 3-27 所示的界面，包括证书 ID 和到期时间等信息。如果证书下载失败，系统将提示相关错误信息。

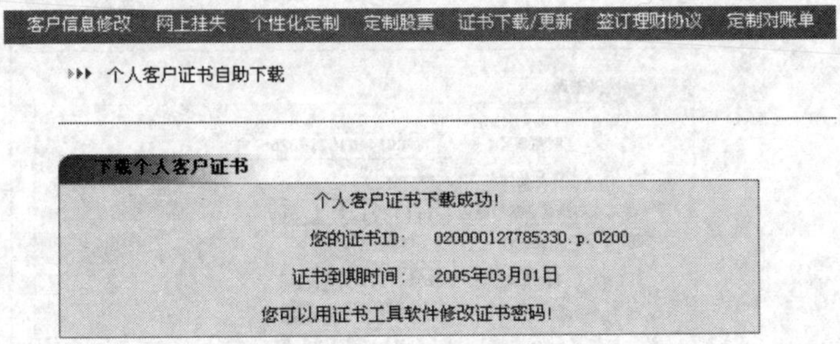

图 3-27　证书下载成功提示

如果证书下载不成功，应到柜台办理。下载完成后，当客户需要使用 U 盾时，只需在确认支付信息时将其插入电脑的 USB 接口，即可正常使用。

（二）个人网上银行的使用

个人网上银行为客户提供了丰富的功能，包括账户信息查询、缴纳各种费用、网上购物的在线支付、投资理财等各个方面，几乎涵盖了除现金存取以外的全部个人金融服务。

1. 账户信息管理

账户信息管理是个人网上银行产品最基本和常用的功能，主要为个人客户提供各类银行账户的基本信息查询、余额查询、交易明细查询等账户信息查询服务。各家商业银行一般都提供以下几种功能：

（1）基本信息查询。

可查询各类银行账户的基本信息，包括银行卡、存折、年金账户、公积金账户、医保账户等各类账户的账户种类、开户日期、币种、余额等信息。如图 3-28 所示，在登录界面输入账号及密码后可进入个人网上银行主页面，页面中显示用户的网银注册账户信息，客户可选择账户信息查询。

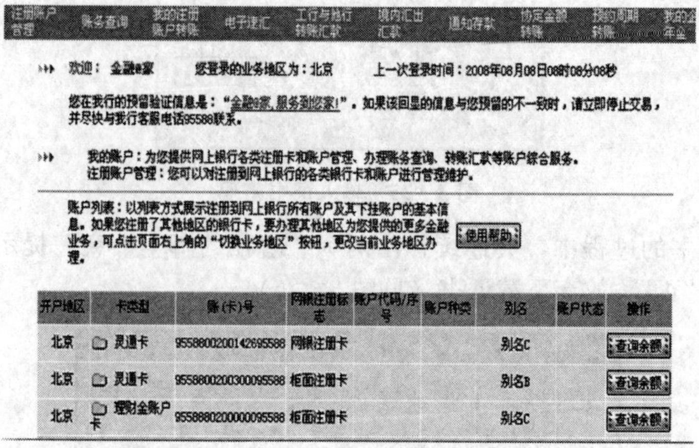

图 3－28　个人网上银行主页面

（2）交易明细查询。

可以查询各类银行账户在一定时间内（如一月、一年）发生的交易信息，包括资金转入和转出的金额、业务摘要等明细信息，如图 3－29 所示。

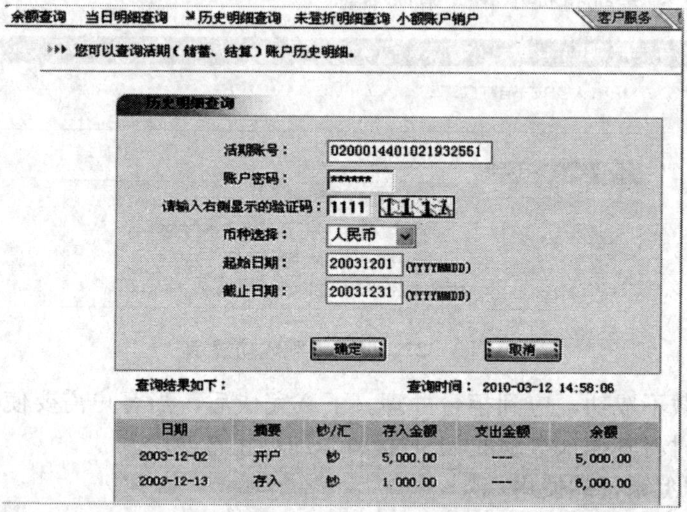

图 3－29　账户交易明细查询

（3）账户挂失。

当客户不慎遗失卡、存折时，可上网及时办理临时挂失手续，以有效避免资金损失。

2. 转账汇款业务

目前国内各商业银行通常提供以下几种业务功能：

（1）个人账户间转账汇款。

客户注册账户（卡）之间的资金划转，方便客户将不同账户的资金进行调度和集中管理。

（2）任意账号间转账汇款。

向同一家银行任意其他客户的账号汇款，收款账户既可以是个人账户，也可以是企业账户。

(3) 跨行汇款。

从客户的注册账户上向其他银行的客户账户（卡）进行资金支付。

3. 缴费支付

缴费支付是银行向个人客户推出的，在线查询和缴纳各种日常费用的一种综合服务功能。通常各商业银行提供如下产品功能：在线自助缴纳手机费、电话费、上网费、学费、电费、养路费、车船使用税等。在缴纳方式上，部分商业银行还推出了“委托代扣”的方式，即客户在线与银行签署费用扣缴协议，银行根据协议内容定期从客户账户中扣取一定金额的费用。这种方式进一步简化了客户操作。此外，随着银行客户服务的不断拓展，将来保险费、小区物业费、交通违章罚款等均可通过网上银行及时缴纳。图 3－30 至图 3－36 是通过个人网上银行缴纳手机费的过程。

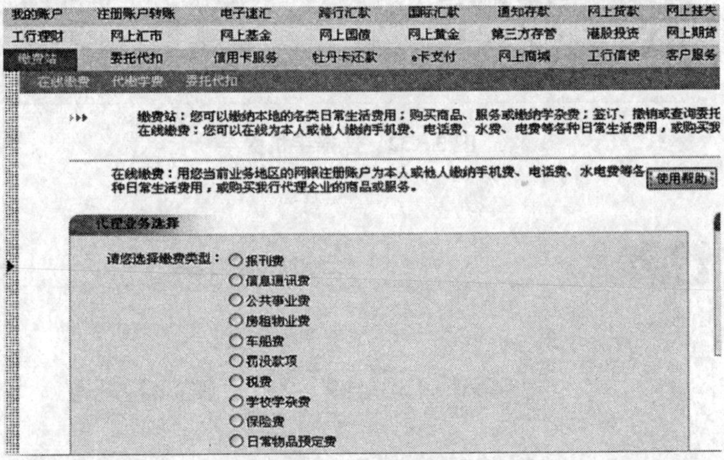

图 3－30　个人网银缴费页面

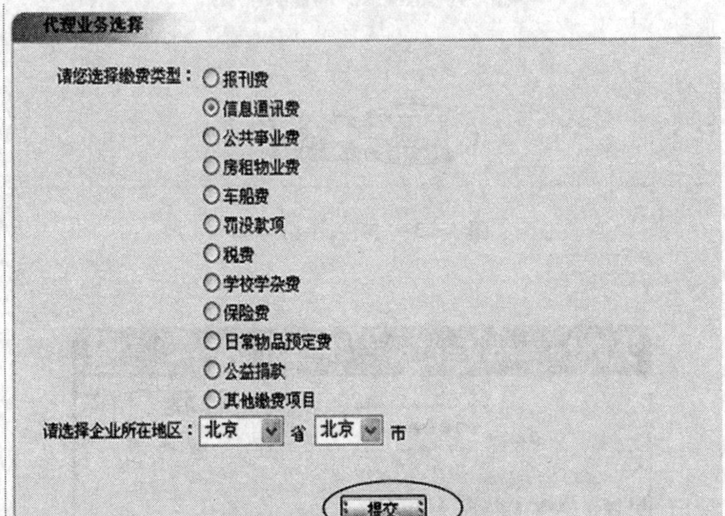

图 3－31　选择信息通讯费

缴费类型	收费项目	所在地区	企业名称	缴费项目说明
信息通讯费	手机费	北京	北京移动、北京联通	缴费项目说明
信息通讯费	寻呼机费	北京	凯登公司	缴费项目说明
信息通讯费	缴网费	北京	凯登公司	缴费项目说明
信息通讯费	数据业务费	北京	网通	缴费项目说明
信息通讯费	电话费	北京	网通、铁通、北京电信	缴费项目说明
信息通讯费	缴费通修改注册市话信息	北京	网通公司	缴费项目说明
信息通讯费	缴费通修改注册手机信息	北京	网通公司	缴费项目说明
信息通讯费	删除缴费通	北京	网通公司	缴费项目说明
信息通讯费	小灵通话费	北京	网通公司	缴费项目说明
信息通讯费	缴费通注册市话号码	北京	网通公司	缴费项目说明
信息通讯费	缴费通注册手机号码	北京	网通公司	缴费项目说明
信息通讯费	专业测评在线充值	北京	北京北森电子商务有限公司	缴费项目说明

图 3－32　选择手机费

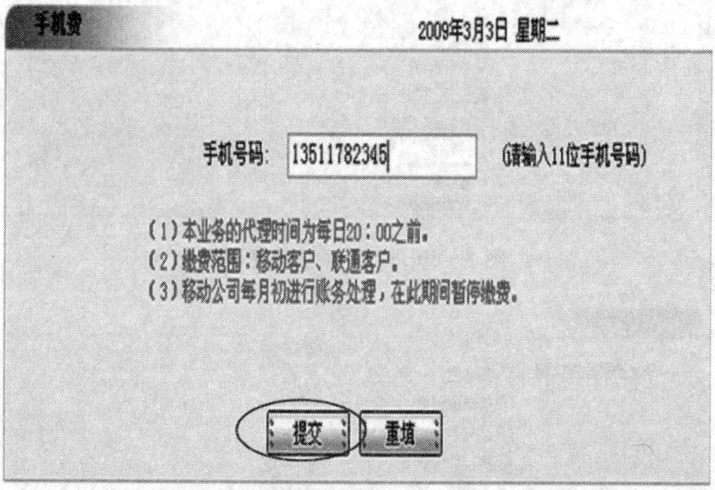

图 3－33　输入手机号码

图 3－34　输入 U 盾密码

图 3-35　缴费确认信息

图 3-36　缴费成功提示

4. 投资理财服务

投资理财是个人网上银行通过提供基金、证券、外汇等系列投资、理财产品，满足不同客户进行各种投资的需要，实现个人资金保值增值的金融服务。通常各商业银行提供如下业务功能：

(1) 网上证券买卖。

为客户提供在线办理各种有价证券（基金、国债、股票、理财产品）交易的金融服务，包括：对有价证券的购买、卖出，证券价格信息的查询等操作。

(2) 网上黄金买卖。

为客户提供在线办理非实物黄金（亦称“纸黄金”）买卖，主要包括：黄金即时/委托买入卖出、黄金信息查询等。

(3) 网上外汇买卖。

商业银行通过提供在线外汇买卖交易平台，方便客户根据国际金融市场行情进行不同币种外汇间的买卖，实现个人外币资金的增值。

5. 通知提醒

通知提醒是商业银行为个人客户提供的个性化的增值信息服务，包括通过短信或E-mail方式发送余额变动提醒、证券信息、外汇信息等。通常各商业银行提供如下业务功能：

（1）余额变动提醒：客户的账户只要一发生资金变化，无论是资金转出还是转入，银行都会立即通过短信进行提醒，客户能第一时间掌握账户资金变化情况。

（2）财经信息：银行定期发送各类财经信息，如证券信息、汇市信息、基金净值信息、国债收益信息等。

（3）重要信息提示：如客户密码连续输错提醒、人民币利率变动提醒等。

6. B2C 网上支付

B2C 网上支付是企业（卖方）与个人（买方）通过互联网进行电子商务交易时，银行为其提供网上资金结算服务的一种功能。

7. 客户服务

主要为客户提供修改登录密码与个人客户资料、积分查询及个性化页面设置等功能。

8. 个人财务分析

为客户提供各种个人财务分析图表，提供全面个性化的财务分析，包括支付分配图、支出明细报表、收入分配图、收入明细报表、现金流量图、收支对比图等。

目前，各商业银行都在以客户为中心，为客户研发更加个性化的产品，更加注重开发各种信贷产品、投资理财产品，尤其是国际理财产品。

二、企业网上银行业务

下面以中国建设银行企业网上银行为例来讲述企业网上银行的开通和使用。

（一）企业网上银行的开通

1. 办理条件

（1）在中国建设银行营业机构开立企业账户；

（2）提供营业执照或全国组织机构代码证；

（3）拥有上网的计算机，其中浏览器需 IE5.0 或 Netscape Communicator 4.0 以上版本，浏览器的加密位数是 128 位。

2. 开通程序①

（1）客户向银行申请使用建行网上银行；

（2）客户与建行签订网上银行使用协议；

（3）客户将相关资料交开户银行网点客户经理；

（4）银行办理开通手续；

（5）银行派专人上门安装专用机具，并指导客户使用；

（6）开始使用建行网上银行企业客户服务系统。

（二）企业网上银行的使用

国内外商业银行的企业网上银行产品都为客户提供了丰富的功能，帮助企业实现对资金的高效管理。通常商业银行的企业网上银行产品具有账户管理、收款付款、支付结算、投资理财、网上信用证、票据管理等。

---

① 在企业网银的开通过程中，也需要安装 U 盾（建行称网银盾）驱动程序和下载客户证书，由于此过程与工行个人网上银行相似，在此不再赘述。

知识链接

企业使用建行网上银行的操作员类别

企业网上银行包括三类操作员："主管""制单""复核"。每种类别的操作员至少有一名，且每个网银盾对应着一个企业网上银行操作员。也就是说，企业网上银行操作员至少要用到三个网银盾。

一家企业网上银行客户的"主管"操作员有且只有一个；"制单"和"复核"操作员可根据实际需要进行申请，数量不限。"主管"在新增操作员时，起码要设定一个"制单"和一个"复核"操作员。若角色设置不完整，将无法进行某些网上银行业务的操作。

1. 账户管理

该功能主要为企业客户提供各类银行账户的基本信息查询、余额查询、交易明细查询、对账单查询等服务，是企业网上银行产品最基本和常用的功能。一般包括：

(1) 账户信息查询。

可查询各类银行账户的基本信息，账户种类包括结算账户、定期账户、保证金账户等，账户基本信息包括账户种类、开户日期、币种、余额等。

如在企业网上银行页面主菜单下点击"查询"→"账户信息查询"，选择待查的账户，点击"余额查询"（见图 3－37）。

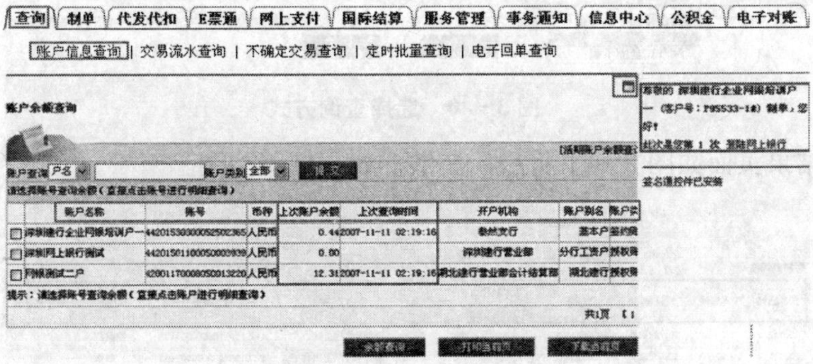

图 3－37　网银账户显示

图 3－38 为余额查询结果页面。余额为账户查询当前时点余额，查询结果提供多种文件格式下载。

图 3－38　账户余额显示

（2）企业资金运营明细查询。

可查询企业各类银行账户一段时间（如一月、一年）内发生的交易明细，同时国内部分商业银行也提供短信或 E-mail 发送功能，将查询结果自动发送到客户指定的手机或信箱，以方便客户保存或进一步分析。查询企业某一账户一定时期内的交易明细的过程如下：

1）直接点击账号查询交易明细记录（见图 3-39）。

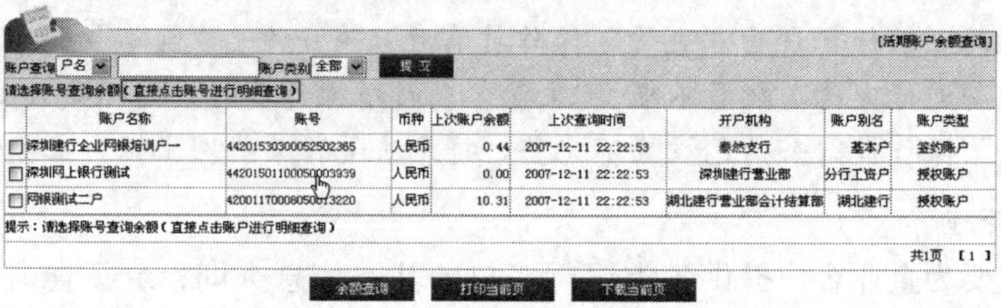

图 3-39　点击账号查询交易明细

2）选择查询方式（见图 3-40）。

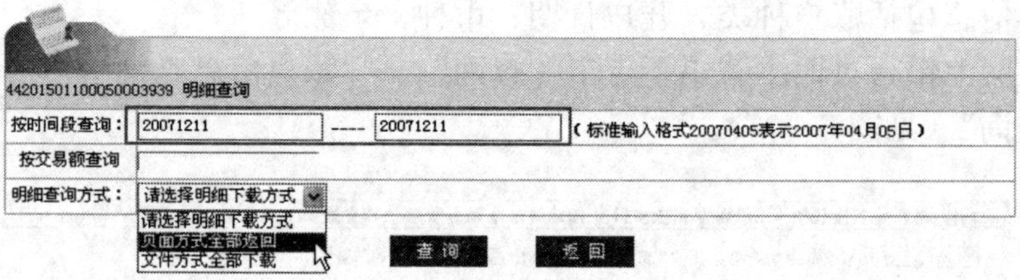

图 3-40　选择查询方式

3）查询结果页面如图 3-41 所示，提供下载、打印功能。

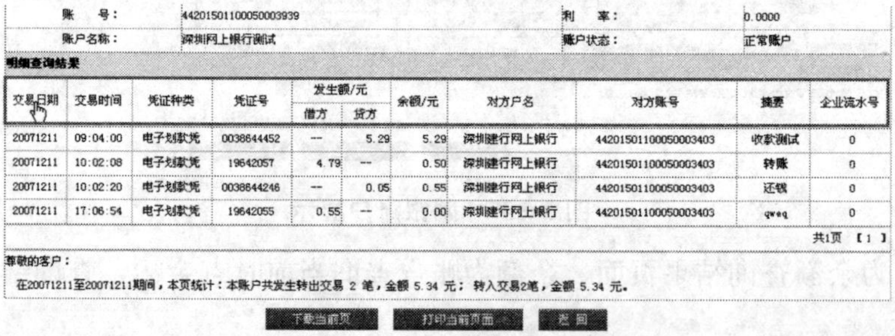

图 3-41　交易明细查询结果

（3）电子回单查询。

客户可在线自助查询或打印往来的电子回单。对于在网上银行办理的转账交易，客户可以打印交易回单，图 3-42 为回单的打印效果。

2. 代收业务

代收业务是指银行为收费企业提供的向其他企业或个人客户收取各类应缴费用的功能，通常需要事先签订收费企业、缴费企业或个人、银行三方协议后才能提供该项功能。

图 3-42 网上银行电子回单

3. 付款业务

付款业务是企业客户通过网上银行将其款项支付给收款人的一种网络结算方式，一般包括：集团账户间转账汇款、任意账户间转账汇款、跨行汇款等。以下为企业间账户转账汇款的操作流程：

（1）制单。

1）制单员点击“制单”→“自由填单”（见图 3-43）。

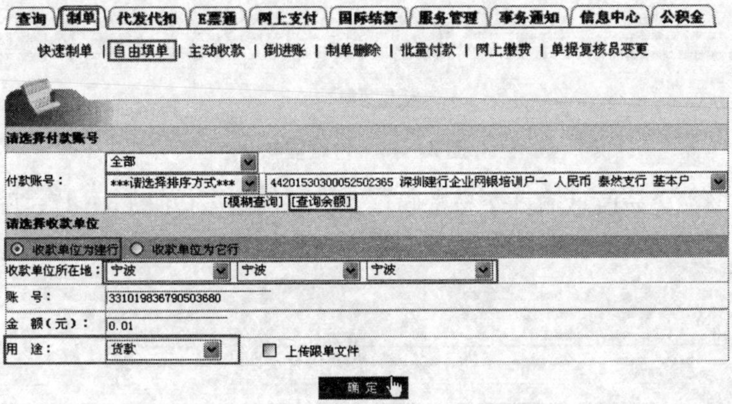

图 3-43 企业汇款制单

2）网银系统根据城市所在地、所填账号显示与之对应的公司名称和具体开户行（见图 3-44）。

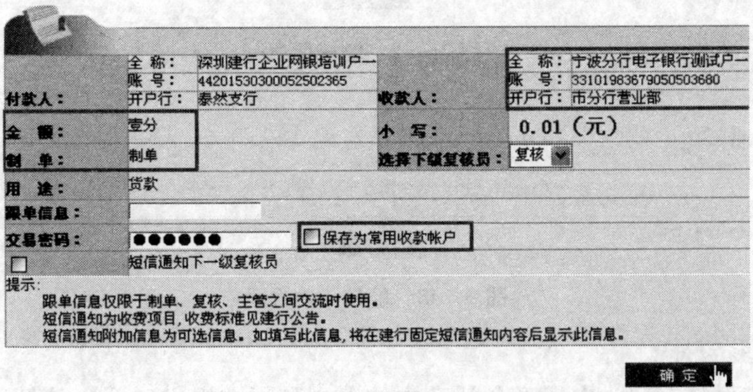

图 3-44 信息确认

3）弹出操作结果页面，操作员制单成功，记录单据凭证号（见图 3-45）。

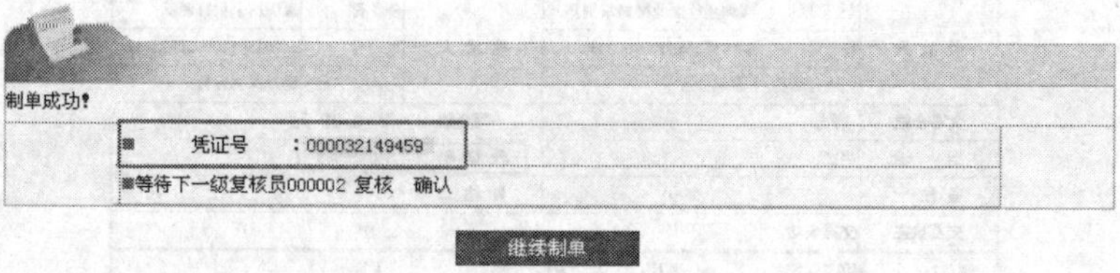

图 3-45　制单成功提示

（2）复核（审批）。

1）复核员点击“复核”→“付款复核”，选中待复核的单据，点击“确定”（见图 3-46）。

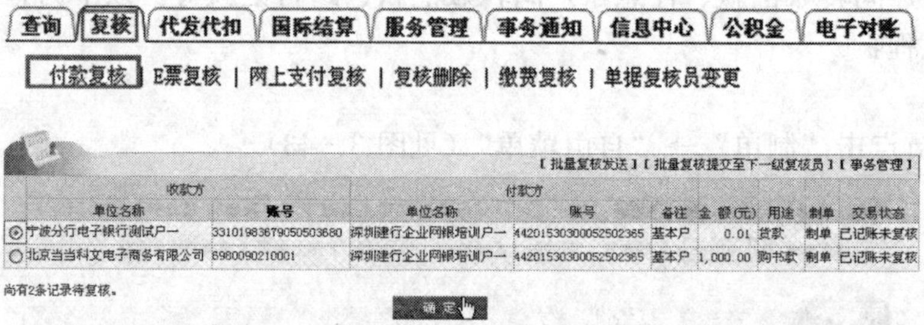

图 3-46　付款复核

2）复核员核实交易信息输入交易密码，点击“确定”（见图 3-47、图 3-48）。

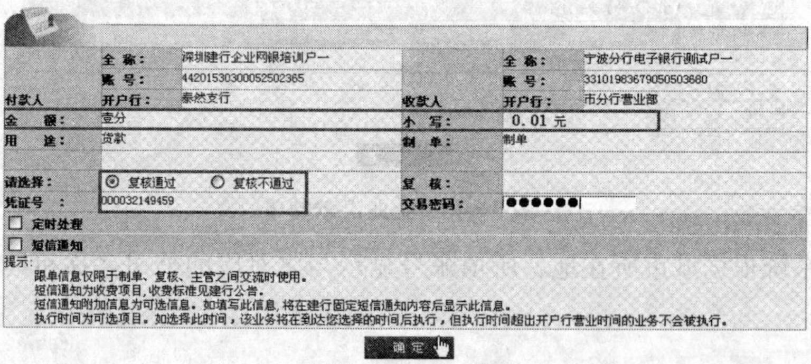

图 3-47　复核信息

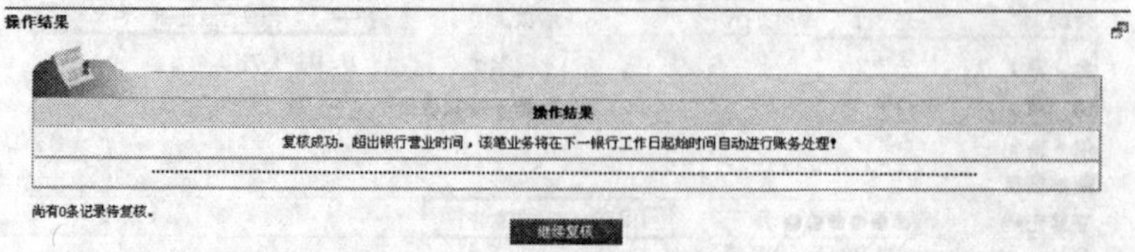

图 3-48　复核成功提示

4. B2B 在线支付

B2B 在线支付是专门为电子商务活动中的卖方和买方提供安全、快捷、方便的在线支付结算服务。

5. 投资理财

投资理财是网上银行通过提供基金、证券、外汇等系列投资、理财产品，满足不同企业客户进行各种投资的需要，实现企业资金保值增值的金融服务。

6. 代理行业务

代理行业务是商业银行专为银行同业客户提供的网上代理汇兑业务和网上代理签发银行汇票。网上代理汇兑是商业银行通过网上银行接受其他商业银行（被代理行）的委托，为其办理款项汇出和汇入的服务；网上代理签发银行汇票是指其他商业银行（被代理行）使用代理行的银行汇票凭证、汇票专用章和专用机具，通过代理行网上银行为其开户单位或个人签发银行汇票，并由代理行所有通汇网点兑付的行为。

7. 网上信用证

网上信用证为企业客户提供了快速办理信用证的渠道，实现了通过网络向银行提交进口信用证开证申请和修改申请、网上自助打印有关信用证申请材料及网上查询等功能。网上信用证能提高工作效率，同时也为集团总部查询分支机构的信用证业务情况带来了便利，满足了客户财务管理的需求。

8. 票据托管

票据托管实现了集团公司对总部和分支机构所持票据信息录入、查询，以及票据贴现、质押、转让、托收等功能。

9. 企业年金

网上年金服务为企业年金客户全面掌握本单位、下属单位及员工的年金相关信息提供了一种简单方便的渠道。客户通过登录企业网上银行，即可实现查询个人基本信息、个人账户信息、企业账户信息等多种功能。

10. 集团理财

集团理财是通过网上银行为集团客户提供的集团内部资金上收、下拨与平调等业务。集团理财及由此延伸的网上现金管理功能可以有效帮助大型企业集团实现由高负债、高费用、高成本的粗放型经营管理模式，向低负债、低费用、低成本的集约型管理模式转变，特别适合于在全国范围内经营的企业集团客户。目前，集团理财已在我国集团客户中得到了广泛应用。

随着市场上企业网上银行产品的高度同质化，众多的商业银行逐渐把差异化的方向放在高端企业用户身上，努力满足其个性化需求，积极开展资产管理服务，特别是国际理财产品、全球账户管理、全球范围的支付结算等企业网上银行的产品创新，以进一步增强高端客户对银行的忠诚度。

三、银企互联业务

通常所说的企业网上银行，是指客户通过通用浏览器（如微软的IE浏览器）方式获得银行服务。“银企互联”则是指将企业网上银行系统和企业的财务软件系统或ERP系统相连接，企业直接通过财务系统的界面就可享受银行账户信息查询、下载、转账支付三大类服务，并可由客户根据需要自行在其财务系统中定制更多个性化功能。

“银企互联”适用于希望实现资金集中管理，对企业财务信息与银行账户信息的实时一致性要求较高，注重财务工作效率，且具有财务软件系统或ERP系统的大型集团企业。“银企互联”具有以下特征：

（一）账务信息银企同步

银企互联有机连接了企业财务系统和银行业务处理系统，整合了双方的系统资源，解决了长期困扰企业的银企账务信息不一致问题，为企业财务决策提供实时、准确、全面的账务信息支持。

（二）实现个性化服务

企业可根据自身财务管理的需要，通过财务软件系统对银行提供的“原子”交易进行自由组合和控制，灵活定制内部授权机制，从而拥有自己的专有银行。

（三）操作简易

企业财务人员无需重复录入指令信息，所有指令一次录入，一经审核批准，立即完成对外支付并更新财务系统账务信息，简化了手续，使客户使用起来更方便、更顺手。

（四）安全放心

“银企互联”除采用与网上银行相同的安全机制外，还在转账交易中增加了“签名时间”字段，在所有交易中增加了“包序列ID”字段，从而可有效地防止黑客攻击、指令重复提交。

四、网上银行的风险防范

网上银行在为银行业的发展带来前所未有的商机的同时，也为众多用户带来实实在在的方便。作为一种全新的银行客户服务渠道，客户可以不必亲自去银行办理业务，只要能够上网，无论在家里、办公室，还是在旅途中，都能够全天24小时安全便捷地管理自己的资产，或者办理查询、转账、缴费等银行业务。网上银行的优越性的确非常明显，但是这一新生事物也很容易成为非法入侵和恶意攻击的对象，加上目前网络秩序较混乱，黑客攻击事件层出不穷，也给人们的心理造成了一定影响。

一般来说，客户担心的网上银行安全问题主要是：银行交易系统被非法入侵、信息通过网络传输时被窃取或篡改、交易双方的身份识别及账户被他人盗用等。为了保证网银客户的资金安全，银行及客户都应加强防范。

（一）银行方面

1. 及时升级自身系统

网上银行交易系统的稳定与安全是交易得以顺利进行的基础与保障，如果说银行只有在出现问题以后才去弥补自身的不足，必将被用户抛弃。所以，面对目前层出不穷的攻击形式与无所不在的安全危机，只有积极、主动地不断升级自身系统，才可以真正做到防患于未然。

2. 加快发展网络加密技术

银行应尽快学习和借鉴美国等发达国家的先进技术和经验，加快网络加密技术的创新、开发和应用，包括乱码加密处理、系统自动签退技术、网络使用记录检查评定技术、人体特征识别技术等。

3. 加强公众网上银行安全教育

首先，银行可通过各种宣传渠道向公众明示本行正确的网上银行官方网址和服务号码；其次，在本行网站首页显著位置开设网上银行安全教育专栏；再次，在客户申办网银时查实是本人，并做好风险提示，最好是印制并向客户配发语言通俗、形象直观的网上银行安全宣传折页或手册，让客户对网银的正确使用方法了然于心；最后，在网上银行使用过程中应在电脑屏幕上向用户醒目提示相关的安全注意事项等。

（二）客户方面

1. 保护好网上银行的信息

拿到银行给的初始密码，第一件事就应该是更换这个密码，并且定期修改电子银行的登录密码和U盾密码。在任何情况下，都绝对不要将网银用户名、密码和动态口令等网银资料透露给他人。

2. 做好交易记录

客户应对网上银行办理的转账和支付等业务做好记录，定期查看“历史交易明细”，定期打印网上银行业务对账单，如发现异常交易或账务差错，应立即与银行联系，避免损失。另外，客户可以办理网上银行账户余额变动提醒业务，一旦账户余额有非正常变动，可以在第一时间发现并采取相应保护措施。

3. 谨防钓鱼网站

当我们打开银行首页后，可以将该正确的网址收藏起来，尽量避免在通过“超链接”进入的银行系统上进行操作。同时，应留意核对所登录的网址与法定网址是否相符，谨防一些不法分子通过恶意模仿银行网站骗取账户信息。

4. 不要把所有银行卡都绑定网银

建议客户只绑定一张或两张储蓄卡，卡里的金额不要太多，这样就能大大地降低风险。

5. 健全软件

建议客户为个人电脑安装防火墙程序，并经常升级，防止个人账户信息遭到黑客窃取。此外，为防止他人利用软件漏洞进入计算机窃取资料，建议客户及时更新下载Windows操作系统的补丁程序。

第三节 网上银行的发展及现状

一、网上银行兴起的原因

网上银行作为现代银行业的重要组成部分，作为社会经济活动的纽带，其产生和发展有其内在的动力和客观基础。网上银行的兴起主要有以下几个方面的原因：

（一）技术原因

20世纪末，信息时代的到来、计算机技术与网络技术的加速发展、互联网的普及、家用计算机的广泛使用，给现代人的生活带来了新的生机和活力，也为网上银行的发展提供了技术基础。

网络高速接入技术不断发展和成熟，已经广泛使用的56Kb/s的调制解调器（Modem）大大提高了通过电话线方式接入互联网的信息传输速率。同时，电缆调制解调器（Cable Modem）的信息传输速率也已经达到4Mb/s，DDN、ISDX等方式的专线数据网和光纤网逐渐在世界各地展开，并迅速向偏远地区延伸。通过微波无限网接入互联网的技术，以及通过卫星向Web进行直播技术的研制成功，为低成本地实现对边远山区的信息传输和建立全球卫星通信网络奠定了基础。所有这些，都为网上银行的迅速发展提供了技术支持。

互联网的安全保密技术、行业内部专用网络与公共网络接口安全技术不断完善、一系列加密软件和控制硬件的研制成功、各种安全协议标准的出现、数字签名等技术的日益普及和规范，为网络银行的发展提供了安全保障。

（二）社会原因

电子商务的发展构成了网络银行的社会商业基础，而互联网的普及、网络用户的壮大则构成了网络银行的客户基础。

（1）电子商务的发展，要求银行为之提供相配套的网上支付系统。从一定意义上讲，所有网上交易都由两个环节组成：一是交易环节；二是支付环节。前者在客户与销售商之间完成，后者需要通过网络银行来完成。显然，没有银行专业网络的支持，没有安全、平稳、高效的网上支付系统运作的支撑，就不可能实现真正意义上的电子商务。

（2）互联网的使用已遍及全球约200个国家和地区，所有上网用户都构成了网络银行庞大的潜在客户群，而网络银行在未来的发展任务就是如何以更好的服务去争取他们。

（三）银行内部原因

网上银行发展的最根本原因还是来自于银行内部，是银行为了适应经济金融发展、降低服务成本、提高自身竞争力的必然选择。

20世纪90年代以来，随着经济全球化、自由化的出现和金融创新的发展，金融领域的竞争日益激烈，金融风险不断增加。为改善交易条件以提高其综合竞争力，出现了全球范围内金融业的网络浪潮。一般认为，互联网为商业银行带来了以下优势，从而提高其综合竞争力：

（1）降低商业银行的服务成本。银行办理业务成本降低、效率提高。

（2）降低商业银行的管理维护成本。银行雇员大量减少，节省了工资支出；不需要大量的物理办公场所，节省了租金和装修、照明、水电等大量杂费。

（3）客户足不出户就能随时享受优质、高效的银行服务，极大地方便了客户。

二、网上银行的发展阶段

网上银行的发展一般都经历以下四个阶段：

（一）第一阶段：媒体展示阶段

商业银行通常在互联网上设立自己的站点，宣传自己的经营理念，介绍银行的背景知识及所开办的业务种类，旨在通过互联网这个信息传播渠道树立自己的形象，拓展社会影响力，更广泛地吸引市场资源。

（二）第二阶段：柜台服务延伸阶段

商业银行将已开办的传统业务移植到互联网上，将互联网作为银行业务的网上分销渠道，同时通过互联网提高传统业务的工作效率、降低经营成本，以为客户提供更加方便周到的服务、进一步培育客户对银行的忠诚度为目的。

（三）第三阶段：拓展互联网服务与功能阶段

商业银行根据互联网的特点建立新型金融服务体系，创新业务品种，摆脱传统业务模式的束缚。同时，在提供标准化服务的基础上，逐步建立起以客户为中心的经营管理模式，深入分析市场与客户需求，以提供智能化的服务管理手段为依托，建立起面向客户的个性化服务模式，使银行的经营管理向着高技术含量、高知识含量的集约化经营模式转变。

（四）第四阶段：互联金融阶段

商业银行联合合作伙伴通过网络设立网银集团，建立以网上银行为核心，业务经营范围涉及保险、证券、期货等金融行业，以及商贸、工业等其他相关产业的企业集团。在互联网经济市场充分发展的背景下，树立起以网上银行为中枢神经和核心纽带的虚拟互联网托拉斯企业，逐步以数字技术为手段，将自身融入电子商务之中，融入全球经济的浪潮，为社会提供全方位的金融服务。

三、国外网上银行发展的历程与现状

（一）美国

20 世纪 90 年代以后美国进入网上银行的业务创新阶段。这一时期美国金融界掀起了“银行再造”热潮，信息技术被贯穿于银行内部各个部门，不仅用来处理金融交易，而且改变了传统银行的业务流程和经营理念，商业银行更注重综合自身拥有的各方面资源，不断在金融服务市场上推出新的金融产品和服务。

1995 年 10 月，美国诞生了全球第一家网上银行——安全第一网络银行（Security First Network Bank，SFNB），它不仅开创了“纯”网上银行服务的先河，更代表了一种全新的服务模式。这家银行除了设立在亚特兰大的总部外，没有任何钢筋混凝土式的营业大厅和分支机构，完全在网上运作，每天 24 小时提供全球范围的金融业务，用户通过互联网进入 SFNB 的网站就可以享受服务。SFNB 在短期内取得了长足发展，虽然员工数不足 100 名，但截至 1999 年年底，已有账户 21 000 个，并以每月 650 人的速度快速增长，支票存款余额达到 1.35 亿美元，客户遍及全美 50 个州和全球各地。SFNB 还加入了美国联邦存款保险，实现了股票上市，成为完全独立经营的银行。SFNB 于 1998 年因种种原因巨额亏损，不久后被加拿大皇家银行收购，但其对网上银行业务的开创性贡献已经载入史册。

继 SFNB 之后，全美各地网上银行的数量、资产、客户已远远超过传统银行的增长速度，覆盖了除现金以外的所有零售银行业务。1998 年全美网上银行为 1 200 家，1999 年猛增至 7 200 家。在 2004 年和 2005 年，美国网民使用网上银行的比例分别达到 44%和 43%。2006 年，美国成年网民中网上银行用户达 7 280 万人，2007 年又增长 9.5%，达到

7 970 万人，预计该用户数量将持续稳定增长，网上银行在美国成年网民中的渗透正在逐步加深。

美国网上银行服务快速增长的原因主要包括：

（1）拥有计算机和互联网服务的家庭不断增加。

（2）付账方式逐渐改变。美国服务性行业，尤其是一些公用事业机构及信用卡公司越来越流行通过互联网电子邮件将账单传送给消费者。这种出示账单（Bill Presentment）方式的改变加快了网上银行服务的接受程度和增长速度，从而推动网上银行服务的发展。

（3）美国政府制定和修改了有关网上银行交易的法律法规，同时实施了一些有利于网上银行发展的政策。1999 年 7 月，统一州法委员会颁布了《统一计算机信息交易法》，要求各州统一执行；1999 年 8 月美联邦储蓄委员提出银行法修正案，对网上银行进行监管；2000 年 6 月美国国会通过《全球及全国商业电子签名法》，鼓励国际社会普遍接受电子签名及其他类似授权程序的规则。与此同时，由于网上银行一直采用高利息市场推广策略，美联储放松了对利率的限制，有效地促进了网上银行的发展。

（4）网上银行项目的投资激增。美国金融机构在互联网项目上的投资每年都呈高速增长态势，除了传统金融机构推出的网上银行业务，美国还出现了专门从事金融业务的互联网公司。

（5）美金融机构注重加强金融软件的开发和安全技术的研发。美国几大银行已与多家金融服务公司等形成战略联盟，共同开发金融软件。同时，网上银行的安全性一直是人们最为担心与关注的问题，也是影响网上银行发展的关键所在。安全技术的研发引起了美各大金融机构的足够重视，Visa 和 MasterCard 两大公司也决定联合开发电子交易安全（Secure Electronic Transaction）系统。

除以上原因外，美国银行一直实行混业经营制，成熟市场经济培育出的完善的社会信用机制有效地促进了网上银行的发展。

（二）欧洲

在欧洲约有 75%的消费者通过网络办理银行业务，其中网上银行业务发展较快的国家主要有英国和德国。

英国首开网上银行发展的先河。2000 年，英国的巴克莱银行（Barclays Bank）宣布关闭 50 家分行，用此资金来发展网上银行业务，到 2001 年巴克莱银行已经有 30%的客户成为网上银行用户。英国保诚保险公司（Prudential Assurance Co.）的网络子公司（Egg）在成立初期短短一年的时间内，客户数量已超过 20 万，在英国市场占有率达 1%，存款余额达 130 亿美元。

德国的德意志银行加紧实施了“全球电子商务战略”，其目标是通过与国内外网络、软件和电信等产业巨子的紧密合作，全力拓展互联网业务和电子商务。该银行已经有 20%的客户只通过网上银行办理业务，60%的客户同时使用网点和网上银行办理业务，仅有 20%的客户只到网点办理业务。

（三）日本

2000 年，由樱花银行、住友银行、富士通公司及日本生命保险公司联合成立的“日本网上银行”（Japan Network Bank）是日本首家纯网上银行，该银行提供普通存款、定期存款、转账、互联网结算业务、小额贷款和电话金融业务等。用户可以通过上网申请该行的活期或定期存款账户，并获得现金卡一张。客户利用这张现金卡，可从樱花银行及24小时便利店内所设的5 300台ATM中存取现金。由于营运与固定成本远低于传统银行，日本网上银行的利率及手续费极具竞争优势。该网上银行的存款利率约为传统银行的两倍，跨行转账手续费仅为传统银行的一半。此外，日本富士银行、东京三菱银行、第一劝业银行和日本兴业银行等都投入巨资，推出各种网上银行业务。

（四）新加坡

新加坡发展银行自1998年10月推出网上银行业务以来，深受好评，被国际性网络业审计公司Lafferty评选为亚太区“特佳网站”。新加坡国内已有超过6家银行提供网上银行服务，并使用统一的基于SSL加密的电子交易平台。

四、我国网上银行发展的历程与现状

（一）我国网上银行发展概况

自从1996年中国银行开国内网上银行之先河以来，国内各大商业银行也纷纷跟进，网上银行业务迅速发展。我国网上银行的发展历程如表3-1所示。

表3-1　　中国网上银行的发展历程

时间	特征	主要事件
萌芽阶段（1996—1997年）	网上银行服务开发和探索	● 1996年，中国银行投入网上银行的开发 ● 1997年，中国银行建立网页，搭建“网上银行服务系统” ● 招商银行开通招商银行网站
起步阶段（1998—2002年）	各大银行纷纷推出网上银行服务	● 1998年4月，招商银行在深圳地区推出网上银行服务，“一网通”品牌正式推出 ● 1999年4月，招商银行在北京推出网上银行服务 ● 1999年8月，中国银行推出网上银行，提供网上信息服务、账务查询、银证转账、网上支付、代收代付服务 ● 1999年8月，建设银行推出网上银行服务，首批开通城市为北京和广州 ● 2000年，工商银行在北京、上海、天津、广州四个城市正式开通网上银行 ● 2001年，农业银行推出95599在线银行；2002年4月，推出网上银行 ● 2002年年底，国有银行和股份制银行全部建立了网上银行，开展交易型网上银行业务的商业银行达21家
发展阶段（2003—2010年）	加强网上银行品牌建设、改善产品和服务成为重点，重点业务发展带动各大网上银行业务发展	● 2003年，工行推出“金融@家”个人网上银行 ● 2005年，交行创立“金融快线”品牌 ● 2006年，农行推出“金e顺”电子银行品牌 ● 2007年，个人理财市场火热带动网上基金业务猛增，直接拉动个人网上银行业务的大幅增长 ● 2008年，网银产品、服务持续升级，各银行在客户管理、网银收费等方面积极探索
成熟阶段（2010年以后）	网上银行相关法律逐步完善，主要银行的网上银行业务进入稳健时期	

根据艾瑞咨询数据，2014 年，中国个人网银交易规模为 448.5 万亿元，同比增长 70.3%，而企业网银交易规模为 855.9 万亿元，同比增长 28.4%（见图 3 - 49）。

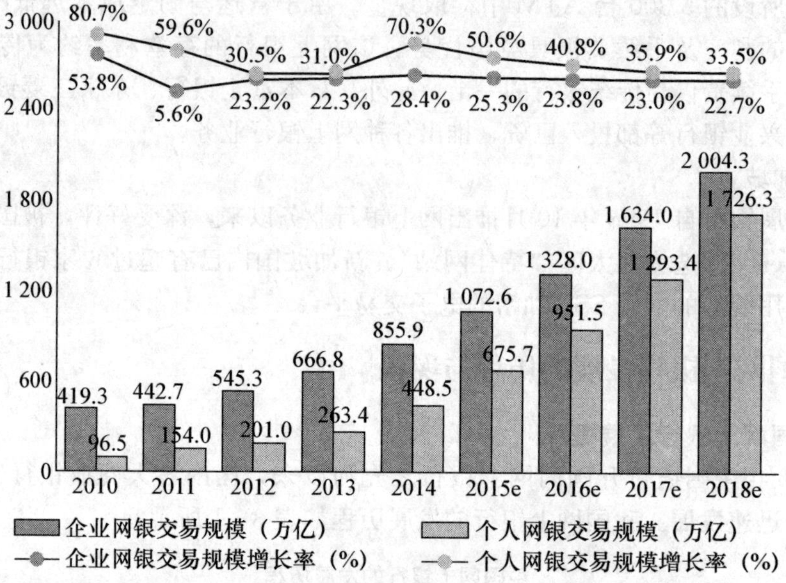

图 3 - 49　2010—2018 年中国网上银行交易额增长趋势图

中国香港地区的商业银行于 2000 年开始积极投入网上银行的建设，2001 年起进入快速发展阶段。其发展策略可以总结为：以抢先推出网上银行服务为手段，抢占市场先机；以推出热门服务作为先导产品；以优惠价格吸引客户；以提供全球化服务取胜。在定位上以多渠道营销为主，先零售客户、后企业客户；先一般银行服务、后财富管理服务。截至 2005 年，中国香港地区共有 38 家本地和外国银行能够提供网上银行服务，全港共有个人网上银行客户 300 万个，企业网上银行客户 11 万户。其中汇丰、恒生、东亚银行的客户占比分别为 32%、15%和 11%。在产品品种方面，以上三家银行和花旗、渣打等银行较为齐全，服务内容包括账户查询、转账、账单缴费、定期存款、查询汇率利率、按揭贷款、私人贷款、支付信用卡账项、保险服务、买卖股票及外汇等。在安全机制上，香港金融管理局要求所有开办网上银行的本地银行必须实行双重认证机制，即保安编码器、电子证书或手机短信认证，现在已有约 20 家本地银行实行了这一机制。

中国台湾地区也已有超过 20 家银行陆续开通网上银行服务，所提供的金融服务产品包括在线转账、账户查询、形象广告、业务宣传等。

（二）我国各主要商业银行网上银行业务发展现状

我国网上银行虽然起步较晚，但是发展速度迅猛。《2015 年中国电子银行调查报告》数据显示：2015 年，全国城镇人口中，个人网银用户比例为 40%，其中活跃用户比例达到 87%。企业网银方面，2015 年，企业网银用户比例为 73%，活动用户比例达到 98%。转账汇款、账户查询是使用频率最高的两项企业网银功能，远高于其他网银功能的使用比例，这说明网银的使用在企业用户中得到进一步的发展，已经成为很多企业日常运营的第一选择。

中国工商银行于2000年推出网上银行业务，并将网上银行、电话银行、手机银行服务归为一类，统称电子银行，树立了以“金融e通道”为主品牌，“金融@家”“工行财e通”“95588”为子品牌的电子银行品牌体系，形成集资金管理、收费缴费、金融理财、电子商务和营销服务功能于一体的综合金融服务平台。“金融@家”个人网上银行拥有12大类、60多项功能，业务主要包括：24小时转账汇款、信用卡网上还款、在线缴费、外汇、证券和保险信息及交易服务、网上贷款、个人理财、网上挂失、账务及财经信息、通知提醒等服务。“工行财e通”企业网上银行能为企业或同业机构提供的自助金融服务主要有：账户管理、收款业务、网上汇款、证券登记公司资金清算、电子商务、集团理财、贷款业务、投资理财、贵宾室、代理行服务等。

2015年工商银行连续发布了e-ICBC互联网品牌和升级发展战略，以“三平台一中心”（“融e行”开放式网银平台、“融e购”电商平台、“融e联”即时通讯平台和网络融资中心）为主体，覆盖和贯通金融服务、电子商务、社交生活的互联网金融架构搭建形成。“融e行”是对原有网上银行、手机银行整合改造形成的、更加适应移动金融趋势、更为开放的直销网银平台，目前已有1.9亿户的客户基础。“融e购”全年交易额超过8 000亿元。“融e联”是工商银行自主研发的一个社交型金融服务平台，目前战略布局已基本完成，2016年实现为亿级客户提供信息沟通和金融服务。网络融资中心和个人信用消费金融中心挂牌成立，全面启动标准化与互联网化为特征的信贷业务运营，目前网络融资总规模超过5 000亿元。截至2015年年末，工行电子银行交易额达到592万亿元，电子银行业务笔数占全行业务比数比上年提高4.2个百分点至90.2%。2015年年末，个人网银和企业网银用户分别同比增长11.6%和12.5%，并荣获2015年《亚洲银行家》“中国最佳网络银行奖”。

招商银行于1997年4月推出银行网站以来，已形成了以网上企业银行、网上个人银行、网上商城等子系统为主的网上银行服务体系。早在2000年年底，招商银行的企业网上银行客户数就超过18 000户，网上交易金额突破5 000亿元；个人网上银行用户数超过6万户。2015年，面对互联网、利率市场化、金融脱媒的挑战及经济下行的外部不利环境，招商银行切实推进“内建平台、外接流量、流量经营”的互联网金融整体布局，推动银行的经营管理向互联网模式转型；注重多元化跨界合作，推动外部竞合模式创新，开展金融场景建设，引入外部流量，创新产品和服务，生态体系能量初显，形成招商银行在互联网金融领域差异化的独特竞争优势。

中国银行网上银行系统于1997年7月正式投入使用，“积极、稳妥、持久、创新”是其发展网上银行的战略指导方针，目前主要提供“企业在线理财”“支付网上行”和“银证快车”三大系列服务。除了基本的转账、查询等业务以外，中国银行的个人网上银行还推出了“外汇宝”、开放式基金等多种自助投资服务；企业网上银行中的特色服务“报关即时通”和“期货e支付”可以使用户轻松实现网上支付通关税费、异地报关及期货保证金和出入资金支付等。截至2015年年末，中国银行个人网银客户达到1.22亿户，企业网银客户数达到285万户。

中国建设银行于1998年8月推出网上银行业务，以“方便、快捷、实用”作为主要业务标准，建成了技术先进、业务齐全、初具规模的网上银行系统。2004年4月，建设银行推出网上银行 3.0 版，统一了电子银行品牌“e 路通”，先后推出了全国龙卡支付、柜台签约、查得快、网上双币种贷记卡业务等功能，进一步完善了网上银行服务内容。截至 2015 年年底，建设银行个人网银客户数目已突破 2.09 亿户，企业网银客户数已达到 402 万户。

中国农业银行在 2000 年建成网上银行中心，建立了包括网上银行、网上支付在内的电子商务系统。2005 年 3 月，中国农业银行成立了专门的电子银行部，网上银行服务增加了贷记卡业务、智能安装包、漫游汇款、企业及个人跨中心实时到账、批量复核等功能，并开通了网上银行咨询和投诉服务。2015 年，面对日益激烈的互联网金融竞争环境，农行推出“三大平台、五大产品线和三项基础工作”的互联网金融发展思路。三大平台即金融服务、社交生活和电子商务；五大产品线即网络支付、网络融资、投资理财、信息服务、供应链金融；三项基础工作即推进统一客户视图、统一积分体系和统一入口布局。截至 2015 年年末，农业银行个人网银客户总数达 1.5 亿户，全年交易额达 84.4 万亿元；企业网银客户总数达 377.5 万户，全年交易额达 100.1 万亿元，较上年增长 29.9%；全年门户网站访问量达 43.1 亿次，信用卡在线申请累计提交笔数 295.3 万笔，较上年增长 42.2%。

上海浦东发展银行的网上银行可以为客户提供汇款转账、证券基金投资、外汇投资、网上贷款等功能，其中“轻松理财”“电子客票”“网上二手房”等服务独具特色。2006 年 4 月，该行“浦发创富”网上银行正式推出公司网银离岸查询服务，以便企业客户及时掌握离岸业务信息。截至 2015 年年末，浦发银行个人网银客户达到 1 691 万户，交易额 10.6 万亿元。

交通银行的网上银行业务于 1999 年开始启动，已在上海、郑州、重庆等大城市开通。其网上银行业务已经从最初的信息发布、个人账户查询等，发展到网上外汇买卖、网上支付、网上结算、个人账户管理、贷记卡和基金买卖、集团现金管理、财务管理等范围更广的产品。

中国光大银行于 1999 年推出网上银行业务，并在北京投入使用，此后不断推出新版本并在全国推广。中国光大银行网上银行系统主要提供企业、集团、个人服务，尤其是集团服务独具特色，具有“一点接入、全辖服务、实时到账”等优势，在安全性、可用性、可信性等方面日臻完善。2015 年，光大银行首次提出了“1+2+3”互联网战略布局。其中“1”是指“一扇门”，即阳光银行直销银行；“2”是指“两朵云”，即云缴费和云支付；“3”是指“三个 e”，即 e 理财、e 融资、e 电商。2015 年年报数据显示，光大银行对私网银客户 2 121 万户，对公网银客户 32.9 万户，电子银行替代率近 94%。

民生银行持续的产品和服务创新，使网上银行服务质量全面提升，赢得了客户的持久依赖和大力支持，网上银行开户和交易火爆。企业网上银行客户几十万户，个人网上银行客户超过 500 万户，民生 U 宝客户已超过百万户；企业网上银行和个人网上银行客户覆盖率均超过 50%；网上银行交易笔数已超过柜台交易笔数，柜面交易替代率超过 65%，这表明每 10 笔交易中有 6 笔是通过网上银行完成的，大大节省了客户和银行的成本。

艾瑞咨询集团报告显示：个人网银中，农行和工行作为国有银行，拥有庞大的个人用户规模资源以及网点推广优势，在交易规模市场份额占比中，工行排名第一，占比达到40.2%，其次是农行，占比达到21.9%（见图3-50）。

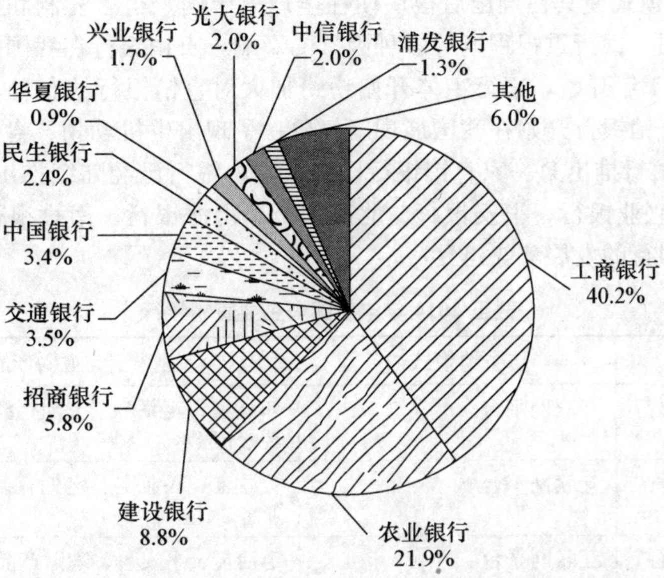

图3-50 2014年我国商业银行个人网上银行交易规模市场份额

企业网银中，工行、建行、中行排名前三。国有商业银行掌握了国内大量核心企业用户资源，受益于其庞大的交易量，因此企业网银交易规模占比较大，但伴随着中小微企业的崛起，股份制商业银行企业网银交易规模不断提升，使其占比有所提升，且增速较快（见图3-51）。

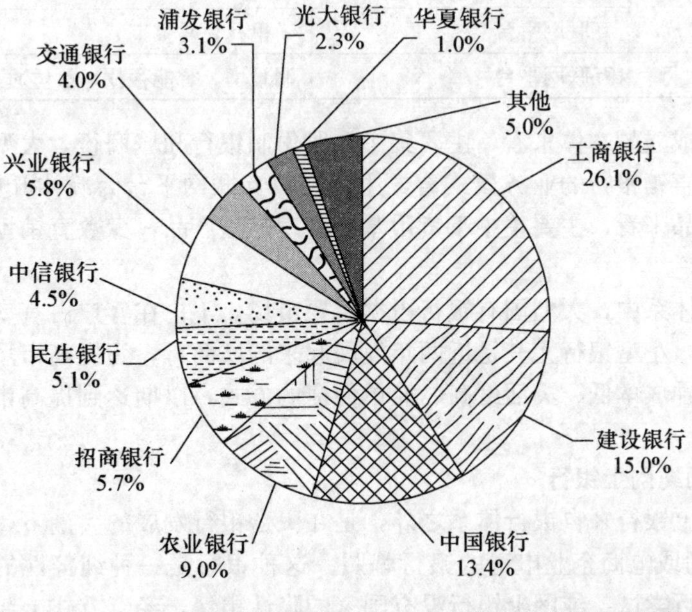

图3-51 2014年我国商业银行企业网上银行交易规模市场份额

（三）我国的直销银行

直销银行（Direct Bank）起源于国外，加拿大于1997年创设了首家直销银行ING Direct，成功的商业模式使其在推出后很快便在全球多个国家得以复制和传播。囿于技术水平、金融消费习惯、银行重视程度等多种因素的影响，直销银行在我国的发展并没有与国际同步。但从2014年开始，银行主体开始纷纷加大对直销银行的布局，推动线上线下业务的融合发展，直销银行开始在我国展现新气象，呈现出生机勃勃、盎然发展的势头。从2014年2月民生银行推出第一家直销银行以来，国内银行已经陆续推出十余家直销银行，如表3-2所示，兴业银行、平安银行、北京银行、上海银行、南京银行等都成立了直销银行，并且直销银行的发展势头迅猛。

表3-2　截至2014年年底国内主要直销银行

名称	主要模式	主要产品
民生银行“直销银行”	互联网平台	如意宝、定活宝、民生金、称心贷、随心存、轻松汇
兴业银行“真销银行”	互联网平台	智盈宝、兴业宝、定期存款、理财业务、基金业务
平安银行“橙子银行”	互联网平台	定活宝、平安盈、理财产品
北京银行“直销银行”	线上“互联网平台”与线下“直销门店”相结合	目前主要以ATM、VTM、自助缴费终端为主
南京银行“你好银行”	互联网平台	鑫元宝、易得利
上海银行“上海快线”	互联网平台	快线宝、安心宝、惠理财、智能存
江苏银行“直销银行”	互联网平台	惠多存、开鑫盈、放心汇、容易付、银票宝
重庆银行“直销银行”	互联网平台	乐惠存、聚利宝、DIY贷
包商银行“小马Bank”	互联网平台	千里马、马宝宝
华润银行“直销银行”	互联网平台	润日增、智能存款、预付通

从直销银行成立的本体来看，主要集中在股份制银行和城商行，大型国有银行跟进的速度比较慢。从直销银行的业务模式看，主要是以互联网平台为载体开展线上金融业务。从直销银行的产品来看，主要集中于货币基金、理财型产品，少数直销银行还涉足短期存款和支付业务。

在我国银行体系中，大型国有银行占据主要市场，不论在客户占有率还是市场规模上都有着绝对优势，小型银行尤其是近两年发展起来的城商行，为提高市场占有率，积极选择了直销银行这种成本低、灵活度高、简单便捷的方式，以期达到提高市场占有率，实现后发优势的目的。

（四）我国的纯网上银行

我国的纯网上银行来自银行体系之外，是在民营银行发展的大潮下，具有市场主导地位的大型IT公司或电商企业申请的银行牌照。这种银行是一种纯粹性的网上银行，也是一种创新性的银行尝试。纯网上银行没有国家的隐性担保，经营方式上与传统银行也有着本质的区别，基本不设立物理网点，完全依托网络化运行及经营，客户群也主要是网上消费者、电商群体及触网企业。目前，已经有两家民营银行定位于纯网上银行，即深圳前海微众银行和浙江网商银行。

知识链接

浙江网商银行

浙江网商银行由蚂蚁金服牵头组建，注册金额为40亿元人民币，包括6位法人股东，其中蚂蚁金服持股30%，上海复星工业技术发展有限公司、万向三农集团持股比例分别为25%和18%。这样的股东结构使公司股权相对集中，决策流程加快，有利于初期的业务扩张。

资料显示，蚂蚁金服已涉足支付、小贷、基金、保险、理财、征信等多个领域，旗下有支付宝、支付宝钱包、余额宝、招财宝、蚂蚁微贷、芝麻信用等多个新兴互联网金融业态。目前网商银行的资金量还不大，但随着银行业务的发展，财大气粗的阿里巴巴集团与复星、万向等大股东都具有极强的融资能力，以小存小贷方式运营的网商银行也因为支付宝等的支持不会缺乏资金的流入，满足未来金融需求不会有问题。

网商银行表示将定位于开放型的平台，与其他银行在业务上开展密切的互补性合作，因此，给银行带来的冲击是暂时的，而从长期看会大大促进中国银行业的健康发展。

这类纯网上银行具有很强的互联网基因，其主要优势是互联网企业巨大的流量入口和平台优势、海量用户群和庞大的客户信息、广泛的社交关系网络和充沛的现金流、较低的手续费和敏感的消费者需求触觉。随着互联网向经济各个领域的渗透，线上交易将呈现出巨大的空间，线上金融的需求也将爆发式增长，新兴网上银行将依托互联网，充分发挥比较优势，成为金融领域的重要组成部分。目前看，新兴网上银行的发展方向将主要定位于小微金融、消费金融和供应链金融。与传统银行在网上设立的直销银行相比，纯网上银行没有线下大量银行网点的依托，主要依靠电商平台、社交网络等开展业务。

拓展阅读

跨行网银搭建支付“高速路”

2010年8月30日，中国人民银行网上支付跨行清算系统在北京、天津、广州、深圳4省（市）的部分银行先期试运营。由于其将各家银行的清算统一到一个平台上，相对于此前“××银行网银”而言，就被俗称为“超级网银”。央行此次推出的网上支付跨行清算系统实际上就是一个跨行结算的新业务，简单说就是跨行网银。由于跨行网银不仅打通了各家商业银行网上银行通道，实现了网上支付跨行业务的实时处理，实行了7×24小时全天候运行，为用户转账汇款、网络购物、网上缴费、信用卡还款、投资理财等提供了最大方便。因而，跨行网银的出现不仅可以全天候处理资金流转、跨行转账实时到账，而且还可以跨行管理账户，此前传统网银“多个账户、多次登录”的时代正在被改变。

如果说网银的出现是利用现代网络技术，让人们足不出户就可以随心所欲管理资金账户、进行资金交易、选购商品，大大节约交易成本。那么，跨行网银的出现，则进一步打通了各商业银行之间的网络壁垒，令交易成本再次大大降低，未来有可能会降低客户在网银手续费的支出。

与此同时，对商业银行而言，跨行网银对跨行交易的自动处理和时实到账为银行网点节省了大量人力资源和成本。商业银行还可以通过跨行网银对其客户进行理财和资金管理业务的宣传。对大型集团企业和贸易型企业而言，由于前者往往在不同地区的多家银行拥有账户，后者则对跨行资金汇集的时效性有较高要求，跨行网银更能有效满足这些大型企业实现跨行资金划转的要求。对第三方支付企业而言，一旦获准与跨行网银对接，将不再需要与商业银行一家一家地进行谈判，业务随之扩大将是必然。

资料来源：李倩. 跨行网银搭建支付“高速路”. 金融时报，2010-10-09.

问题讨论：跨行网银的安全性如何保障？

本章小结

网上银行是指银行利用互联网技术，通过互联网向客户提供开户、销户、查询、对账、行内转账、跨行转账、信贷、网上证券、投资理财等服务项目，使客户足不出户就能安全便捷地管理活期和定期存款、支票、信用卡及个人投资等。与传统银行相比，网上银行有许多优势：一是大大降低银行经营成本，有效提高银行盈利能力；二是无时空限制，有利于扩大客户群体；三是有利于服务创新，向客户提供多种类、个性化服务。我国网上银行虽然起步较晚，但是发展速度迅猛。随着网络技术发展的日新月异、银行对网银安全措施的不断升级，以及电子商务发展的推动，我国网民对网上银行的使用及认可程度逐渐增加，网上银行必将迎来更快的发展。

本章实训

实训一

◆ 实训名称：网上银行业务体验

◆ 实训目的：

1. 熟悉各家银行的网站及网上银行业务种类。

2. 会通过网上银行办理各项个人银行业务。

◆ 实训内容：

1. 工商银行个人网银业务体验。

请登录 http://www.icbc.com.cn，点击“个人网上银行登录”下的“演示”，模拟操作个人网上银行业务（如下图所示）。

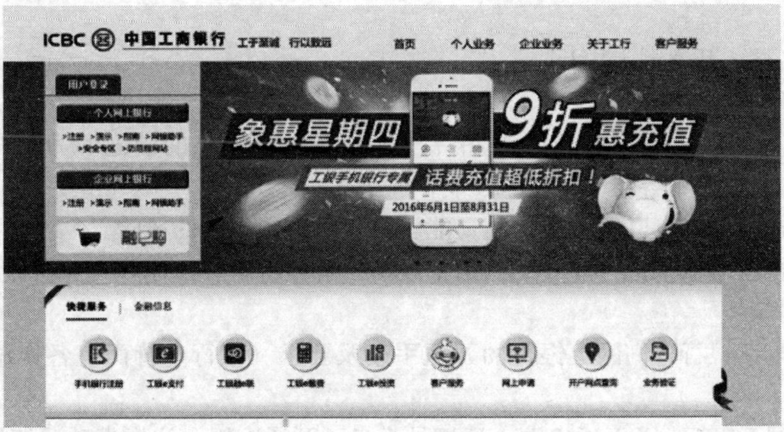

2. 中国建设银行个人网银业务体验。

请登录 http://www.ccb.com，点击“网上银行”下的“功能演示”，模拟操作个人网上银行业务（如下图所示）。

3. 华夏银行个人网银业务体验。

请登录 http://www.hxb.com.cn，点击“个人网银”下的“产品演示”，模拟操作个人网上银行业务（如下图所示）。

实训二

◆ 实训名称：开通网上银行

◆ 实训目的：

1. 巩固课堂上所学的网上银行的相关知识，能够以自己的借记卡为账户开通并使网上银行，为自己生活中各项支付带来便利。

2. 能够选择适合自己的安全措施，能够有效防范使用中的风险。

3. 了解银行对电子银行业务的营销手段，了解银行在客户体验方面所做的工作。

◆ 实训内容：

1. 先用电话银行咨询网上银行的开通手续及要求（银行卡背面有各家银行的电话银行客服号）。

2. 填写网上银行业务开通申请，请柜员为自己开通网银。注意事项：使用借记卡，卡中的余额不要太多（够一些零星支付即可）；选择安全支付措施，最好选择U盾这样级别高的安全手段；牢记自己的各项密码（银行卡密码、网银登录密码、网银支付密码等）。

3. 使用自己的网上银行，进行查询余额、修改密码、向自己的其他银行卡转账、缴费（电话费、水费等）等业务操作。注意事项：网银的使用必须在自己家中或自己的电脑上进行。

4. 效果检验：以小组为单位对实践内容、遇到的问题及自己的分析进行讨论，总结一份各家银行网银使用的说明，内容包括：如何开通、如何使用、如何保障安全等。

课后习题

一、填空题

1. 世界上第一家网上银行是__________国的__________。

2. 网上银行按照服务对象不同分为__________和__________；按照组织架构不同分为__________和__________。

二、简答题

1. 纯网上银行和分支型网上银行各有什么优缺点？

2. 与传统柜面业务相比，网上银行有哪些优势？

3. 什么是“银企互联”？与普通企业网上银行相比，“银企互联”有哪些优势？

三、思考题

1. 网上银行的安全在各商业银行网银建设过程中起到什么样的作用？

2. 我国各商业银行在推广其网上银行业务的过程中，应如何增强客户的体验？

第四章　电话银行

知识目标

掌握电话银行的概念、特点；熟悉电话银行的功能；了解电话银行的服务方式；了解电话银行的产生和发展。

技能目标

会用自助语音和人工服务方式注册、使用电话银行；能够识别并防范使用电话银行过程中的不安全因素。

第一节　电话银行概述

电话银行是近年来日益兴起的高新技术，它通过电话这种现代化的通信工具把用户与银行紧密相连，使用户足不出户，无论何时何地，只要拨通电话银行的客服号码，就能够得到电话银行提供的服务（往来交易查询、利率查询、业务申请、挂失等）。银行安装这种系统以后，可以提高自身服务质量，增加客户数量，为其带来更好的经济效益。

一、电话银行的概念

电话银行是利用电话自助语音或人工服务方式为银行客户提供业务咨询、账户查询、转账汇款、投资理财、代理业务等金融服务的电子银行业务。电话银行又叫 Call Center（呼叫中心），是银行的客户服务中心。

电话银行的服务对象是银行的客户，包括个人客户和企业客户。

电话银行提供的服务方式包括语音自助服务和人工坐席服务两种。

电话银行的语音自助服务通过交互式语音应答（IVR）系统来实现。客户通过电话将按键信息或者是普通语音信息传到电话银行中心，IVR系统会根据所收到的信息向客户播放预先录制好的语音或合成语音回答客户的问题。

IVR系统将事先录制好的语音文件放在计算机内，客户接通电话后，IVR系统先播放欢迎语，客户选择后，根据不同的服务选择，播放不同的语音提示。有些语音不能事先录制好，比如账户余额，那么IVR系统会根据客户的账户余额将语音逐个拼接起来。

电话银行的人工坐席服务通过人工坐席（CSR）系统来实现。CSR系统是客户电话接入后的人工处理系统，这个系统包括电话机、耳机、话筒及安装了系统软件的PC机或终端。

知识链接

农行上海分行客户服务中心招聘启事

农业银行客服中心（上海）一贯坚持以人为本，强化人才储备和多元化发展，为员工提供广阔的发展空间。中心目前已拥有一支国际金融理财标准委员会认证的专业金融理财师队伍，积极开辟职业通道，不断扩大团队规模，将中高端理财客服逐步打造成为零售业务在线理财经理，为其搭建职业成长阶梯。

一、招聘需求

1. 招聘岗位：客服代表。

2. 岗位职责：面向全国客户通过短信、电话、互联网、电子商务等多渠道方式提供多语种专业服务，具体包括7×24小时的金融业务咨询、辅助交易、疑难问题解答、外呼营销和客户关怀等；面向我行中高端客户提供行内协同及个性化后台服务，开展非金融活动预约、第三方转接、满意度调查等活动，做好财富顾问助手。

3. 招聘人数：70名。

4. 招聘专业：经济、金融、计算机、电子商务、外语、法律、管理等银行相关专业。

5. 用工方式：劳务派遣用工。

二、招聘基本条件

1. 遵纪守法，品行端正，具有强烈的事业心、责任心、团队协作精神及良好的职业道德和个人素质，无不良记录。

2. 教育部认定的全日制大学本科及以上学历，不包括非普通高等教育学历（如自学考试、成人教育、网络教育、夜大、电大等），年龄在30周岁以下。

3. 良好的中文口头和书面表达能力，普通话标准，思维敏捷。

4. 身体健康，心理素质好，性格外向，豁达开朗，诚实稳重。

5. 具备良好的沟通协调技巧、客户服务意识及创新能力；具备良好的电脑操作和汉字录入技能（获得金融理财相关证书、五笔打字法60字/分钟及以上者优先）。

6. 能够接受夜班及节假日工作安排。

三、工作地点

上海市（徐汇区漕河泾地区）。

资料来源：http://www.abchina.com.

电话银行中心会将坐席人员分组，首先根据坐席的知识特长，分为银行卡组、对公业务组、理财组等。其次是确定每组中坐席的级别，根据坐席掌握知识的范围和熟练程度、服务技巧不同，可将坐席分为普通、中级、高级三个级别。未注册电话银行的客户接入时对应的坐席就是普通级别，注册客户接入时对应的是中级技能的坐席，VIP 客户接入后，提供服务的则是高技能坐席。最后要划分坐席的区域，一般来讲，坐席只对区域范围内的客户提供服务，但是对银行来说，如果一个区域的人员不足，则会自动调用另外区域空闲状态的坐席向客户提供服务。

客户选择人工坐席服务后，如果等待接入人工坐席的客户数量大于处于就绪状态的人工坐席时，客户就会出现排队等候接入的情况。在这种情况下，并不是完全按照先后顺序接入的。电话银行系统中的专用分组交换机系统（PBX），也叫排队机，具有自动呼叫分配功能，可以对客户的呼入电话进行自动处理，根据制定的电话分配原则将客户的电话分配到相应的人工坐席台上或自动语音应答系统。排队机能够提供呼入、呼出和呼叫分配的管理。一般情况下，当客户出现等候时，注册客户优先接入，未注册的后接入；同样是注册客户，选择挂失的优先接入，办理其他业务的后接入；同样是挂失的客户，积分高的优先于积分低的客户接入。

除了以上提到的 IVR、CSR 系统外，电话银行系统还包含计算机电话集成（CTI）服务器、数据库服务器与应用服务器、后台管理系统等重要部分。

CTI 服务器将计算机和电话进行集成，采用计算机完成复杂的通信任务。它具有的功能很多，比如外拨业务的自动拨号、语音数据处理等，但是它的最基本功能是通过检索呼入的信息来显示相应的提示信息。

数据库服务器主要是提供系统的数据存储和访问的功能。客户的基本信息、账户信息、交易记录、银行的内部资料都存储在数据库服务器中；应用服务器是介于客户和银行数据库的中间服务器，用来提高呼叫中心的效率和安全性。

后台管理系统也叫内部管理系统，是银行管理电话银行业务的主要手段，主要功能包括人员管理、系统管理、培训管理、查询统计、文档管理、对外销售管理等。

电话银行的系统架构如图 4-1 所示。

知识链接

我国商业银行的电话银行系统

目前，国内的商业银行基本上都建立了电话银行系统、申请了特定的客服号码，这些号码一般是以 9 开头的 5 位数，如中国建设银行为 95533；中国工商银行为 95588；中国农业银行为 95599；中国银行为 95566；交通银行为 95559；招商银行为 95555；光大银行为 95595；上海浦东发展银行为 95528；深圳发展银行为 95501；民生银行为 95568；中信银行为 95558；兴业银行为 95561；华夏银行为 95577；广发银行为 95508；宁波银行为 96528。各商业银行同时配备一定数量的业务、技术和管理人员，负责整个电话系统的市场营销、运行维护、升级改造等，但各家银行的电话银行系统规模大小、产品功能不尽相同。

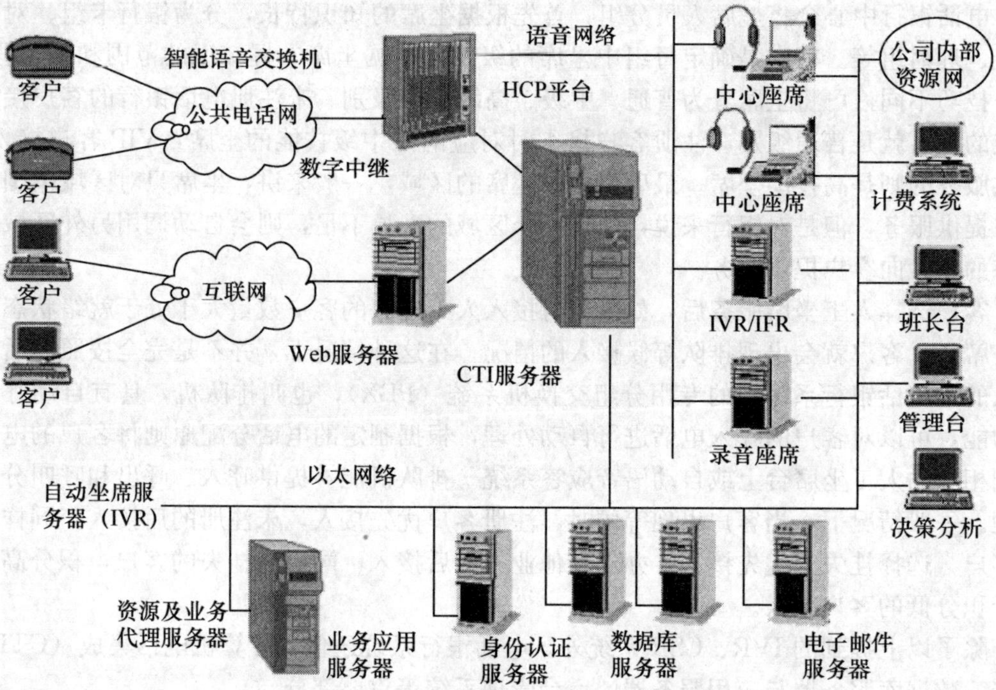

注：HCP：Host Command Processor，主命令处理机。

图 4－1　电话银行的系统架构

二、电话银行的特点

（一）安全

电话银行采用先进的计算机电话集成技术，所有的传输信息都是经过加密的，安全可靠。另外，与网上银行相比，电话银行不会受到病毒和木马的干扰。

（二）使用简单，操作便利

电话银行将自动语音服务与人工接听服务有机地结合在一起，客户通过电话键操作，方便地查询本人多个账户的情况，进行注册账户之间的资金划转，可以向已注册的他人账户转账，还可以实现自助缴费、银证转账、外汇买卖、股票买卖等多种理财功能。与网上银行、手机银行等电子银行服务方式相比，电话银行对客户的要求更低。

（三）服务形式多样，覆盖范围广

电话银行不受时间、空间限制，向客户提供一年 365 天、每天 24 小时不间断的金融服务。大多数银行的电话银行提供语音自助服务、委托业务、外拨业务等多种服务形式。

三、电话银行的功能

当客户拨打电话银行客服号码进入电话银行系统或客户服务中心后，就可以根据语音提示进行操作。客户也可以转人工服务，由业务代表根据客户要求完成相应的操作。同时，商业银行还可以通过电话银行实现对客户的主动外拨功能，开展主动的营销业务。

（一）自助语音服务功能

自助语音服务是指客户按照电话银行语音提示，通过电话按键方式，由自动语音菜单导航，实现客户的业务操作。整个语音应答过程由银行设计，客户拨号按键必须在语音菜单提示的范围内操作，语音最终给予客户需要的信息。其功能主要包括：账户查询、转账汇款、缴费支付、投资理财等。

（二）人工坐席服务功能

人工坐席服务是指由电话银行的业务代表通过电话为客户提供业务咨询、代客操作、呼出营销等服务功能。一般而言，人工坐席服务的范围和业务种类相对于自助语音服务具有更好的客户交互性。人工坐席服务的基本功能包括以下几类：

（1）金融信息查询和咨询服务。结合电话银行中心的数据库，人工坐席可为客户提供全面的咨询服务。包括：业务品种咨询、网点资料咨询、外汇走势分析、新业务品种介绍、热点问题介绍等。

（2）受理客户的表扬、建议、投诉。

（3）代理中间业务。电话银行人工坐席可为客户代办以下中间业务：代发工资、代理公共事业收（付）费、代理债券、代理保险、代理股票、代理基金、代理外币买卖、代理黄金、代保管等。

（4）营销服务。营销是电话银行的重要功能之一。电话银行提供了银行与客户之间的双向沟通渠道，商业银行可通过电话银行数据库中收集的客户使用银行产品种类、使用情况、消费习惯、消费偏好等信息，因人而异地开展银行产品的交叉营销。

（三）电话银行外拨服务

电话银行外拨服务是商业银行为了进一步密切银行与客户的关系，主动深入了解客户需求而推出的一项新业务。电话银行外拨从渠道上可以分为自助语音呼出、人工呼出；从呼出模式上可以分为预览式呼出、精确式呼出、预测式呼出。

1. 预览式呼出

由坐席自动控制呼出频率和速度，坐席可根据客户名单情况主动发起呼出，拨号控制由人工完成。

2. 精确式呼出

由系统根据坐席空闲状况及设定呼出客户名单列表自动进行批量呼出，有效电话自动转接人工坐席，其工作效率比预览式呼出要高。

3. 预测式呼出

通过先进的计算方法确定电话呼出速度，合理地分配坐席资源。这种方式提供了有效的语音检测、传真、调制解调器、寻呼机和有效自动应答机检测，同时具有清单管理、时区管理、外部呼出号码表与号码动态过滤功能等。

以招商银行 95555 电话银行为例，电话银行的自助语音和人工服务分别能为客户提供的服务功能如表 4-1 所示。

表 4-1　招商银行电话银行功能

服务方式	功能	说明
自助语音	账务查询	客户可自助查询在银行开立的存折、一卡通等账户余额及当天或历史交易明细。

续前表

服务方式	功能	说明
自助语音	转账服务	可以进行本人名下一卡通、存折、信用卡等账户之间，以及一卡通和网上支付卡之间的资金划转。
	自助缴费	可自助查询和缴纳手机费、电费等多种费用。
	银证转账	可以实现银行活期账户与证券保证金账户之间的资金划转。
	黄金买卖	直接使用银行账户在电话银行中进行黄金买卖业务。
	银基通	客户通过电话银行自助买卖开放式基金。
	国债买卖	客户通过电话银行自助买卖凭证式国债。
	外汇买卖	客户可通过电话银行进行个人自助外汇实盘买卖。
	挂失服务	通过电话银行自助办理存折、一卡通等账户的口头挂失。
	快易理财	客户可通过电话银行自助完成一卡通向个人信用卡、存折及第三方的转账等业务。
	传真服务	客户使用传真电话可以得到账户余额、当天交易、历史交易及存款利率等传真服务。
人工服务	疑难账务查询	客户如对自己在银行的账户情况有疑问，可以通过人工服务进行查询。
	业务咨询	客户可通过人工服务了解银行的各项服务与产品信息，可以对产品使用中的问题进行咨询。
	受理客户投诉	受理客户对银行营业网点的服务质量、业务和产品质量的批评和投诉，并在规定时间内由相关部门给予客户答复。
	账户挂失	办理存折、一卡通等账户的口头挂失。
	人工交易业务	通过电话进行人工交易，委托业务代表完成各项凭证式国债、开放式基金、个人自助贷款、个人名下的账户互转，以及向第三方的转账汇款等交易业务。

第二节　电话银行的使用

一、电话银行的注册

客户只要拥有银行卡或活期存折，即可拨打银行客服电话，通过语音提示或人工服务申请注册电话银行。

（一）语音自助注册

普通客户第一次使用电话银行系统时需进行身份验证，在根据语音提示输入账号或身份证号后，系统会提示输入账户取款密码，取款密码验证通过后客户可自行根据语音提示设置电话银行查询密码，以后再使用电话银行时，直接输入账号或证件号和电话银行查询密码即可。以工商银行 95588 电话银行为例，普通客户开通服务流程如图 4－2 所示。

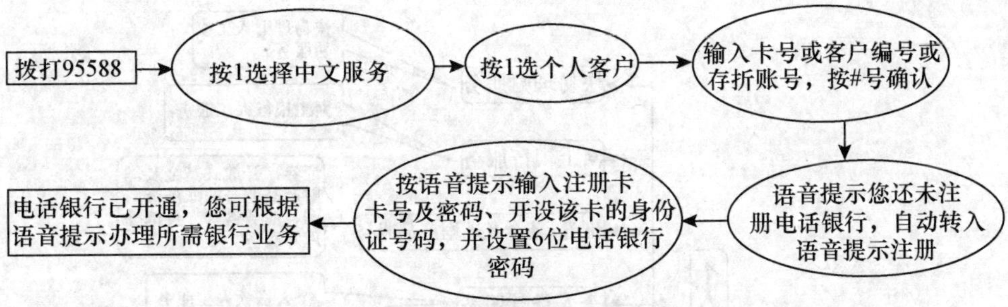

图 4-2　工行 95588 电话银行自助语音注册流程

（二）柜面注册

客户只要携带本人有效身份证件及银行卡到网点办理，填写《电子银行个人客户注册申请表》，即可选择开通电话银行。

二、电话银行的使用

（一）自助语音服务流程

以招商银行为例，自助语言服务流程如图 4-3 所示。

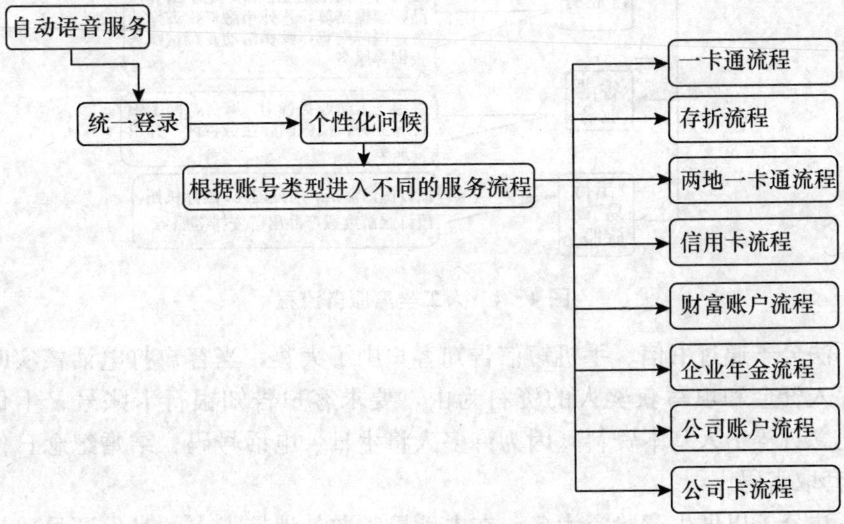

图 4-3　自助语音服务流程

（二）人工坐席服务流程

以招商银行为例，人工坐席服务流程如图 4-4 所示。

三、电话银行的风险与防范

（一）电话银行的风险

电话银行的风险主要表现在以下几个方面：

（1）在公共电话中使用电话银行服务系统，留下客户账户资料，给不法分子以可乘之机。

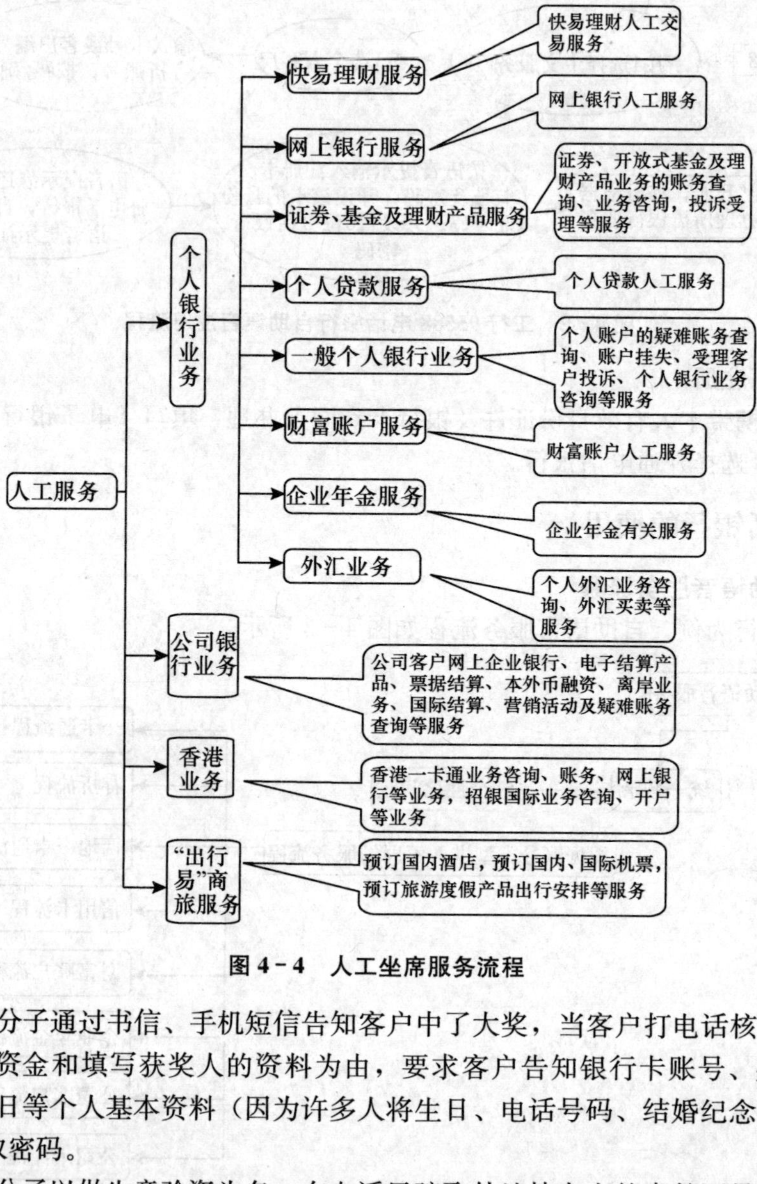

图 4-4　人工坐席服务流程

(2) 不法分子通过书信、手机短信告知客户中了大奖，当客户打电话核实时，不法分子以便于存入资金和填写获奖人的资料为由，要求客户告知银行卡账号、生日、家庭电话、结婚纪念日等个人基本资料（因为许多人将生日、电话号码、结婚纪念日作为银行卡的密码），套取密码。

(3) 不法分子以做生意验资为名，在电话里骗取外地持卡人的身份证号码、卡号和密码，然后冒领存款。

(4) 一些不法分子冒充银行人员打电话给客户，套取银行账户信息。

（二）电话银行风险的防范

1. 银行方面的防范

银监会在《关于商业银行电话银行业务风险提示的通知》中对商业银行提出了几项要求：

(1) 各商业银行应向客户开展各种形式的电话银行风险教育和安全提示，明示电话银行业务操作应注意的各类安全事项，培养客户密码设置意识。

(2) 商业银行应积极开展电话银行转账功能风险评估和分类，依据收款账户的潜在风险高低，相应设置不同的转账额度和次数限制。对受益方不明确、资金难以追索的收款账户，应审慎或不提供电话银行转账服务。

(3) 对应用银行卡卡号和密码相组合完成登录的电话银行业务，银行应在客户使用潜在风险较高的转账功能时，增加其他身份信息检验要求，如银行卡 CVV 码、身份证信息或其他预注册信息等。

(4) 对于异常交易银行应建立电话银行异常交易监测预警机制。针对小额、多笔、连续交易行为建立有效的后台监控预警体系，防范不法分子利用电话银行功能进行小额、多笔、重复非法转账。

2. 客户方面的防范

(1) 尽量避免在可以查询到输入号码的电话机上进行电话银行操作，使用电话银行后，一定要记得删除通话记录。用户在电话键盘上输入的卡号、密码，会被电话完整记录下来，如不及时删除，就可能被他人利用。

(2) 在进行电话银行交易类操作时，避免使用免提电话，以防他人偷听。

(3) 不要使用经其他号码连接后的“电话银行服务”。目前国内电话银行服务主要有两种：一种是各家银行使用的全行统一客户服务电话；另一种是当地分支机构或营业网点正式公布的可供客户咨询、办理有关业务的电话号码。

(4) 在设置电话银行密码时，不要使用过于简单的数字，不要使用自己的出生日期、电话号码等容易被人猜中的数字作为密码，可以考虑分开设置查询密码和交易密码，并定期进行修改。

(5) 不要理会一些无缘无故的中奖喜讯，如果是因好奇与对方通话了，要切记严防死守银行账户资料，决不泄露。

第三节　电话银行的发展及现状

一、电话银行的产生和发展阶段

在发达国家，银行为了降低经营成本、提高工作效率，逐渐使用电话银行系统为客户提供查询转账等服务。从 20 世纪 90 年代开始，国内各家银行也开发了各自的电话银行系统。随着计算机和网络技术、电信技术的不断发展和银行服务范围的不断扩大，电话银行经历了从最初的人工接听电话的简单服务，发展到利用网络技术可以兼容多种呼叫的大型智能服务中心，使电话银行成为银行对外服务的窗口。电话银行的发展大致经历了以下三个阶段：

(一) 人工服务阶段

电话银行的人工服务最早出现于 1956 年，由于当时电子及通信技术条件的限制，只能通过话务员接听电话，为银行客户提供咨询、投诉等方面的简单业务。

(二) 语音服务阶段

20 世纪 80 年代初期，计算机语音及通信技术的成熟为电话银行自助语音服务创造了条件。这时的电话银行能够提供一些简单的服务，如账户余额、明细的查询及公共金融信息的查询等。客户可以根据各种语音提示来完成操作。

（三）电话银行中心阶段

20 世纪 80 年代末期，自助语音服务逐渐不能满足客户的多样化需求，客户的一些需求不能通过简单的语音服务得到解决，客户需要与银行的工作人员直接进行电话交互。于是，能够满足这种需求的兼具自助语音服务和人工服务的电话银行中心产生了。电话银行中心不仅继承了传统电话银行体系的功能，而且具有数据传输、人工坐席等功能，使得银行用户无论身在办公室、家中还是街边的公用电话机旁，都可以轻而易举地享受银行提供的优质服务。

二、我国电话银行的发展

1999 年 8 月 13 日，我国第一家商业银行呼叫中心——工商银行上海市分行电话银行中心正式建成投入使用。很快，国内许多银行纷纷建立起独立的客服中心，从此，一根电话线将银行的服务渠道延伸到千家万户。通过这种全新的服务模式，消费者足不出户就能轻松办理除提现以外的几乎所有银行业务。

我国商业银行客户服务中心的发展经历了三个阶段，从最初简单的电话热线发展为独立的客户服务中心应用系统，目前正在向覆盖银行全方位业务转变。

客户服务中心建设初期，往往只是建设成电话热线，坐席人员接通电话，通过与客户交流，利用简单独立的客户服务中心应用系统，完成咨询和服务。建设中期，随着 CTI、IVR 与录音系统等技术的应用，部分银行开始实施具有复杂路由的客服中心系统。坐席代表可以根据客户的电话号码或输入的客户号、账号直接称呼客户的名字，弹出客户的相关信息，与客户的谈话可以实现全程或部分录音，交换机或 CTI 可以提供相应话务或业务报表。建设后期，相应客户服务中心系统和功能极大丰富。从业务应用来讲，不仅将客服中心业务融入银行整个核心业务系统中，实现一体化的作业环境，而且依靠工作流程管理，使客服中心在业务和通信上融入整个银行体系当中，实现全员坐席的概念。在这一阶段，系统将各个渠道和媒体进行全面整合，使银行各个部门都为客户服务。同时，网络客户服务中心、远程坐席得到充分利用。

伴随信息技术的不断进步，银行业客户服务方式正逐渐发生革命性的变化，客户的服务中心日益成为银行最重要的服务平台、交易渠道、营销窗口和信息的收集中心。客户服务中心不仅能够有效扩大客户服务半径，缩短和客户之间的距离，为客户提供最方便、最及时的全天候的服务，而且能够有效降低客户的交易成本、缩短交易时间，同时银行还可以通过客户服务中心及时收集客户的资料和需求的信息，主动为客户营销相应的业务和产品，为客户提供个性化的服务方案，使银行营销和服务更加精准、便捷、高效。

鉴于客服中心在银行发展战略中日渐重要的地位，各家商业银行纷纷加大客服中心建设力度，并在发展中逐渐形成自己的特色与优势。

以工商银行电话银行中心为例，其可以提供包含电话、邮件、论坛、视频、在线客服等全方位的客户服务渠道，客服中心拥有完整的运营管理体系，包含了知识库管理、培训管理、流程管理、质量管理和绩效管理五个主要部分，有力地保证了客服中心的高效运营。工行 95588 客服中心电话接通率、客户满意度始终保持在行业前列。

建设银行 95533 客服从 2005 年以后逐步开始整合各管辖行的系统平台，形成了具有统一服务功能、统一服务标准的基础平台。统一的 95533 客户服务平台与建行后台各业务系统进行衔接，使全行能够共享统一的服务功能，同时为全行的个人客户和对公客户提供服务。

此外，农业银行、中国银行、交通银行等多家银行的客服中心也在快速发展中不断满足和适应广大客户的需要，打造出自己的“金字招牌”。

从无到有、从弱到强，商业银行客服中心经过十余年的发展，取得了有目共睹的成绩。它不仅为解决服务资源与客户需求的矛盾等问题创造了有利条件，也有利于银行业不断优化经营成本、提升利润贡献。不过，客服中心在发展过程中也存在一些问题。中国服务贸易协会客户服务委员发布了一组 2010 年银行业服务数据，调查显示商业银行的热线电话服务相比过去有所进步，但人工接通率低、客户在线等待时间长、业务解答正确率不理想等问题依然突出。

三、电话银行的发展趋势

按目前的发展趋势来看，未来的电话银行中心应该具备的功能主要有以下四个：

（一）咨询服务

这是电话银行客户服务中心的传统功能，也是银行与客户之间互动的最便捷渠道。电话银行中心目前在各行都是由总行统一管理，与总行业务部门的沟通通畅，所得到的信息最全面，培训最容易和最便捷，客户消息的反馈也最快。

（二）支付交易

这个目前还有赖于客户身份认证技术的完善，一旦这个瓶颈打破，未来除了现金交易服务无法提供外，其他所有业务都可以通过电话银行解决。目前从证券业的发展就能看到，绝大部分客户的交易指令下达都是通过电话和网络发出，很少通过柜台渠道办理。从国外电话银行的发展也可以看到，支付交易平台在银行业务平台内的重要性会越来越高。

（三）产品销售

由于电话销售渠道在精确度和覆盖面上都有传统渠道无法比拟的优势，未来电话银行中心也会成为商业银行重要的产品销售平台，其他行业最有代表性的例子就是保险业的电销业务。由于银行客户资料的完备，再加上资料甄别抓取技术的完善，未来可以做到精确度相当高的营销。这种销售由于是针对客户需求设计，可以在很大程度上避免电话骚扰的情况出现。

（四）业务驱动平台

电话银行中心将成为银行重要的业务驱动平台，这有两方面的考虑：一是客户未来可以完全脱离柜台，通过电话银行中心直接要求个性化的金融服务，电话渠道可以直接调度行内资源对接客户需求，推动业务发展；二是作为重要而且方便的信息反馈渠道，银行可以据此对产品或流程做出调整，不断进步和创新。

拓展阅读

电话银行谨防密码泄露

近年来，电话银行以其独特的电子化金融服务方式，将客户的需求与银行的服务相衔接，涵盖缴费、转账、产品销售、投资理财、账户管理、咨询投诉等多种业务领域，使百姓足不出户便可享受特色服务。不过，随着利用电话银行盗取客户资金等违法案件的增多，该项服务的风险防范问题也日益引起关注。

客户使用电话银行时，只需输入个人身份信息、账号、密码等即可进行操作，使用简便。然而，一旦个人信息被泄露，账户内的资金就可能被不法分子非法转移。

电话银行转账一般分为个人“账户内划转”和不同人“账户间划转”。前者是个人名下的定期、活期及信用卡账户划转，资金被窃的外部风险较小。至于“账户间划转”，虽然银行采取了网关及数据加密等措施，并进行转账金额限制，但不能完全排除风险。如客户在公用电话中使用电话银行，留下账户资料，造成资金安全风险；客户收到不法分子发来的虚假中奖短信，若去电核实，后者便以填写个人资料和存入资金为由，向客户询问生日、身份证号、电话甚至银行卡号等信息，从中套取密码；不法分子冒充银行人员，用电话套取客户账户信息，或以做生意验资为名，骗取外地持卡人身份证号、卡号和密码，而后冒领存款。

要有效防范电话银行风险，除了银行加强监管，客户也应采取相应措施：一方面，设置电话银行密码不要使用太简单的数字，切忌用生日、家庭电话号码，也不要用与电子邮箱或登录互联网相同的密码。查询和交易密码应分开设置，并定期修改。另一方面，应避免在公用电话及有来电显示窗的电话上操作。尤其是后者，使用后须任意再拨几个数字，将前一页的电话银行号码覆盖，以免之前输入的卡号、密码被人利用。

此外，不要使用经其他号码连接后的“电话银行服务”。目前国内电话银行主要有两种：一种是各银行客服热线，均为 5 位数特服号码，如 95533、95588、95566、95599、95555、95526 等，客户可直接拨打；另一种是各银行分支机构或网点公布的供咨询、办理业务的电话号码。尤需提醒的是，目前没有哪家银行可通过单一电话号码同时提供多家银行的电话银行服务，客户若收到银行客服热线之外的其他固定电话或手机号码的来电，都应提高警惕。

资料来源：傅烨珉．电话银行谨防密码泄露．上海金融报，2011-03-22.

问题讨论：应如何有效防范电话银行风险？

本章小结

电话银行又叫 Call Center（呼叫中心），是银行的客户服务中心，是利用电话自助语音或人工服务方式为银行客户提供业务咨询、账户查询、转账汇款、投资理财、代理业务等金融服务的电子银行业务。电话银行的服务对象是银行的客户，包括个人客户和企业客户。电话银行提供的服务方式包括自动语音服务和人工坐席服务。

本章实训

◆ 实训名称：模拟电话银行人工坐席为客户提供咨询服务

◆ 实训目的：

1. 熟悉电话银行的工作方式。

2. 锻炼表达能力及营销能力。

◆ 实训内容：

1. 2名同学为一组，分别扮演客户和电话银行人工坐席（自愿组合）。

2. 客户向人工坐席提出业务咨询，人工坐席给予热情、流利、专业的回答。问题要求：与电子银行业务有关，对话自己设计。

3. 每组同学的表演不超过3分钟。

4. 随机抽取5名左右同学做评委（评委也要参加表演）。

5. 每组2名同学得分一样，满分为10分。

6. 评分标准：

(1) 内容（5分）：内容要与电子银行业务有关；内容中不能出现错误（概念、专业知识）；内容设计合理。

(2) 表现（5分）：人工坐席回答流利、专业、语调亲切；时间为3分钟左右，时间太长或太短酌情扣分。

课后习题

一、填空题

1. 电话银行的发展经历了__________、__________、__________三个阶段。

2. 电话银行的服务方式包括__________和__________。

3. 电话银行的外拨服务，从呼出模式上可以分为__________呼出、__________呼出和__________呼出。

二、简答题

1. 简述电话银行的特点。

2. 简述电话银行的功能。

3. 简述电话银行存在的风险及其解决方式。

三、思考题

1. 比较各商业银行电话银行业务，谈谈各家商业银行都有哪些特色服务。

2. 分析我国各商业银行电话营销的现状，谈谈电话银行营销的发展趋势如何。

第五章　手机银行

知识目标

掌握手机银行的概念、分类、特点；熟悉关于手机银行的各项规章制度；通过分析手机银行不同实现方式的特点，了解技术发展对手机银行产品的推动作用；了解手机银行的发展历程，了解我国商业银行手机银行业务发展的最新动态。

技能目标

能够注册并使用手机银行，能够在手机银行的使用过程中利用各种安全保障措施保护自己账户的安全。

第一节　手机银行概述

手机银行是因移动技术迅猛发展而出现的一种新的电子银行服务渠道，是客户“贴身的金融管家”，集中体现了移动通信随时随地的独特性，并将随着手机越来越普遍的使用和移动通信技术的日臻完善而得到更加广泛的推广。

一、手机银行的概念

手机银行（Mobile Banking）也称移动银行，是利用移动网络及移动技术实现银行与客户之间安全、方便、友好连接，通过移动网络为客户提供各种金融服务的一类电子银行业务。手机将收音机、MP3、照相机、摄像机、PDA 等各种功能集于一身，超出了最初作为单纯的通信工具的定位，成为人们日常生活的一个重要组成部分，同时也成了银行业务嫁接的目标，即银行业务与手机结合而成的“手机银行”。使用这种业务的银行客户可以利用手机办理多种金融业务，突破时空限制，只需按照手机屏幕的提示即可享受手机银行提供的账户信息查询、存款账户间转账、银证转账、证券买卖、个人实盘外汇买卖、代缴费、金融信息查询等功能。

现在有些人将移动支付、手机支付、手机银行混为一谈，认为这几个概念只是说法上的不同，没有什么本质区别，这是一个错误的认识。移动支付、手机支付、手机银行是三个相互区别的不同概念。

移动支付（Mobile Payment，MP）就是交易双方使用移动设备转移货币价值以清偿获得商品或服务的债务。其中“移动设备”包括手机、PDA、移动PC等。

手机支付是移动支付的一种形式，是指手机用户使用其手机对所消费的商品与服务进行账务支付（见图5-1）。

图5-1 “刷”手机代替刷卡

手机银行是指银行利用手机这一终端为客户提供服务，手机银行与手机支付的概念有交叉。手机支付可能与银行没有关系，但当客户利用手机银行支付账款时，这种手机银行业务也是一种手机支付。可以这样理解：手机银行是利用移动网络与移动通信技术实现银行与手机的连接，通过手机界面操作或者发送短信完成各种金融服务的一种电子银行创新业务产品。

二、手机银行的分类

根据不同的分类标准，手机银行可分为不同的类型：

（一）根据业务功能分

1. 简单信息型

此类手机银行主要提供以金融信息通知、账户信息查询为代表的服务功能，这种业务对手机银行的安全性要求较低，对手机型号要求较少，目标客户范围广泛，市场拓展相对容易。

2. 复杂交易型

此类手机银行业务在高安全技术保障下，使客户能够用手机进行银行账户的资金交易，服务功能丰富，安全性能高，客户与银行的交互较多，对于客户和手机型号有较多限制。

（二）根据技术方式分

1. STK手机银行

作为首先应用于手机银行的技术，这种方式是将银行业务的菜单写入特制的STK卡，用户通过选择菜单的方式向银行发送信息，用户使用此手机银行的前提是必须将手机原有的SIM卡换成STK卡。STK卡与SIM卡一样，都能够在普通手机上使用，但是STK卡具有较高的存储量，能够运行软件，且STK卡本身有比较完善的身份认证机制，能够有效保证交易安全。

与其他类型的手机银行相比，STK手机银行申办所带来的换卡麻烦与成本阻碍了其市场的拓展。客户要享受手机银行的服务必须另外花钱换STK卡，这需要向电信部门提出申请，并在银行办理相关的手续。另外，每张STK卡只能使用一家银行的手机银行服务，对于用户来说，除了代交、代付及信息查询之外，难以实现不同银行账户之间的转账。除此以外，各家银行发行的STK卡彼此之间难以兼容，低通用性又成为该类手机银行的一大缺陷。

2. SMS手机银行

SMS（Short Message Service）手机银行又称普通短消息手机银行，是指客户通过手机编辑发送特定格式的短消息到银行的特服号码，银行按照客户的指令为客户办理各种业务的服务形式，而操作的结果也是以短消息的形式反馈客户。

SMS手机银行的优势是显而易见的：所有的手机都支持短消息，大多数人都会用短消息。因此，这类业务对硬件的要求非常低，目标客户范围非常广，市场的拓展相对容易。但是SMS手机银行也有不足之处：首先，业务的实现方式比较原始，客户需记忆和输入一大串特定的字符，对于复杂业务短消息输入不方便；其次，客户与银行的交互性较弱；再次，由于短消息内容为明码传输，不能出现客户密码等要素，业务的种类和范围受到限制；最后，由于短消息内容会在手机里和移动运营商的服务器里留下痕迹，所以安全级别较低。

3. WAP手机银行

WAP是无线应用协议（Wireless Application Protocol）的简称。WAP手机银行是指银行通过移动电话，基于WAP协议，利用移动通信网络，为客户提供网上银行产品和服务的一种方式。客户可以通过手机内嵌的WAP浏览器访问银行网站。

由于无线网络系统和固定网络系统不一样，加上移动终端的屏幕和键盘都很小，所以WAP不适于采用HTML（超文本标识语言），而需采用专门的WML（无线标记语言）。2000年前后，WAP技术曾经是IT厂商推销的热点，但受制于上网速度及其他因素，没有很快地落实下来。从2002年起，中国移动GPRS网络的推出提升了网络速度，也让WAP技术有了新的发展机会。WAP方式的优势在于：第一，银行的开发量很小，仅需在网上银行的基础上开发WML的版本即可；第二，字符内容浏览，实时交易；第三，GPRS的出现改善了浏览速度。其局限在于客户需要有WAP手机。

4. 手机银行App

手机银行App（App为Application的简称，指智能手机的第三方应用程序）就是银行针对智能手机开发的客户端应用。目前国内约有50家银行推出了手机银行App客户端。有的银行还根据不同的手机系统推出了多个版本，以招行为例，就有iPhone版、Android版、JAVA版、WM版4个版本。

由于移动互联网和云计算等业态的发展，移动金融在这两年迅速崛起，对于市场反应敏锐的银行业也顺应趋势，纷纷开始在该领域抢占市场。随着3G、4G技术的发展和智能手机的普及，手机银行的服务范围、业务功能和发展定位都发生了很大的变化，它不再只是局限于提供传统意义上的银行业务。银行的App客户端可以做成一个“大平台”，把更多的应用与功能集合在一起，在横向整合银行业务、移动支付等功能的同时，还不断地纵向延伸，例如，加入一些电子商务、生活服务类功能。

三、手机银行的优势

相对于其他形式的电子银行业务，手机银行有其特有的优势，主要表现在以下几个方面：

（一）随身携带，方便快捷

手机一个很大的特点是随身携带，客户不会随身携带一部固定电话，也可能不会随身携带一个笔记本电脑，但是手机是随身携带的，手机银行这一无可比拟的可移动性优势，注定了手机银行的方便快捷性。只要客户有非现金类的银行业务需求，都可以拿出手机来办理，而且它提供的是7×24小时服务，是目前最能体现电子银行AAA式服务的银行业务办理渠道。

（二）技术先进，安全可靠

相比于其他形式的电子银行服务渠道，手机银行有其独特的安全特性。从技术上讲，手机银行是基于无线通信的银行服务，采用了高技术的加密措施，信息的传输过程全程加密，解密的密钥不在通信网络中，而是保留在银行的主机中，解密的过程全部在银行主机中进行，切实保证了银行客户资金的安全。

目前，大多数银行的手机银行业务可以将用户的银行账号与手机绑定，只有在指定的手机上用指定账号使用手机银行才能实现支付。即使客户丢失手机，犯罪分子没有密码或口令卡也没有办法窃取用户的资金，同样没有客户绑定的手机SIM卡，资金也无法转出。此外银行利用交易额度限制等多种业务安全手段，最大可能地保障了客户资金安全。

手机银行的网络是相对封闭的，因此没有病毒大面积传播的土壤。我们的电脑上有Windows操作系统、IE浏览器，这些都是标准化的系统，在标准化的系统里面可能产生病毒的传播，但是每个手机是不一样的。目前确实也有手机病毒的说法，但是这些病毒可能破坏客户手机中的一些信息，但并不能作为黑客或木马去窃取客户的信息。

（三）双向沟通，主动服务

手机银行的产生和短信技术的应用，使得银行可以主动地将金融信息或账户信息发送给客户，还可以在特定的时间发出提醒通知，帮助客户理财。在银行众多的金融产品和服务渠道中，绝大多数是由客户端发起，即由客户提出服务要求和申请，银行被动地提供服务。如网点柜台，需要客户主动前往柜台方可办理，网上银行也需要客户主动登录银行网站才能自助操作，电话银行虽然具有主动外呼联络客户的功能，但存在无人接听、打扰客户等现象，银行主动营销的机会较少。手机银行可以采用短消息方式，使客户随时随地接受银行发送的信息，即便客户关机也不影响信息的发送，使银行变“被动服务”为“主动服务”，扩展了银行服务的深度。

第二节　手机银行的使用

本章只以个人手机银行为例进行讲述，企业手机银行与个人手机银行的应用类似，在此不再赘述。下面以中国工商银行的 SMS 手机银行、WAP 手机银行及北京银行的手机银行 App 为例来介绍手机银行的开通和使用。

一、SMS 手机银行的开通和使用

（一）SMS 手机银行的开通

1. 开通条件

（1）在工行开立工银财富卡、理财金账户、牡丹灵通卡、牡丹信用卡等银行卡账户且信誉良好。

（2）持有与工行合作的移动通信运营商提供号码的手机。

2. 开通方式

（1）网上自助注册。

1）在工行网站主页上“用户登录”栏目下点击“个人网上银行登录”（见图 5-2）。

图 5-2　工行网站主页面

2）进入登录界面后，点击“手机银行（短信）自助注册”（见图 5-3）。

3）输入注册卡卡号（见图 5-4）。

4）签订协议（见图 5-5）。

5）输入相关注册信息并提交（见图 5-6）。

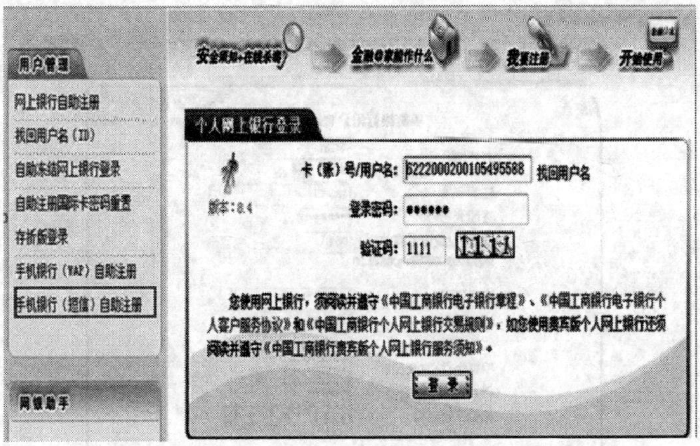

图 5-3 选择“手机银行（短信）自助注册”

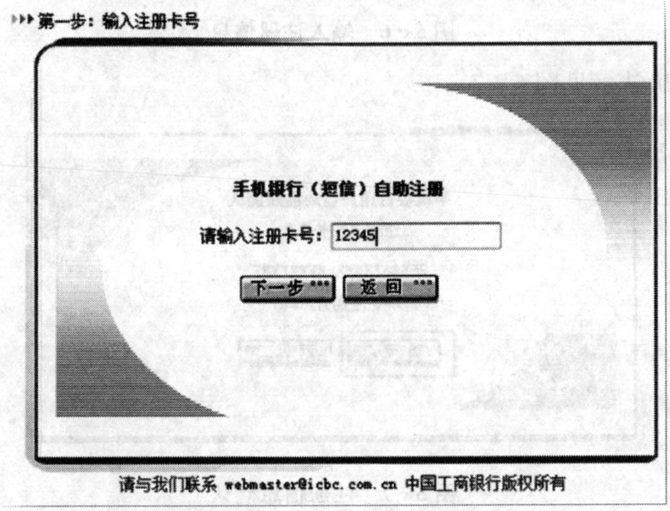

图 5-4 输入注册卡卡号

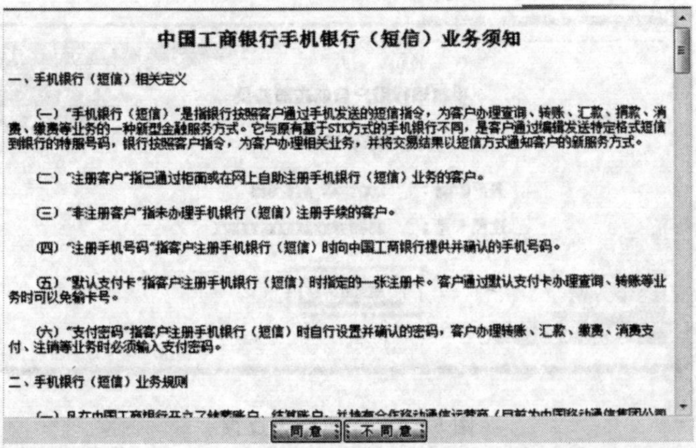
中国工商银行手机银行（短信）业务须知

一、手机银行（短信）相关定义

（一）“手机银行（短信）”是指银行按照客户通过手机发送的短信指令，为客户办理查询、转账、汇款、捐款、消费、缴费等业务的一种新型金融服务方式。它与原有基于STK方式的手机银行不同，是客户通过编辑发送特定格式短信到银行的特服号码，银行按照客户指令，为客户办理相关业务，并将交易结果以短信方式通知客户的新服务方式。

（二）“注册客户”指已通过柜面或在网上自助注册手机银行（短信）业务的客户。

（三）“非注册客户”指未办理手机银行（短信）注册手续的客户。

（四）“注册手机号码”指客户注册手机银行（短信）时向中国工商银行提供并确认的手机号码。

（五）“默认支付卡”指客户注册手机银行（短信）时指定的一张注册卡。客户通过默认支付卡办理查询、转账等业务时可以免输卡号。

（六）“支付密码”指客户注册手机银行（短信）时自行设置并确认的密码，客户办理转账、汇款、缴费、消费支付、注销等业务时必须输入支付密码。

二、手机银行（短信）业务规则

同意 不同意

图 5-5 中国工商银行手机银行（短信）业务须知

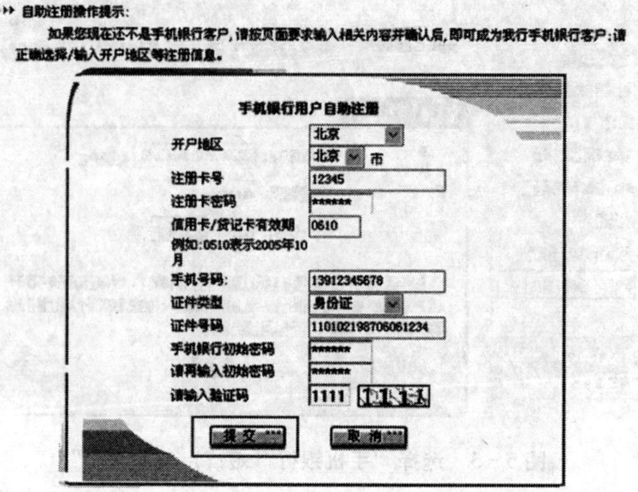

图 5-6　输入注册信息

6）注册信息确认（见图 5-7）。

图 5-7　注册信息确认

7）注册结果反馈（见图 5-8）。

图 5-8　注册结果反馈

至此，客户的手机银行（短信）业务网上自助注册完成。

（2）柜面注册。

客户向工行提交《中国工商银行电子银行个人客户注册申请表》，持本人有效身份证件和需注册的银行卡到柜台办理手机银行（短信）开通业务。工行对客户提交的资料进行审核，然后进行相关的业务处理，将申请表、身份确认工具交还客户本人核对无误后签字确认。

（二）SMS 手机银行的使用

SMS 手机银行是客户通过编辑发送特定格式短信到银行的特服号码，银行按照客户指令为客户办理相关业务，并将交易结果以短信方式通知客户的新型金融服务方式。SMS 手机银行服务可为客户提供查询、转账、汇款、捐款、消费、缴费、定制/取消余额变动提醒通知等功能。图 5－9 和表 5－1 是工行 SMS 手机银行的短信格式和信息服务费。

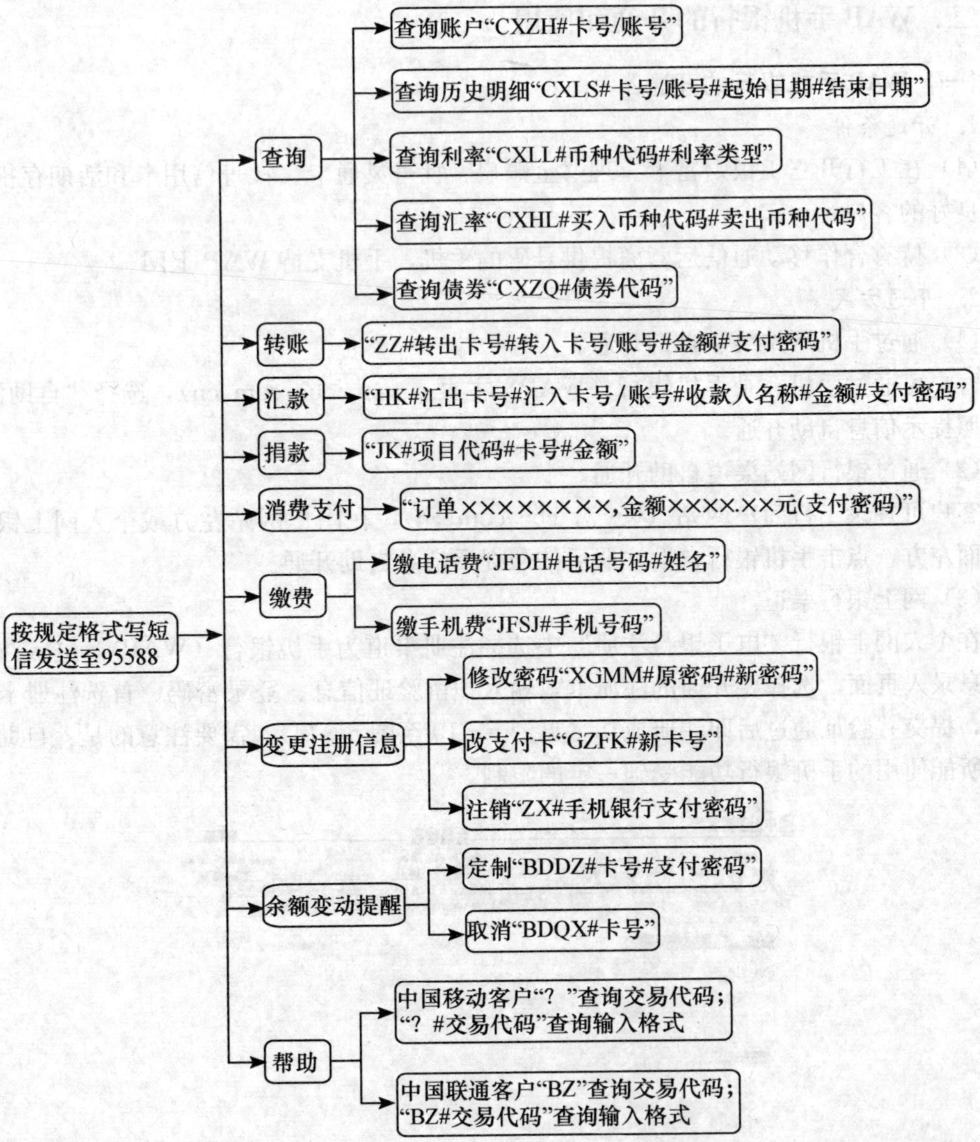

图 5－9　工行 SMS 手机银行的短信格式

表 5-1　　工行 SMS 手机银行的信息服务费

业务种类	收费标准	业务种类	收费标准
查询账户	0.2元/条	捐款	免收
查询历史明细	0.3元/条	消费支付	免收
查询利率	0.2元/条	缴电话费	0.2元/条
查询汇率	0.2元/条	缴手机费	0.2元/条
查询债券	0.2元/条	修改密码	0.2元/条
转账	0.2元/条	改支付卡	0.2元/条
汇款	0.2元/条	注销	0.2元/条

二、WAP 手机银行的开通和使用

（一）WAP 手机银行的开通

1. 开通条件

（1）在工行开立工银财富卡、理财金账户、牡丹灵通卡、牡丹信用卡和活期存折等且信誉良好的客户。

（2）持有合作移动通信运营商提供号码的手机，手机支持 WAP 上网。

2. 开通方式

（1）通过手机网站渠道自助开通。

客户可通过手机登录手机银行（WAP）主页（wap. icbc. com. cn），选择“自助注册”后按照提示信息自助开通。

（2）通过银行网站渠道自助开通。

客户可登录工行门户网站（www. icbc. com. cn），在门户网站左方或个人网上银行登录页面左方，点击手机银行自助注册后按照提示信息自助开通。

（3）网上银行渠道。

在个人网上银行“电子银行注册”中选择注册渠道为手机银行（WAP），进入注册开通信息录入页面，选择要开通的注册卡，输入预留验证信息、登录密码、首选注册卡号等信息，提交并验证通过后即注册成功（见图 5-10 至图 5-14）。需要注意的是：自助注册用户所能使用的手机银行功能受到一定的限制。

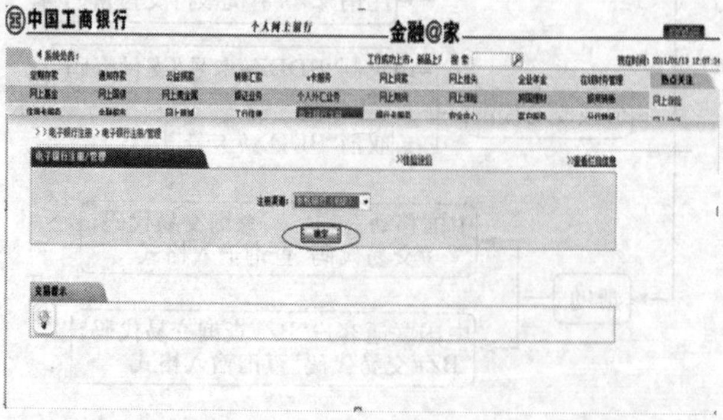

图 5-10　在个人网上银行页面选择“电子银行注册”下的“手机银行（WAP）”

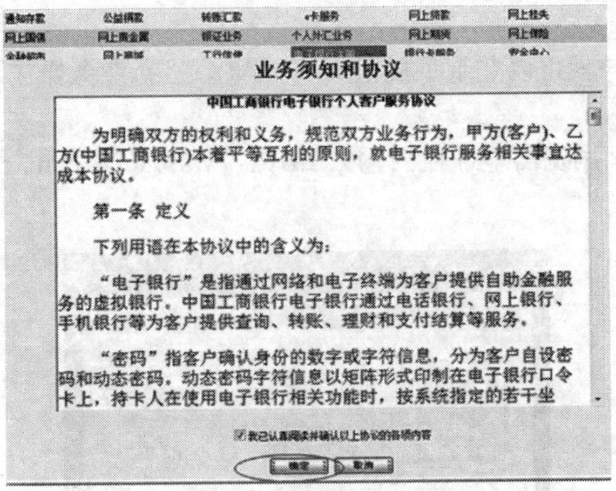

图 5-11　签订业务须知和协议

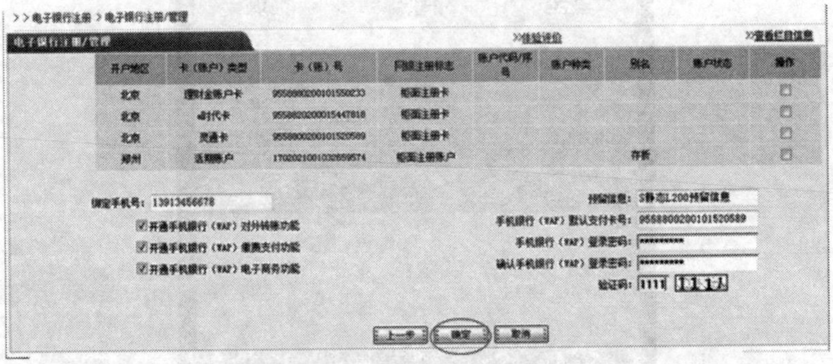

图 5-12　从网银账户中选择手机银行账户并设置相应密码

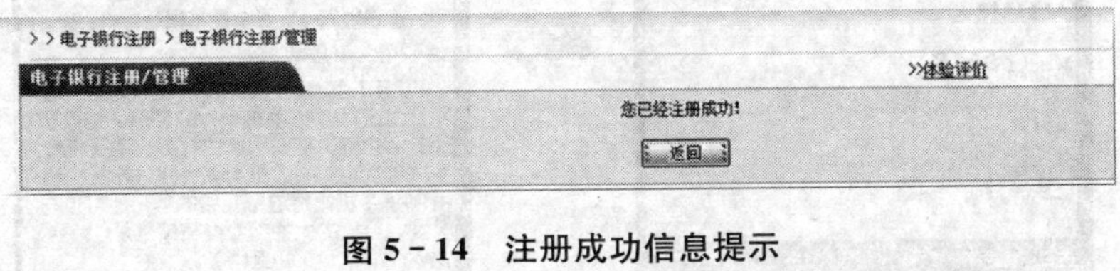

图 5-13　确认注册卡号

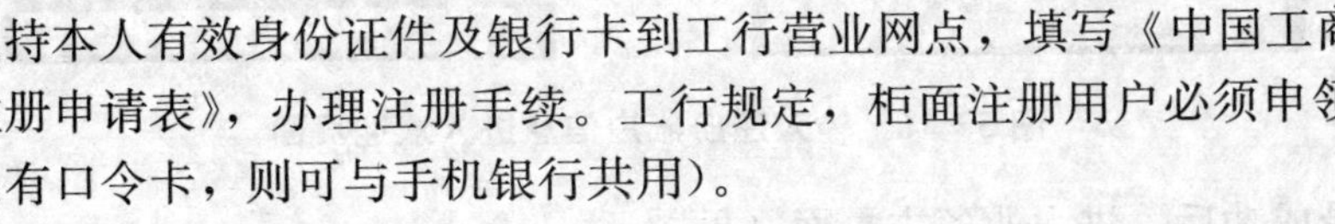

图 5-14　注册成功信息提示

(4) 柜面注册。

客户可以持本人有效身份证件及银行卡到工行营业网点，填写《中国工商银行电子银行个人客户注册申请表》，办理注册手续。工行规定，柜面注册用户必须申领口令卡（如果网银用户已有口令卡，则可与手机银行共用）。

3. 登录

注册成功后，用户就可以登录手机银行（WAP）进行业务操作了。手机银行（WAP）的登录过程如下：

（1）在手机 WAP 浏览器地址栏内输入 http://wap.icbc.com.cn，并选择“登录”图标（见图 5-15）。

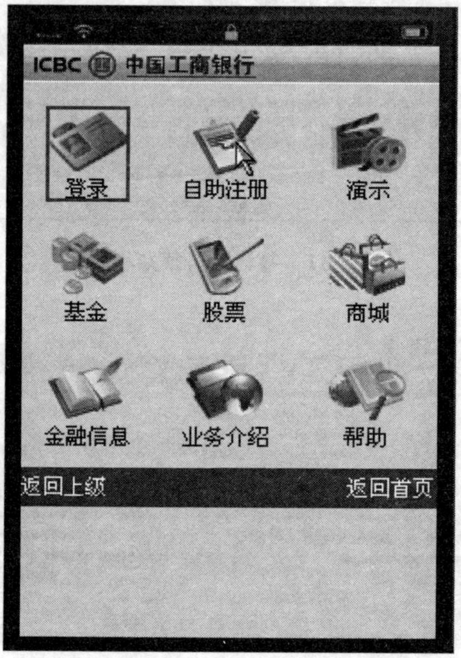

图 5-15　在主页面下选择“登录”

（2）输入注册卡号、登录密码及验证码并点击“登录”，进入欢迎页面（见图 5-16）。

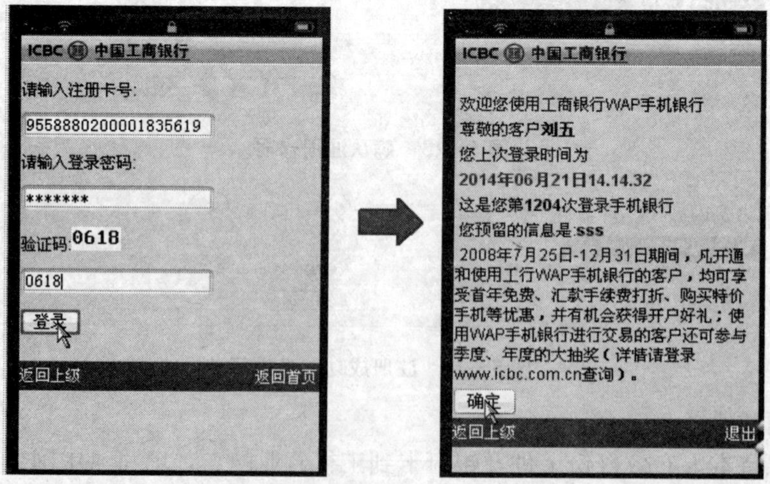

图 5-16　输入注册账户信息进入欢迎页面

（3）登录成功后，进入业务主页面（见图 5-17）。

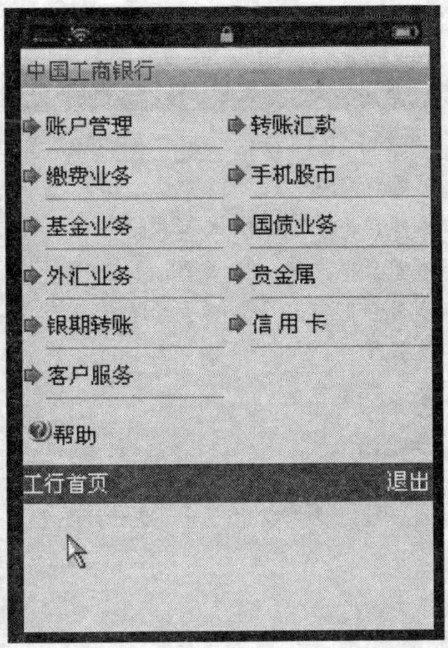

图 5－17　业务主页面（业务菜单）

（二）WAP 手机银行的使用

工行手机银行（WAP）为客户提供的银行服务如图 5－18 所示。

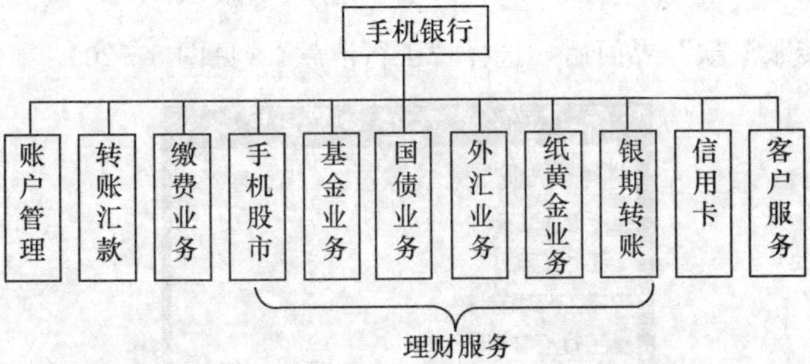

图 5－18　工行手机银行（WAP）的功能

1. 账户管理

账户管理为客户提供余额查询、当日明细查询、历史明细查询、注册卡维护、账户挂失、默认账户设置、银行户口服务等功能。

2. 转账汇款

转账汇款为客户提供工行汇款、跨行汇款、向 E-mail 及手机号汇款、定活转账、通知存款、本人外币转账、我的收款人维护等功能。向 E-mail 及手机号汇款是指收款人只需绑定个性化别名和收款账号，汇款人汇款时输入收款人姓名、汇款别名和金额即可汇款。通知存款提供客户将理财金账户卡或灵通卡内的活期子账户的资金转存为通知存款的功能，通知存款最小起存金额为 5 万元。本人外币转账是提供客户向指定账户进行本异地账户外币转账汇款的功能。下面以“工行汇款”为例来演示 WAP 手机银行的转账汇款功能。

（1）在业务主界面点击“转账汇款”（见图 5-19）。

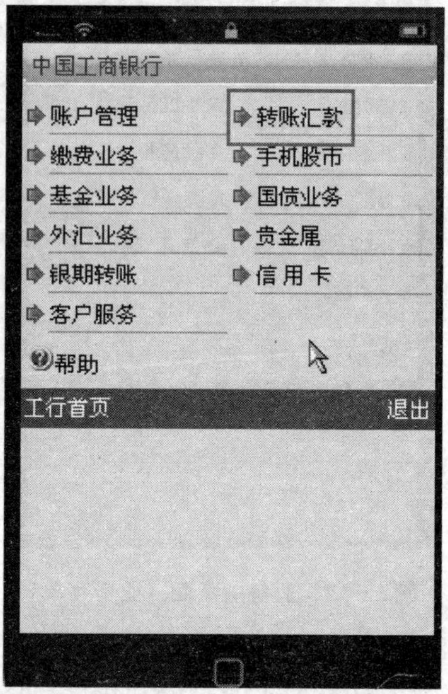

图 5-19　业务主界面下选择“转账汇款”

（2）进入“转账汇款”界面后，选择“工行汇款”（见图 5-20）。

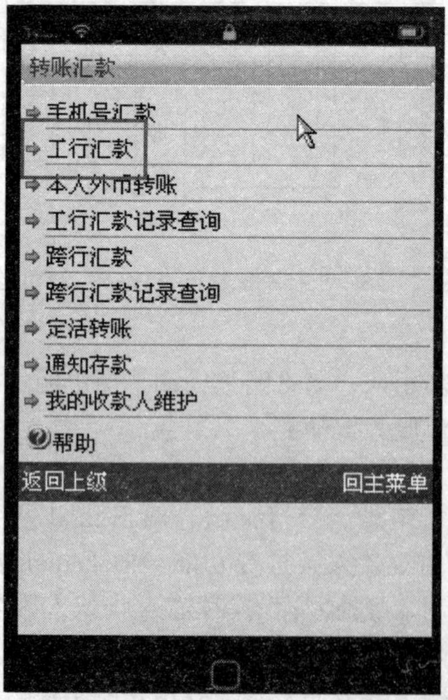

图 5-20　选择“工行汇款”

（3）输入收款人信息及转账金额，点击“下一步”（见图 5－21）。

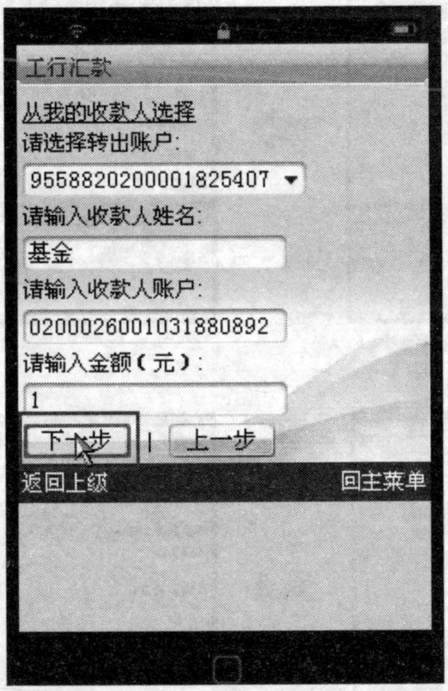

图 5－21　输入转账信息

（4）确认转账信息后，输入支付密码和验证码，系统显示汇款成功（见图 5－22）。

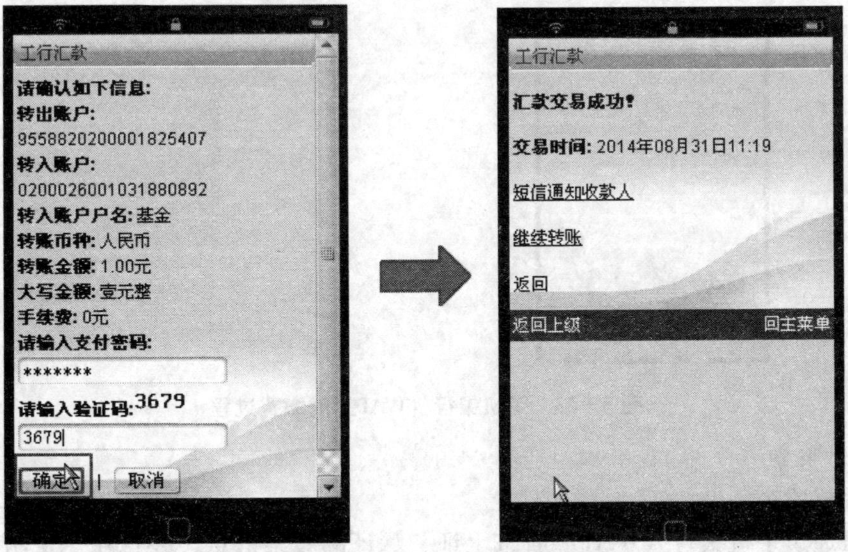

图 5－22　输入密码，显示汇款成功

3．缴费业务

客户可通过此功能缴纳各种费用，包括电话费、手机费、网费、水电费、煤气费、物业费等。客户登录手机银行（WAP）业务主界面后，选择“缴费业务”项目下的某类费用，根据系统的提示输入缴费账户信息及支付密码等，完成费用缴纳。图 5－23 为缴费过程。

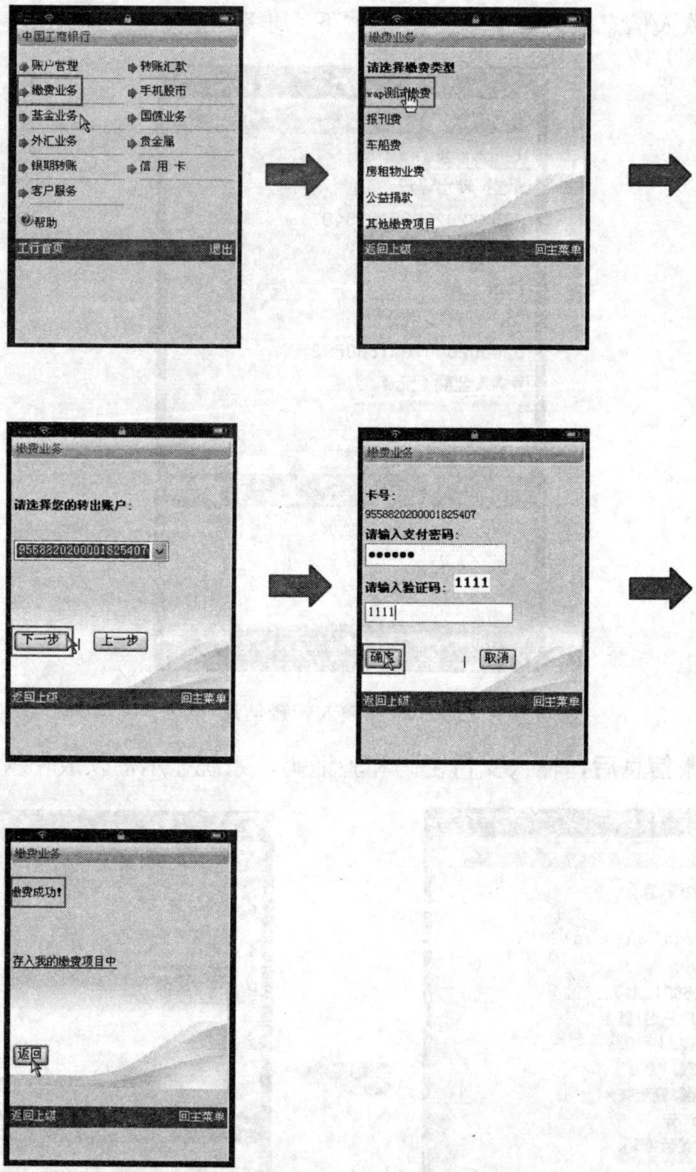

图 5－23　手机银行（WAP）的缴费过程

4. 理财服务

（1）手机股市。

客户可通过手机银行（WAP）查询上证、深证的股票信息，并且在“定制我的股票”中输入股票代码定制或删除股票。可以通过“第三方存管”功能进行银行转证券公司、证券公司转银行和相关查询交易，此外还可以链接到券商 WAP 站点页面进行股票交易。

（2）基金业务。

客户可以基金公司、基金类型、基金代码及自选基金为条件，查询出某只基金详细信息（包括：基金代码、名称、类型、净值、历史净值等），并可将重点关注基金设置为自选基金。还可以快速便利地进行基金申购、认购、定投、赎回、撤单、余额及历史明细查询等操作。这里以购买基金的过程为例来演示基金业务的操作（见图 5－24）。

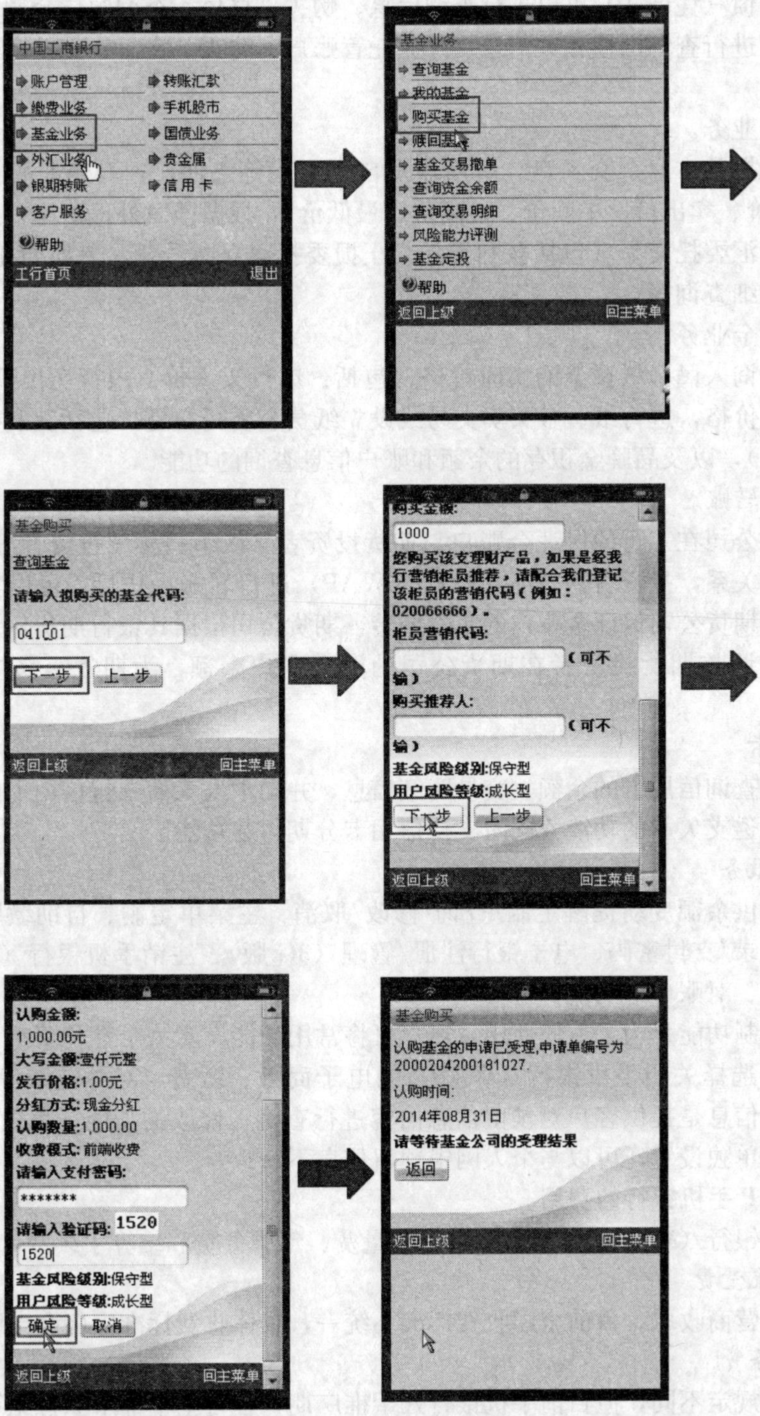

图 5－24　基金的购买过程

(3) 国债业务。

此项服务支持储蓄国债（凭证式）和记账式国债的一站式购买。

对储蓄国债（凭证式）可以进行查询信息、购买、兑付、查询国债余额的操作。对记账式国债可以进行查询国债相关信息、开立托管账户、购买、卖出、交易余额及明细查询的操作。

(4) 外汇业务。

客户可根据基本盘、交叉盘、所用盘及自选汇率等条件，查询外汇的实时交易汇率（包括：买入价、卖出价、中间价、最高价、最低价），根据即时外汇汇率，进行外汇买卖交易或设立外汇委托交易（包括获利委托、止损委托、双向委托、追加委托），以及账户余额、交易明细查询等。

(5) 纸黄金业务。

客户可查询人民币纸黄金的实时价格（包括：银行买入价、银行卖出价），根据即时人民币纸黄金价格，进行纸黄金买卖交易或设立纸黄金委托交易（包括获利委托、止损委托、双向委托），以及品牌金积存的余额和账户信息查询的功能。

(6) 银期转账。

通过期货公司在工行的保证金账户与期货投资者（以下简称“投资者”）银行结算账户之间的对应关系，投资者通过手机银行（WAP）进行转账操作后，可以实现投资者银行结算账户与期货公司保证金账户的实时划转，期货公司根据其银行期货保证金账户的变动情况，实时调整期货投资者在期货公司的资金账户余额，为期货交易提供资金结算便利。

5. 信用卡

提供客户查询信用卡的余额、交易明细信息，并向本人工商银行信用卡归还账户透支人民币、外币透支欠款的功能，同时支持信用卡分期付款功能。

6. 客户服务

为客户提供余额变动提醒定制/查询/修改/取消、主菜单定制、自助缴服务费、权限管理、修改登录/支付密码、电子银行注册/管理（3G 版）、注销手机银行（WAP）、设置客户预留信息、对账单等功能。

主菜单定制功能是为了方便使用，客户可将常用功能设置为个性化菜单。权限管理是提供客户自行选择关闭手机银行（WAP）的电子商务、缴费、对外转账等权限的功能。设置客户预留信息是提供客户对预留信息内容进行查询、修改的功能，手机银行（WAP）预留的信息为单独设置，可以与个人网银预留信息不一致。

（三）WAP 手机银行的费用

使用手机银行（WAP）需要收取数据流量费、年服务费和结算手续费。

1. 数据流量费

由移动运营商收取。目前全国收费标准不统一，具体收费标准应咨询当地运营商。

2. 年服务费

各家银行规定不同，但目前手机银行处于推广期，各行基本都采取暂免年费政策。

3. 结算手续费

目前只收取同行异地汇款手续费和跨行汇款手续费，收费标准按照柜台同类业务收费的一定折扣执行。

需要说明的是，各家银行为了推广自己的手机银行，大都采取了一些费用上的优惠措施。

知识链接

五大行免收手机银行转账费

2016年2月25日，工、农、中、建、交五家国有大行联合宣布，当日起对客户通过手机银行办理的境内人民币转账汇款免收手续费，对客户5 000元以下的境内人民币网上银行转账汇款免收手续费。

在同一家银行，柜台、ATM、网上转账几种办理方式中，柜台往往是手续费最高的，ATM次之，再次是网银转账，手机银行的结算费最低。

虽然五大行都已开始执行手机银行转账免费政策，但各家执行细节有所不同。其中，中、农、工、建四家不分额度全免费；交行则比较特殊，五万元（含）以下免手续费，五万元以上仍然要收取手续费。

五大行此次宣布手机转账手续费全免，却对5 000元以上的网上银行转账继续收取手续费，无疑是在加大对手机银行的推广力度，将更多的用户从柜台“迁移”到手机网银上。

三、手机银行App的开通和使用

下面以北京银行为例讲述手机银行App的开通和使用。

（一）手机银行App的开通

1. 开通条件

北京银行“京彩生活”（App品牌）支持iPhone、Android操作系统的手机。由于服务内容不同，“京彩生活”分为普通版和注册版两个版本。

(1) 普通版：无须办理任何开通手续，只需下载并安装“京彩生活”客户端，凭京卡卡号和电子银行密码即可使用。

(2) 注册版：方法一：直接登录证书版/财富版个人网上银行进行手机银行注册开通。方法二：携带本人有效身份证件及京卡，前往北京银行任意网点办理手机银行注册开通手续。

2. 下载“京彩生活”客户端

北京银行“京彩生活”采用客户端形式，根据手机操作系统的不同，分为以下几种下载方式：

(1) iPhone手机下载。

通过手机自带的App Store搜索“北京银行”或“京彩生活”，直接下载安装“北京银行京彩生活”客户端至用户手机（见图5-25）。

(2) Android手机下载。

在手机网页浏览器中输入下载地址“www.95526.mobi”，进入下载页面，选择用户手

图 5－25　在 iPhone 手机上安装“京彩生活”

机类型并下载相应客户端。

（二）手机银行 App 的使用

下面以 iPhone 手机为例，通过一些常用典型业务来讲述手机银行 App 的使用。

1. 手机银行登录

下载客户端后，在登录界面输入账户名和密码进入主界面（见图 5－26）。

图 5－26　手机银行登录及登录后主界面

北京银行“京彩生活”分四个功能模块，分别是：“我的最爱”“移动金融”“投资理财”和“掌上生活”。其中“我的最爱”是用户定制模块，用户根据自己的习惯将常用功能放在这一模块，使用起来更加方便。

2. 移动金融

“移动金融”模块包括“账户查询”“我的资产”“转账汇款”等 13 项金融功能。我们只选择其中 3 项进行介绍。

(1) 账户查询。

在“移动金融”模块下选择“账户查询”，注册了手机银行的借记卡余额就显示出来（见图 5－27）。

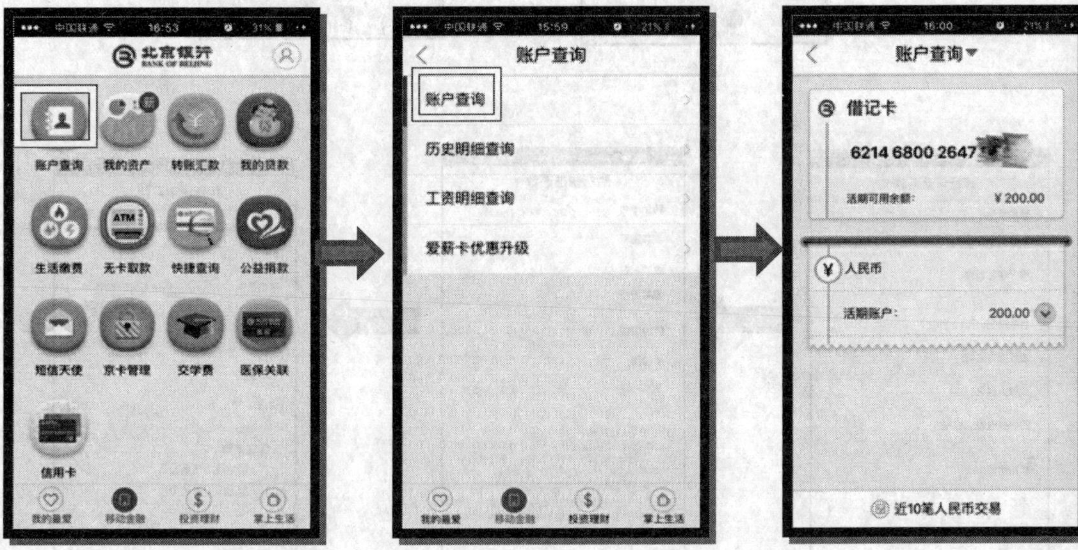

图 5－27 账户查询功能

(2) 转账汇款。

在“移动金融”模块下选择“转账汇款”功能，我们选择其下的子功能“跨行快速汇款”，在新的界面下输入收款人的账号、开户行名称、转账金额及电子银行密码，点击“下一步”后，会出现确认信息界面，并要求用户输入预留手机上的验证码，确定信息后交易成功（见图 5－28）。

(3) 无卡取现。

无卡取现，顾名思义，就是不通过银行卡即可实现取钱，其办理程序比有卡取现多了一个步骤，它需要在手机上提前预约，并根据提示预留“预约码”，确定该预约的有效时间，输入取现金额和指定取款账号，并通过口令卡或动态密码等方式进行身份验证。图 5－29 是预约过程。

3. 投资理财

投资理财是让我们手里的钱保值增值的活动。随着移动互联网时代的到来，智能手机的普及，人们更愿意利用自己的碎片时间随时随地完成理财活动。“京彩生活”手机银行 App“投资理财”模块目前包括“基金”“理财”“储蓄理财”等 9 项功能。下面选择其中

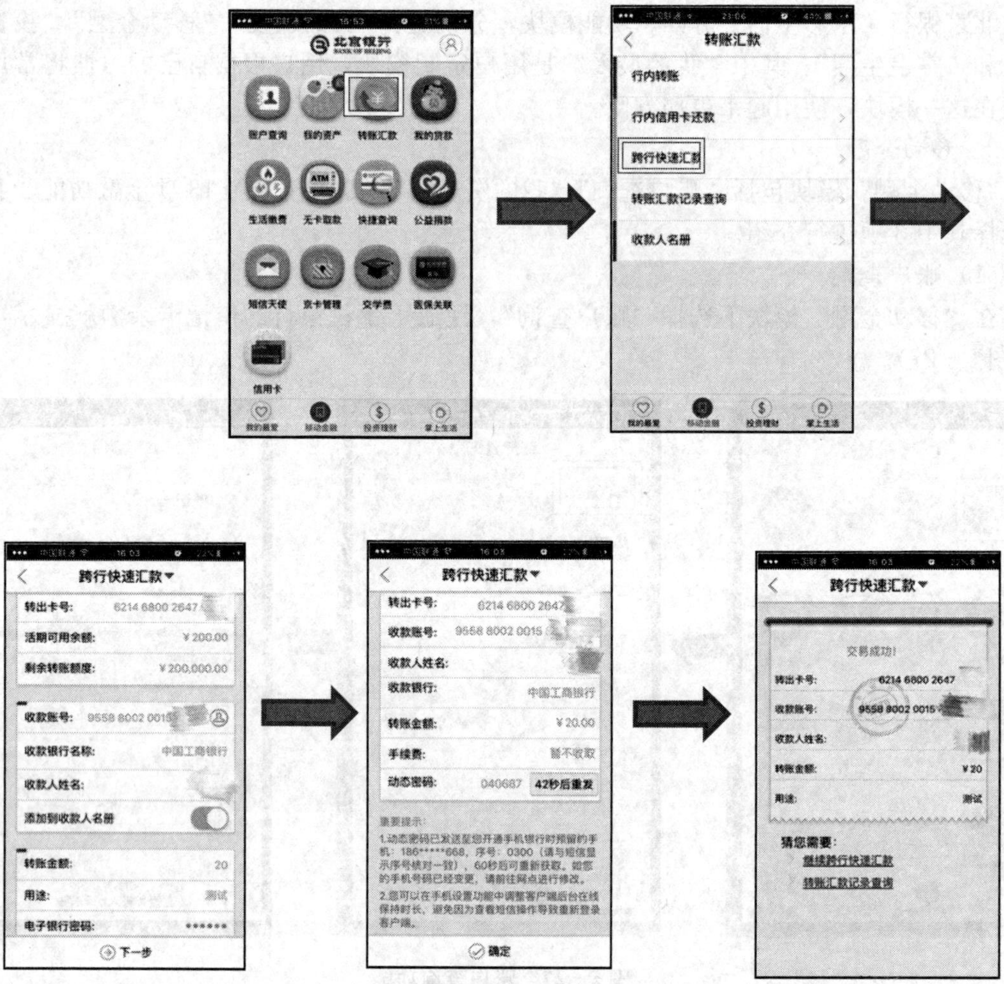

图 5－28　转账汇款功能

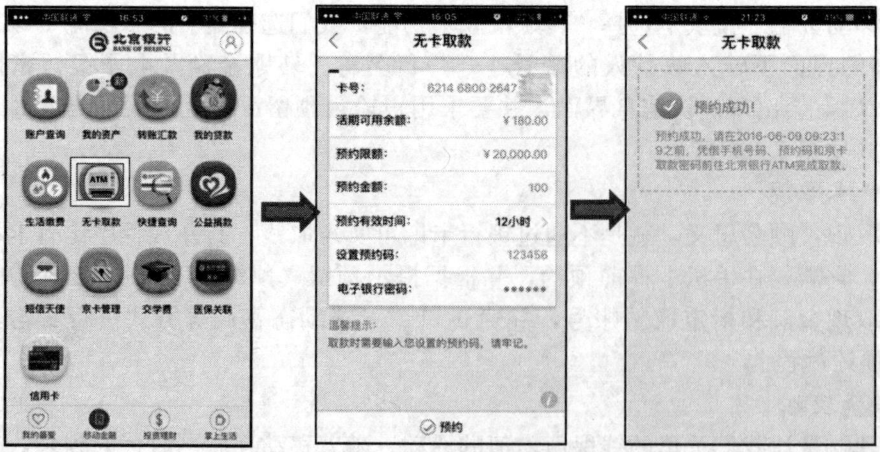

图 5－29　无卡取现预约

2 项进行展示。

（1）储蓄理财：活期转定期（见图 5－30）。

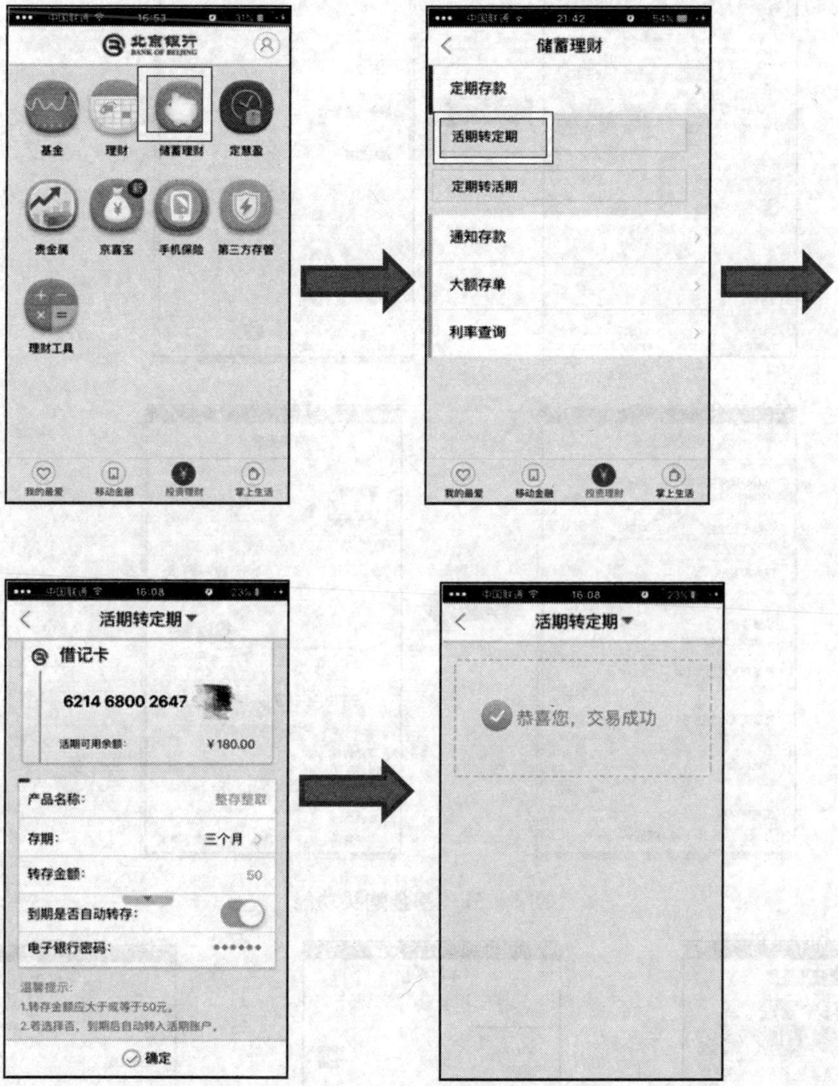

图 5－30　活期转定期功能

（2）基金购买（见图 5－31）。

4. 掌上生活

“掌上生活”模块目前包含“手机充值”“电影票”“彩票”等 12 项功能，主要是针对日常生活中的各项支付。下面以手机充值为例展示这一模块的应用。

从银行的角度，App 不仅是银行的服务，更相当于各家银行为自己打造的一个小商圈。手机银行 App 可以购物、订票、手机充值（见图 5－32），用户通过 App 消费越多，意味着银行的收益就越高。因此，为了吸引用户，不少银行的手机 App 都推出减免跨行和跨地区手续费的优惠。

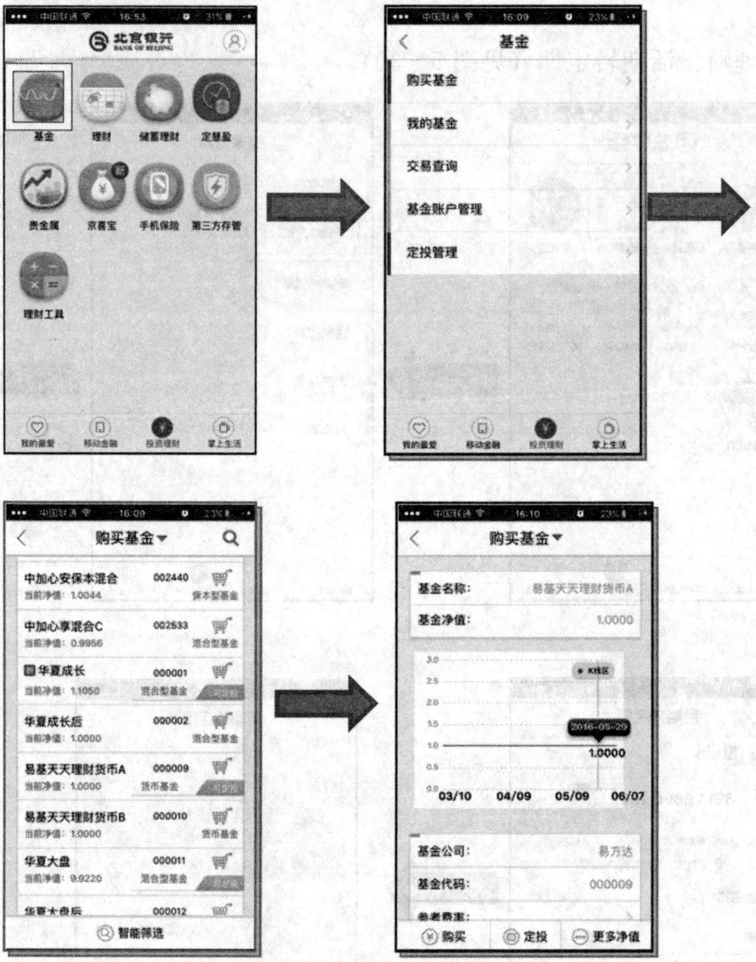

图 5－31　基金购买功能

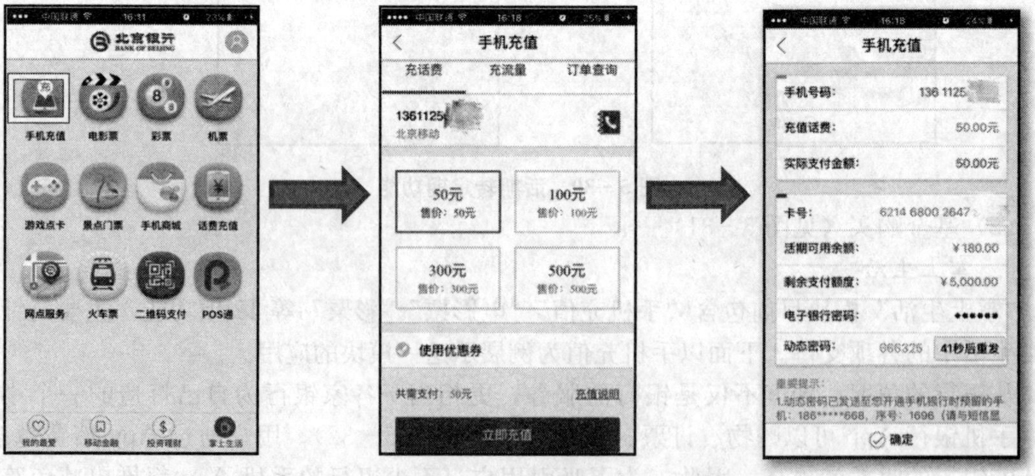

图 5－32　手机充值功能

四、手机银行的风险防范

（一）手机银行风险的特点

手机银行风险与网点柜台风险的不同主要体现为服务渠道的不同，因此，从风险防范和安全控制的角度来看，手机银行产品的风险有着显著的特点：

1. 高科技犯罪比重大

无线通信的竞争促使移动运营商不断采用最新技术和最新设备，从而加快了手机银行系统的技术与设备更新。手机银行系统的高科技性，使得对手机银行系统的攻击必然采用高科技手段，手机银行系统的安全防范也必须不断完善和提高。

2. 安全控制要求高

手机银行产品的使用过程涉及银行系统、移动运营商平台和客户手机终端，中间环节多，而且对实时性要求很高，这些交易完全依赖于自动化程度较高的技术和设备。因此，手机银行系统安全控制难度很大，特别是对数据的正确性、保密性和完整性要求很高。

3. 风险渠道特色强

由于无法面对面接触，手机银行的客户身份识别及验证方式与网点柜面不同，真实性较差。同时，产品服务通过手机操作进行，操作痕迹不直接，没有书面依据（凭证）及客户签字确认，一旦出现纠纷，银行举证困难。

（二）客户对手机银行风险的防范措施

1. 妥善保管好手机和密码

手机的客户身份识别卡（SIM 卡或 UIM 卡）、银行卡密码（含查询密码和交易密码）是客户登录手机银行、进行相关金融业务交易的依据和安全保障，务必妥善保管。

2. 设置合理的转账支付限额

客户可通过个人网银（数字证书、动态密码版）设置合理的手机银行单日转账支付交易限额。如果客户预期在一段较长时期内不进行对外转账或支付，可将“单日转账支付限额”设置成一个较小的金额，更好地保障资金安全。

3. 开通及时短信通知服务

客户可以为自己的银行卡开通及时短信通知服务，有助于及时了解账户资金变动情况，增强手机银行对外转账或支付交易的安全度。

4. 提高警惕谨防欺诈

要提防虚假 WAP 网址和网络钓鱼。尽管由于移动通信网络的封闭性，通过手机进行网络钓鱼的风险大大降低，但还是会存在。不法分子可能采用建立虚假 WAP 网站、发送短信（含彩信）等方式诱使客户访问其预先设定的虚假 WAP 网址，并输入卡号、密码等信息，以达到窃取客户重要信息的目的。所以，客户在访问前一定要分辨清楚所访问的 WAP 地址是否为银行公布的合法手机银行地址。

5. 关注手机的安全性

使用完手机银行后，应及时清除手机内存中临时存储账户、密码等敏感信息；不要随意开启来历不明的短信或彩信，对可疑短信或彩信应立即删除；若手机使用智能操作系统，建议客户安装手机安全软件，并养成定期更新安全软件的习惯。

第三节　手机银行的发展及现状

一、手机银行产生的背景

手机银行是银行电子化服务的产物，随着互联网络与移动通信技术的发展，传统的银行服务方式已被赋予了新的内涵。从传统的柜台办理到网上银行及手机银行的出现，新技术的应用正在改变着银行决策者的观念与银行业的竞争规则，营业网点的数量及覆盖率已不再是银行决策者追求的目标，更不是体现银行综合竞争能力的关键，“科技兴行”“科技立行”已成为银行决策者作为业务发展和提高竞争力的重要理念。如何能够给客户提供更方便的服务才是银行竞争的制胜法宝。银行通过对互联网络与移动通信等高新技术的使用突破了时间及空间的限制，不仅改变着人们对银行的认识，也促使银行加快业务的创新，并提高了对客户的服务质量及服务便利性。

手机银行是继网上银行出现之后，因移动通信技术迅猛发展而出现的一种新的银行服务渠道，是网络银行服务的延伸。在具有网络银行全网互联和高速数据交换等优势的基础上，手机银行更加突显了移动通信随时随地的独特性，使其成为银行业一种更加便利、更具竞争力的服务方式。

二、国外手机银行的发展

世界上率先实现商业性运作的手机银行项目是由捷克的 Expandia 银行与移动通信运营商 Radiomobile 公司在布拉格地区联合推出的，该手机银行系统从 1998 年 5 月 1 日运行，推出后即吸引了 4 000 多个银行客户，至今该银行系统已由最初支持一家银行业务发展为目前支持多家银行业务。其 GSM 网络从 1996 年 9 月 30 日开始使用，拥有 315 000 个用户，由德国捷德（G&D）公司提供 SIM 卡技术及安全系统。其基于捷德公司的 IC 卡——STARSIM 平台，能运行在一系列的标准化手机上。该手机银行可为客户提供包括账户资料和安全支付在内的大量在线金融服务，功能包括诸如账户结算、股票和货币信息、账单支付及客户服务热线等。如客户申请了这项服务，就将得到一张载有手机银行应用的 STARSIM 卡，凭借这张卡，客户可得到由 Expandia 银行和 Radiomobile 提供的范围广泛的金融服务。

手机银行服务一经推出就在银行信息电子化水平最高的欧美国家大行其道。美国花旗银行与法国 Gemplus 公司、美国 M1 公司于 1999 年 1 月携手推出了手机银行，客户可以用 GSM 手机银行了解账户余额和支付信息，并利用短信息服务向银行发送文本信息执行交易，客户还可以从花旗银行下载个性化菜单，阅读来自银行的通知和查询金融信息。据 eMarketer 的统计数据显示，2009 年美国手机银行用户占其手机用户的比例为 10.8%，到 2013 年增长至 44.4%。2001 年法国 90%以上的银行开通了手机银行业务。总体来看，在欧美，尽管移动支付发展的历史比较长，但其业务发展不及日本和韩国，其原因一方面在于信用卡、个人支票的高度普及；另一方面在于受文化背景的影响，日常生活中手机文化淡薄。

在日本，最大的移动通信公司——NTT Docomo 首先推出了利用手机上网处理银行业务的在线服务，即通常所说的手机银行。目前拥有 4 000 万手机用户、接入 5 万家增值服务提供商的 NTT Docomo 在日本已被各类商业银行、信用合作社、邮政储蓄、农业协会等视作最重要的合作伙伴。因为手机银行业务在日本银行业中已受到普遍的重视，被视作与网络银行、电话银行相匹配的“直接银行”工具之一而得到较大力度的推广和应用。以东京三菱银行的“东京三菱直接服务”为例，1999 年 9 月—2000 年 6 月使用电话银行、网络银行和手机银行的比例分别占到 20%、70%、10%。目前日本有 75%的人在网上购物，其中 89%的消费者通过移动终端购买。随着使用者的不断增多、服务内容的不断充实，手机银行业务逐渐成为日本银行零售业务的支柱之一。

韩国手机银行业务目前已经形成一定规模，2014 年三季度手机支付市场规模达到 3.84 万亿韩元，同比增长 124.5%。全国有 31%的互联网消费者每周都会使用移动支付。目前韩国所有的零售银行都能提供移动银行业务，每个月有超过 30 万人在购买新手机时，会选择具备特殊记忆卡的插槽，能储存银行交易资料，并进行交易时的信息加密。在韩国有几万家的餐馆和商店拥有能通过红外线从手机读取信用卡信息的终端，使顾客避免了刷卡的麻烦。

三、我国手机银行的发展

（一）我国手机银行的发展历程

受到国外金融创新的影响，国内金融业也纷纷寻找新的增长点以加快我国网络金融业的整体发展。2000 年 2 月 14 日，中国银行与中国移动通信集团公司签署了联合开发手机银行服务的协议，并与 2000 年 5 月 17 日正式在全国范围内先期开通北京、天津、上海、深圳等 26 个地区的手机银行服务。同时，中国工商银行与中国移动通信集团公司也于 2000 年 5 月 17 日开通了手机银行系统。随后，招商银行、中国光大银行、广东发展银行等也相继与中国移动、中国联通等运营商合作，纷纷开展手机银行业务。但此时推出的手机银行主要是基于 STK 卡形式，用户需要先更换具有手机银行功能的 STK 卡，这个过程涉及银行、移动运营商、芯片制造商、手机用户等多方主体之间的利益均衡。另外，这种方式的手机银行安全性较差且功能单一，没有真正做到方便客户，因此没有得以推广。

2001 年年初，中国移动取消点对点短信月租，无须申请就能尝试使用。很快，短信方式的手机银行业务开始越来越为人们所熟悉，这也为手机银行的发展注入了一针强心剂。然而，由于市场和用户尚处于萌芽状态，合作模式、服务种类等方面处在初步开发阶段，手机用户只能通过短信收费方式来进行小额支付，如交纳电子信箱使用费、即时通信工具会员费、下载各种铃声和图片等，这些都还不是真正意义上的移动支付业务。这个阶段由于各商家服务质量良莠不齐，手机银行发展速度开始放缓。

2003 年，广东发展银行率先打出了“有了手机，还用带钱包吗?”的广告语，它与中国移动的合作标志着银行业开始进入移动支付领域。此后，移动运营商们不断调整思路，尝试与银行业联手开展更深层次的跨行业合作。2005 年 2 月底，北京银联开始联合交行、中信等 10 家银行，共同推动在北京地区开展基于手机的跨行转账服务。

2004 年是中国手机银行发展的一个分水岭，在这以前，国内手机银行的发展都还处在初级阶段，所提供的服务基本是查询账户等信息类的服务，这主要是因为银行自身的系统应用功能还不完善，移动通信技术还不能满足手机银行的进一步发展需求，而且人们对手机银行这一新兴事物的认识才刚刚开始。经过近几年的发展，手机银行用户数量飞速增长，并逐渐从短信模式过渡到功能更为丰富的 WAP、BREW 等模式。2008 年，中国的手机客户群体急剧增长，同时移动通信技术也有了飞跃式的发展。很早以前移动通信技术就提出要从 2G 迈向 3G，然而 3G 是一个比较浩大的工程，所以在这个过程中又出现了 2.5G 技术，如 HSCSD、GPRS、WAP、蓝牙等，这一系列的技术为手机银行的发展提供了技术支持。2013 年 12 月 4 日，国家工信部正式向中国电信、中国移动和中国联通颁发 4G 牌照，从此开启了中国 4G 网络的商用时代。

正如早期的物理网点和 20 世纪 90 年代的电子银行，在移动互联网时代，银行的 App 客户端正逐渐成为商业银行的“新门户”（见图 5-33）。随着 3G、4G 技术的发展和智能手机的普及，手机银行的服务范围、业务功能和发展定位都发生了很大的变化，它不在只是局限于提供传统意义上的银行业务。银行的 App 客户端可以做成一个“大平台”，把更多的应用与功能集合在一起，以后银行卡、公交卡、会员卡都可以汇集在这里，并且支付结算、生活服务等各项需求都可以得到满足。现在不少银行的 App 客户端都有与第三方商户合作的插件，如商旅服务、手机充值等。

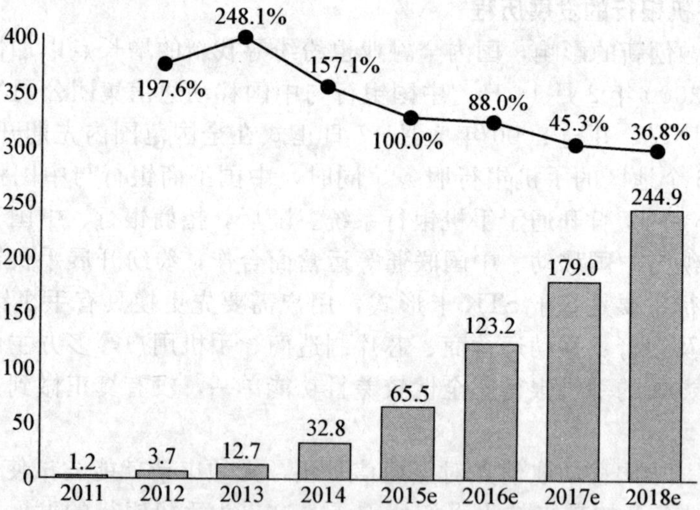

图 5-33　2011—2018 年中国手机银行交易规模及增长率

除了对手机银行产品的积极创新和业务范围的不断扩充，在移动互联网时代，用户体验更被银行置于前所未有的重要位置。

随着手机银行用户的日益增多，银行之间的竞争也日益激烈，各大银行铆足劲头来完善手机银行的功能，提高安全系数，增加用户的使用率。如图 5-34 所示，2014 年建设银行手机银行交易规模居各家银行之首，占比 22.5%，农行、工行、招行分别居第二、三、四位，占比分别为 16.8%、13.9%和 10.9%。相对于大型商业银行，地方性银行与外资银行的手机银行用户量较低。

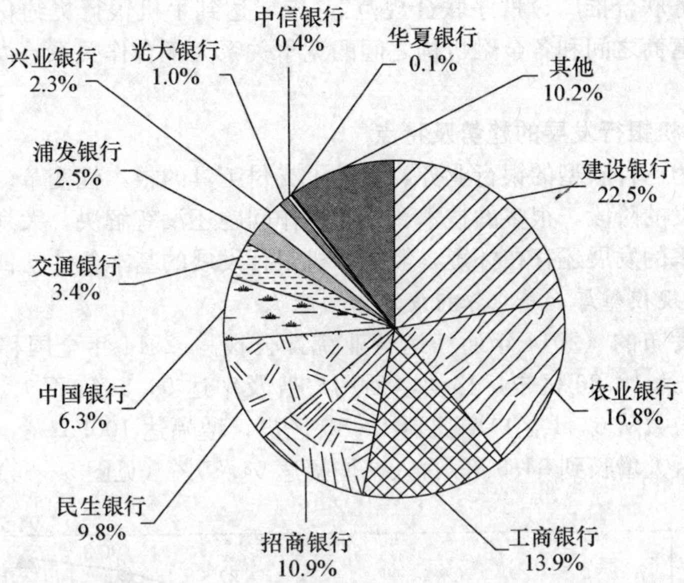

图 5-34 2014 年中国手机银行交易规模市场占比

（二）制约我国手机银行发展的主要因素

手机银行虽然具有传统商业银行无法比拟的优势，具备不可限量的发展潜力，并逐渐呈现出快速增长的态势。但是，同其他新生事物的发展规律一样，手机银行的发展同样会面临许多困难和问题。

1. 用户对手机银行的安全保障信任度不高

安全问题是影响手机银行业务成功开展的关键因素之一。目前广大用户对于新兴支付方式的信任度仍然不高，安全性仍然是大众关心的首要问题。除了移动通信环节引入的安全问题之外，整个支付流程的各个环节都需要可靠、安全的技术保障和完善的业务风险管理。由于账户内容和密码信息都是通过无线传输的，人们普遍会有不同程度的安全担忧。

2. 手机银行缺乏统一的技术标准

手机支付技术标准的不统一大大制约了手机支付的发展。目前，国内手机支付技术模式处于“百花齐放、百家争鸣”的状态，有基于 NFC 手机标准的方案、有基于 RFID 技术的 RF-SIM 方案、有采用贴膜的 iSIM 方案等，没有哪家机构能提供一个普适性的手机支付技术标准，这就直接造成了缺乏银行和服务提供商的载体支持。例如，不同银行在银行与移动运营商的接口及用户界面方面的标准不统一，致使一家银行一个接口、一家银行一个用户界面，不仅增加了软件开发的复杂性，也提高了成本，同时给用户带来了不便。

3. 产业链各方合作不足

由于手机银行是一种跨行业多元技术的合成体系，涉及银行、移动运营商、银联、芯片制造商等多个利益体，行业间的技术垄断、利益分享等因素的困扰和前沿技术的应用风险等都成为手机银行发展过程中需要逾越的障碍。手机银行产业链中存在多个可以占主导地位的参与者，产业链各方合作不足，尚未形成如同银行卡联网通用的体制优点，即“规则联合制定、业务联合推广、秩序联合规范”，未能达到手机银行集约化、规模化发展的局面。各移动运营商之间和各金融机构之间的竞争关系大于合作关系，尚无法做到通力合作、优势互补。

（三）我国手机银行发展的趋势及特点

手机银行作为一种新型的银行业务，带动了支付工具的根本性变革。虽然手机银行目前还处于研究开发的阶段，很多的技术、行业合作问题还没有解决，大众对于这种支付手段的安全性和未来的发展还存在怀疑，但是手机银行发展的基本条件已日趋成熟。

1. 基础市场规模雄厚，手机银行发展潜力巨大

根据工信部发布的《2014 年通信运营业统计公报》，2014 年全国移动电话用户净增 5 698 万户，总数达 12.86 亿户，移动电话用户普及率达 94.5 部/百人。2008—2014 年，我国移动电话用户数从 6.41 亿户增长到 12.86 亿户，增幅达 100.62%，移动电话用户普及率由 48.5 部/百人增长到 94.5 部/百人，增幅达 94.85%（见图 5－35）。

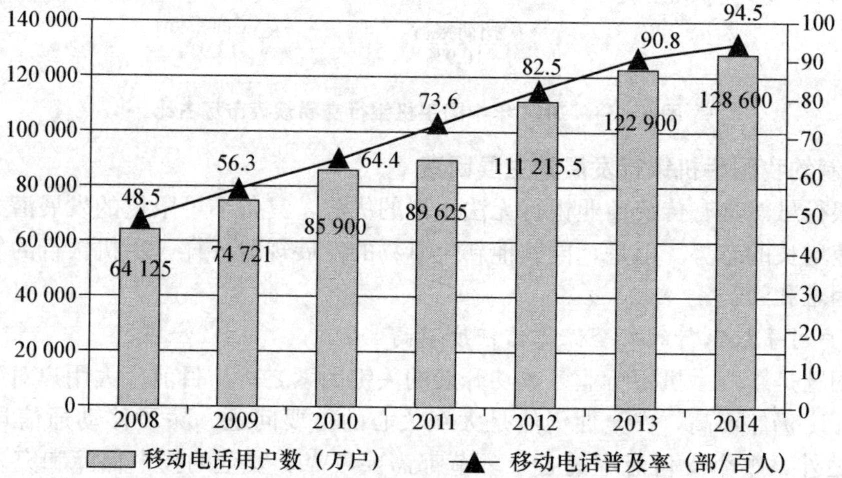

图 5－35　2008—2014 年中国移动电话用户数及普及率

与手机持有率和移动互联网用户规模形成鲜明对比的是，2014 年手机银行平均月度覆盖人数为 1 亿左右（见图 5－36），仅占手机用户数不足 10%，由此可见，手机银行的市场潜力是巨大的。

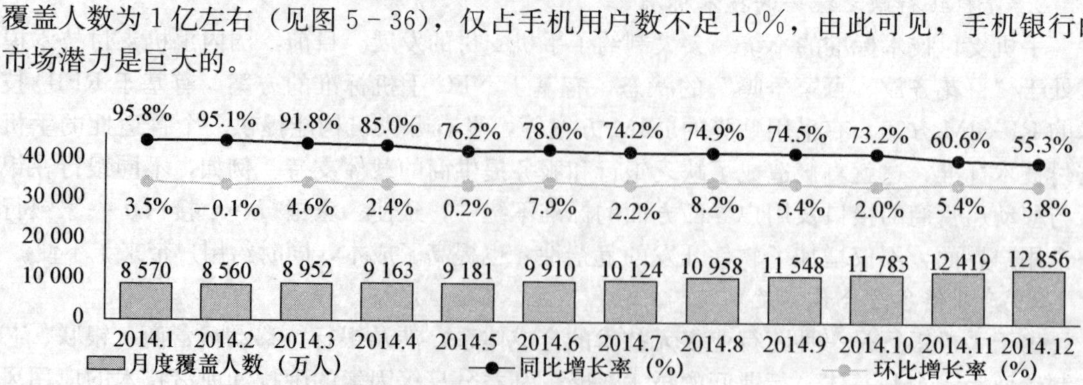

图 5－36　2014 年 1—12 月中国手机银行月度覆盖人数及增长率

2. 移动通信网络系统已经走向成熟

目前手机正在逐步向 PDA、掌中计算机的方向发展，而手机银行未来的演变趋势也将是“掌中的网上银行”。一方面，KJAVA、BREW 等无线新技术的出现，使手机银行的操作方式、界面表现形式越来越接近网上银行，其将软件包写入手机终端的方式使得手机银行服务的升级更为方便。另一方面，网络运营商从 2G 向 2.5G 的升级，大大提高了网络速度。WAP 从 20 世纪 90 年代末开始在国内就被用于手机上网，但当时并未得到市场追捧。根本原因是当时 WAP 基于拨号方式，上网速率慢，按时间计费上网费用高，同时缺乏手机终端的支持。而今随着网络条件的改善，制约 WAP 技术发展的上述障碍已经不复存在。目前无线上网的速度已经超过拨号上网的速度，4G 技术的实现更将带来上网速度的飞跃。尽管手机在运行能力、终端表现能力上不如计算机，但在随时随地接入的方便性上则超过了计算机。因此，移动银行的业务在未来将趋同于网上银行的业务，尤其是在个人金融服务方面，移动银行将逐渐成为客户有力的理财助手。

手机银行相关应用技术演进历程如图 5-37 所示。

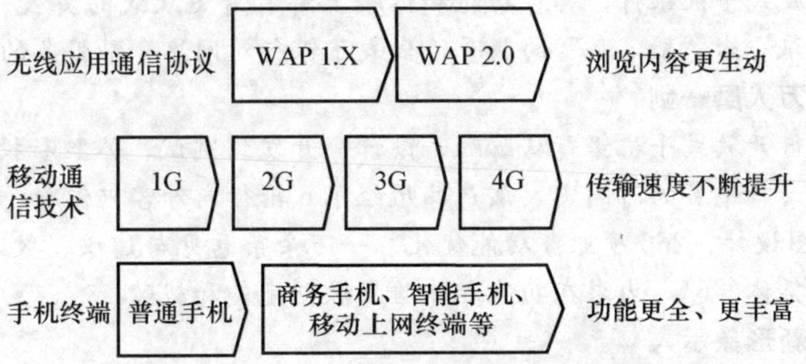

图 5-37　手机银行相关应用技术演进历程

3. 技术标准将逐步实现统一

只有统一手机支付的业务技术标准才能规范相关行业市场运行，避免不同机构在市场拓展、技术研发等方面的重复性投资，实现社会资源的有效配置和充分利用。我国银行业垄断程度高，四大国有控股商业银行在我国有极高的市场占有率，在开展手机银行业务时具有强大的资源优势，无论在客户方面还是在系统网络方面都可以为手机银行提供强有力的支持。国有控股商业银行在我国占有绝对资源优势，为手机银行的技术统一创造了有利条件。同时，另外一些中小商业银行虽然不具备以上优势，但如招商银行等也在依靠其灵活、快速的反应机制不断调整，以适应市场的发展和客户的需要。中国人民银行积极会同有关部门进行研究，尽快明确技术和业务标准，加强地区、部门、行业机构的合作，实现互联互通和规模交易效应，为客户提供便利的支付服务。

4. 产业的融合与行业的联合

手机银行发展过程中最重要的趋势就是产业的融合与行业的联合。手机银行范围广、领域宽，包含了移动通信、集成电路和电子支付等不同产业，倘若脱离了其中任意一环，都将造成产品不完备、业务不广泛等问题，唯有产业的交融才能成就成熟的手机银行业务。移动和金融两大行业是发展手机银行业务的中坚力量：移动通信拥有大量的手机客户群、完善的通信基础设施和强大的研发与营销能力；金融支付行业则拥有规模巨大的金融用户群，覆盖全国、延伸世界的金融受理网络，安全先进的支付结算体系和丰富的运营经验。两大行业的结合能够优势互补，集中资源为共有的用户提供完善的手机支付服务。

手机银行的发展需要各参与机构的密切合作，也离不开相关管理机构的引导和扶持。在各方的共同努力下，我国手机银行业务将取得更大、更快的发展。相信在不远的将来，手机将集中包括信用卡、储值卡、公交卡、身份证、社保卡、医保卡、电子病历等在内的多种功能于一身，人们可以利用手机随时、随地、随身、随心地完成日常消费、商务和支付等活动，真正实现“一机在手行天下”。

拓展阅读

中国工商银行新版手机银行——融 e 行

2015 年 11 月 18 日，素有银行业巨无霸之称的工商银行重磅推出全新亮相的三大平台之“融 e 行”开放式手机银行，其在功能和体验上都有着飞跃式的突破。“融 e 行”与工行另一大即时通讯平台“融 e 联”的联手，代表了银行对网络金融服务的最新诠释。

蓄势待发，万人磨一剑

据了解，工行开放式手机银行从酝酿、设计、开发到测试、体验和投产，经历了一个较为漫长的过程。一年多的时间内，该产品历经了 6 轮行内外客户体验、39 个交易模型开发、200 张原型图设计、266 项业务功能优化、一万余条意见与建议、数万人的内部试用，集结了工行人的集体智慧，力求在功能和体验上做到完美和极致。

潮萌宣传，新形象示人

工行于 2015 年 7 月推出了一系列风格时尚、创意十足的漫画，这些漫画首先在微信朋友圈发布，不到一小时传播率高达 90%，工行手机银行 App 的下载率再次突破高点，在 2015 年二季度互联网周刊银行类 App 中排名第一。之后，工行又发布了萌萌的小象卡通形象，作为手机银行“融 e 行”的“代言人”。以潮萌的漫画方式宣传，以创意挖掘爆点，通过社交媒体传播，打破了工行固有的宣传套路，成为行业热话，除了产生强烈的视觉冲击之外，还突出了手机银行的业务场景，加深了年轻客户对工行服务的理解和印象。工行更以活力、创新、开放的崭新形象示人，是对自身惯性思维定势的强有力的突破和出击。

智惠银行，呈惊艳之变

新版开放式手机银行“融 e 行”是对原有手机银行体系的完全颠覆和重构，将实现品牌、功能和服务的全面升级，主打开放式、智服务和惠生活三张牌，其中“智服务”和“惠生活”共同组成了“智惠银行”的品牌理念。

1. 开放式

开放是传统银行破除银行账户壁垒的一大举措，这次新版手机银行将率先践行“开放式”理念，支持他行客户注册，只需要通过手机号和身份证号就能直接在线注册账户，并完成一笔任意金额的转账实现激活使用，开放化经营理念突显。

2. 智服务

进入新版手机银行，最大的改变来自于以金融日历为时间轴的展示方式，用户可以自定义事项，直接展现用户在工行发生的金融行为，背后关联的模型借助大数据分析和预测，引导用户进行交易。据了解，这种智慧化服务在前期用户体验中获得广泛好评。此外，还提供了预约交易、信息提醒等服务，并有7×24小时的在线客服，及时满足用户需求。

3. 惠生活

新版手机银行改变了设计理念，充分营造生活场景，帮助用户更好地进行财务管理和生活规划，提供管家式服务，涵盖了娱乐、出行、购物等与生活息息相关的场景化服务，为用户提供手机充值、水电燃气、机票酒店、医疗服务、交通罚款等各种便民服务，并有扫码优惠、1元秒杀、团购等大众喜闻乐见的优惠活动形式，确实带来了实惠，让用户感受到工行的诚意。

4. 平台联动

“融e行”与工行自有电商平台“融e购”和即时通讯平台“融e联”无缝对接，实现平台互联互通、协同联动、资源共享，整合多方资源，共同为用户打造优质的移动金融服务体验。

资料来源：http://finance.sina.com.cn.

问题讨论：你如何理解工行在新版手机银行上的创新？

本章小结

手机银行作为移动通信技术与银行业务的融合，成为银行业又一种业务创新模式。相对于其他形式的电子银行业务，手机银行有其特有的优势：随身携带，方便快捷；技术先进，安全可靠；双向沟通，主动服务。按照不同的标准，手机银行可以分为不同的类型：如根据手机银行业务功能不同，可分为简单信息型手机银行和复杂交易型手机银行；根据手机银行所采用的技术方式不同，可分为STK手机银行、SMS手机银行、WAP手机银行、手机银行App等。我国手机银行业务虽然起步较晚，但发展潜力巨大。手机银行作为一种融合电子货币与移动通信的新型金融服务，不仅丰富了银行业务与服务的内涵和外延，而且也满足了人们期望的真正AAA式服务。

本章实训

◆ 实训名称：手机银行业务体验

◆ 实训目的：

1. 熟悉各银行网站及手机银行业务的种类。

2. 了解不同类型手机银行的使用。

3. 会通过手机银行办理各项银行业务。

◆ 实训内容：

1. 工商银行手机银行业务的演示模拟。

打开工行网站 http://www.icbc.com.cn，点击“电子银行”菜单，在页面里选择手机银行的“演示”功能（如下图所示）。

即可开始体验工行 WAP 手机银行的各项操作（可演示也可模拟，如下图所示）。

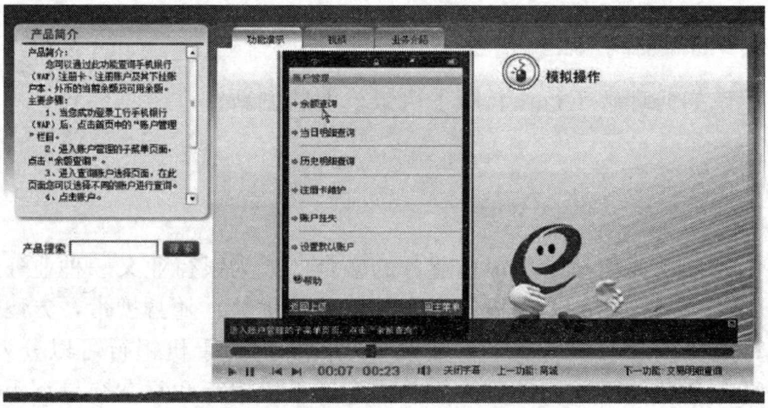

2. 建设银行手机银行业务的演示模拟。

打开建设银行的网站 http://www.ccb.com.cn，进入“电子银行”下的“手机银行”，进入体验演示中心，就可以体验建行普通版及3G版的手机银行业务（如下图所示）。

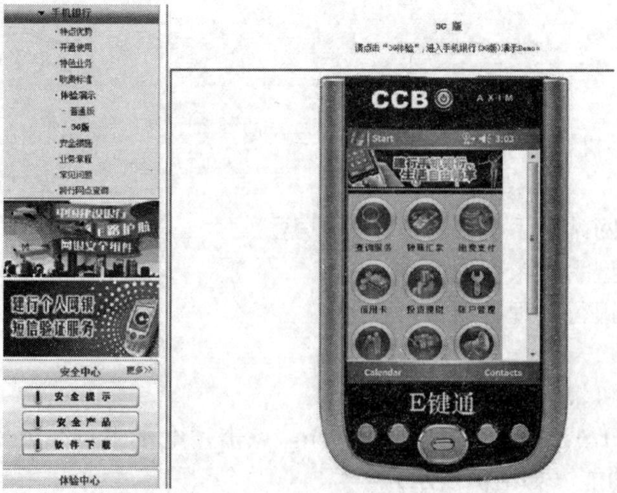

3. 招商银行手机银行体验。

进入招商银行的网站 http://www.cmbchina.com，在主页的右侧选择“手机银行”下的“个人手机银行”（如下图所示）。

可以模拟体验 iPhone 版、Android 版、JAVA 版、Mobile 版等各种版本招行手机银行的功能（点击各类手机银行的“产品介绍”即可，如下图所示）。

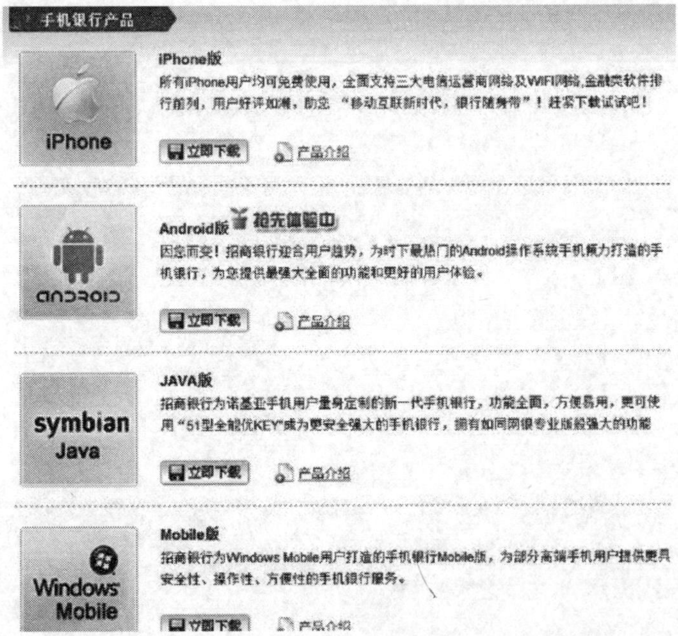

课后习题

一、填空题

1. 按照业务功能不同，手机银行分为__________、__________；根据手机银行所采用的技术方式不同，手机银行分为__________、__________、__________、__________等。

2. WAP手机银行的功能有__________、__________、__________、__________等。

3. WAP手机银行的费用包括__________、__________、__________三项。

二、简答题

1. 移动支付、手机支付、手机银行有什么区别和联系？

2. 比较STK手机银行、SMS手机银行、WAP手机银行、手机银行App等不同技术方式的手机银行，谈谈它们各有什么优缺点。

3. 客户使用手机银行时，如何保证账户资金的安全？

三、思考题

1. 在商业银行的电子服务渠道中，网上银行与手机银行有哪些相同与不同之处？

2. 在手机支付的发展过程中，各利益体如何平衡自己在其中的作用？

第六章　自助渠道服务

知识目标

了解商业银行的自助服务渠道，掌握ATM、POS机的定义、功能、特点；熟悉自助渠道服务的优势；熟悉自助渠道服务的安全防范措施；了解ATM未来发展所面临的问题。

技能目标

能够熟练使用银行各种自助服务渠道办理业务，并能够有效地防范相关风险。

第一节　自助渠道服务概述

20世纪60年代，自助渠道服务率先在国外得到广泛应用。当时银行的客户和业务不断增多，柜台业务的处理量变得越来越大，不少人排很长的队伍仅仅是为了办理小额存取款及查询等简单的业务，客户开始不满意银行的服务。

由于客户的逐渐增加使得银行柜台人员工作量增大，同时降低了对优质高端客户服务的能力，于是银行希望通过增加营业网点来分散客户，但是增加营业网点要大幅度提高成本开支，并不是一个好的措施。在这种情况下，自助渠道服务应运而生，这些服务设备的出现，从时间和空间上延伸了银行的柜面业务，为广大客户提供了便捷、高效的服务。

一、自助渠道服务的概念

自助渠道属于银行业务处理电子化和自动化的一部分，它利用现代通信和计算机技术，为客户提供存款、取款、转账、货币兑换和查询等智能化程度高、方便、高效的服务。自助渠道包括自动柜员机（ATM）、销售点终端（POS机）、多媒体自助终端、存折补登机、发票打印机、外币兑换机、IC卡圈存机、夜间金库等。自助渠道不受银行营业时间限制，能够24小时全天候为客户提供金融服务。它采用客户自己操作的方式，一方面可以充分尊重客户的意愿，提供优质的“距离式”服务，有效地提高服务品质；另一方面也可以把柜员从低附加值的机械劳动中解放出来，提高工作效率。

二、自助渠道设备的类型

自助渠道设备分为现金交易类设备和非现金交易类设备。现金交易类设备一般包括：自动取款机、自动存款机、外币兑换机、夜间金库等；非现金交易类设备包括销售点终端（POS机）、存折补登机、发票打印机、多媒体查询机、自动保管箱等。

（一）现金交易类设备

1．自动取款机

自动取款机是最普遍的银行自助服务设备。在自动取款机上，除了取现外，客户也可以进行账户查询、密码修改等业务的操作。自动取款机的普及率和利用率高，交易量大，适用于小额取款交易及查询、转账功能，可以大大减少柜台储蓄工作量。

2．自动存款机

自动存款机能实时将客户的现金存入账户。在存款过程中，自动存款机能自动识别钞票面值并判断真伪。客户的存款能实时入账，并可以马上反馈交易处理结果，不必担心交易过程中出现意外问题。自动存款机相比自动取款机普及率小，交易量小，适用于小额存款交易。

有些ATM既有存款功能又有取款功能，称为存取一体机或自动存取款机。

3．外币兑换机

外币兑换机的主要服务对象为外国游客和有外汇收入的居民。外币兑换机能识别多种不同的货币，在兑换过程中自动累计总数，然后按照汇率进行兑换。

4．夜间金库

夜间金库主要是为了方便营业到夜间很晚的商户存款而设置的。商户先到银行申请夜间商业存款业务，银行会提供客户钱包或一次性夜间储蓄塑料袋。需要存款时，用户将整理好的钞票或硬币放入钱袋中，然后凭卡在夜间金库上发送存款指令，夜间金库打开存款保险门，用户即可将袋子置入其中。商户存入的袋子可以由银行代保管，也可由银行直接清点入账。如果由银行清点入账，为了避免发生存款商户与银行之间的纠纷，商户与银行之间必须预先签订一份协议，规定双方的权利和责任，商户必须信任银行，存款的金额以银行员工的实际清点数额为准。

（二）非现金交易类设备

1．销售点终端（POS机）

销售点终端是一种多功能终端，把它安装在银行卡的特约商户和受理网点处，与银行的计算机中心联网，实现消费、预授权、余额查询和电子资金自动转账等功能。

2．存折补登机

存折补登机（见图6-1）是一种方便客户更新存折信息的自助服务终端设备。通过存折感受器和页码读取设备的配合，实现自动打印和向前、向后自动翻页。客户将存折放入补登机后，设备通过存折上的条码和磁条读取客户的账户信息，然后将业务主机中的未登折信息打印到存折上，打印结束后，设备会发出声音提示客户取走存折。存折补登机的普及率及利用率较高，适用于代发工资及代收费的补登业务。

图 6-1　存折补登机

3. 发票打印机

客户通过电子银行渠道缴纳各种费用后，可用设在银行营业部内的发票打印机打印相关缴费业务的发票。客户通过刷银行卡（缴费账户）进入发票打印系统，系统会判断此账户是否存在已缴费成功但未打印的发票，并根据用户的要求进行相关发票的打印。

4. 多媒体查询机

多媒体查询机（见图 6-2）利用触摸屏技术提供设备说明、操作指导、金融信息、业务查询等多种服务，其中包括外汇牌价、存贷款利率等信息。不少自助银行还都配有大屏幕及时提供各类公共信息的查询。

图 6-2　多媒体查询机

5. 自动保管箱

自动保管箱能方便客户随时存取保管物件，该设备投资大，使用率较低。

三、自助银行

自助银行（见图 6-3）一般配有自动取款机、自动存款机、自助查询机、自助缴费机等银行自助服务设备，有的自助银行还有 IC 卡圈存机、自助金库、存折打印机等，自助银行是为持卡人提供 24 小时全天候自助服务的银行现代化综合应用管理系统。

图 6-3　自助银行

目前自助银行主要有两种形式：一种是混合式自助银行；另一种是隔离式自助银行。

混合式自助银行，指的是在现有的银行分支机构的营业大厅内划分出一个区域，放置各种自助式电子设备，提供 24 小时的自助银行服务。该区域在日常营业时间内与营业大厅相连通，能够分担网点的部分银行业务，缓解柜台压力。在柜台营业时间外，营业大厅关门，该区域被人为地与营业大厅隔离，又变成了独立的自助银行。

隔离式自助银行又称全自动自助银行，这种形式的自助银行与银行分支机构和营业网点完全独立。一般是设立在在商业中心、人口密集区或高级住宅区内，也是全天候开放。

四、自助渠道服务的特点

（一）提供全天候电子化金融服务

通过电子自动化设备来提供金融服务，能够为银行客户提供 24 小时的全天候服务，弥补了银行网点的不足，解决了网点的排队问题，使客户在没有银行人员协助的情况下，随时能以自助方式来完成某些业务交易。

（二）提供标准化、平民化的金融服务

自助银行无论何时何地办理业务处理流程都是一样的，客户所享受到的都是统一、一致的服务，体现了自助银行大众化、平民化的特点。

（三）交易与行销并重

通过现有的科技技术，自助银行不但能处理传统办事处网点的业务，还可提供其他传统办事处网点没有的业务，使自助银行真正成为一个全功能的银行业务网点，兼顾业务交

易与服务销售的多重功能，为银行带来更多的利润。

（四）扩大客户范围

自助渠道服务不但能接触到本银行的客户，还可以为其他银行的客户提供一些服务。因此自助渠道服务能扩大客户的范围，并争取向其他银行的客户进行主动推销，为银行吸纳新客户创造了条件。

五、自助渠道服务的优势

（一）独有的人机交互的服务

随着银行客户的金融服务意识不断增强，对银行的服务时间、服务功能等提出了更高的要求，自助银行能够满足客户这方面的需求变化。特别是人机交互的服务形式缩短了银行与客户间的距离，为客户提供了个性化的服务。

（二）降低银行的经营成本，提高银行的核心竞争力

随着我国金融业改革的不断深入，银行间的竞争日趋激烈，提高银行核心竞争力的手段之一就是降低每笔业务的交易成本。据测算，传统银行开设一个营业网点需要投入人民币大约350万元，而且传统银行的经营成本占其营业收入的比重高达60%，而自助银行的经营成本只相当于经营收入的20%。银行不必再通过增设营业网点的方式来实现经营覆盖区域的扩张，从而减少人力、物力、财力方面的支出。自助银行不需要实体网点，仅需要很少的机具设备，分流柜面业务和节约成本效果非常明显，能够降低银行的经营成本。

（三）加快银行客户的资金周转速度

由于客户不必再跑到银行的网点去办理资金划转手续，只要通过客户自己身边的自助银行就可以完成查询、转账等功能，使远隔千里的两地客户之间瞬间就可完成转账。这样，使客户资金周转速度大大加快，提高了资金使用效益。

第二节 自助渠道服务设备的使用

一、自动柜员机

（一）自动柜员机的概念

自动柜员机简称ATM（Automatic Teller Machine），包括自动存取款机、自动存款机、自动取款机。ATM是银行为方便银行卡持卡人存取现金、转账、修改密码、查询账户、缴费而提供的一种自助式的专用银行设备，是无人管理的自助、自动的出纳装置。

ATM按照安装形式不同可分为大堂式与穿墙式两种（见图6-4）。大堂式ATM主要安装在银行营业大厅、宾馆商厦等场所，穿墙式ATM主要安装在银行营业机构和储蓄网点的外墙。

图 6-4　大堂式（左）与穿墙式（右）ATM

（二）自动柜员机的结构

无论是大堂式还是穿墙式的 ATM，其结构都是相似的（见表 6-1）。ATM 外部有坚固的金属外壳，以防砸、防抢。一台自助设备从设计到安装施工都采取了一系列措施，以防止物理破坏。以一台典型的穿墙式柜员机为例，其控制台约重 290 千克，电子柜约重 225 千克，现金库约重 730 千克。ATM 由厚钢板构成，并将其固定在钢架上，通常还与安全报警系统相连，一旦遭到攻击，就会立即激活报警系统。

表 6-1　　ATM 结构示意表

操作面板		
磁卡读写器	计算机主机	日志/票据打印
存款箱	现钞箱	废钞箱
维修操作检查面板		
电源		
通信部件		

1. 操作面板

操作面板是客户和 ATM 交互的界面。操作面板由键盘和显示屏组成，键盘上有数字键和若干功能键供用户输入信息。显示屏一般为 9～14 英寸，能显示汉语和英语，显示器上通常配有环境亮度传感器或偏振玻璃，以确保仅有正面操作者才能看清屏幕上显示的信息。

2. 磁卡读写器

对用户插入的磁卡自动进行读写操作，能读出磁卡上的有关信息，如银行标识、银行账号、持卡人信息等，通常在 ATM 上使用的磁卡是按照国际 ISO 7812、7813、4909 等标准设计的，上有三个磁道，国内的 ATM 磁卡读写只对第三个磁道进行。

3. 计算机主机

主机负责控制和处理 ATM 中各有关信息，并控制各传输系统以确保整套系统安全可靠运行。

4. 日志/票据打印

ATM 提供两种打印功能：一种是打印交易日志，主要是记录客户存取款情况和设备本身运转的情况，为银行职员在 ATM 发生故障、出现问题进行核查时提供依据，这部分信息通常要保存五年以上。另一种是打印客户收据，将客户业务处理的日期、类型、结果打印在预先设计好的收据上，供客户核对。

5. 存款箱

存款箱是存款客户存入现金的专用设备。

6. 现钞箱

一般 ATM 配有 2～4 个现钞箱，可以放入不同面值、不同数量的现钞，供客户取现金时使用。取现时 ATM 根据磁卡读出的信息及客户输入的信息由机内计算机主机控制付钞机配款并付出。

7. 废钞箱

ATM 在处理取款业务时会对现钞加以检测，若钞票不合格，则自动传入废钞箱。

8. 维修操作检查面板

维修操作检查面板是供银行职员维修和操作的面板，可显示联机线路的状态及故障情况，并有关闭、开启、综合等操作开关。

9. 电源

电源即 ATM 所需的电源装置。

10. 通信部件

通信部件负责完成各种通信接口工作。

(三) 自动柜员机的功能及使用

1. 交易查询

客户可凭银行卡和交易密码在 ATM 上进行有关账户的余额查询（见图 6－5）。

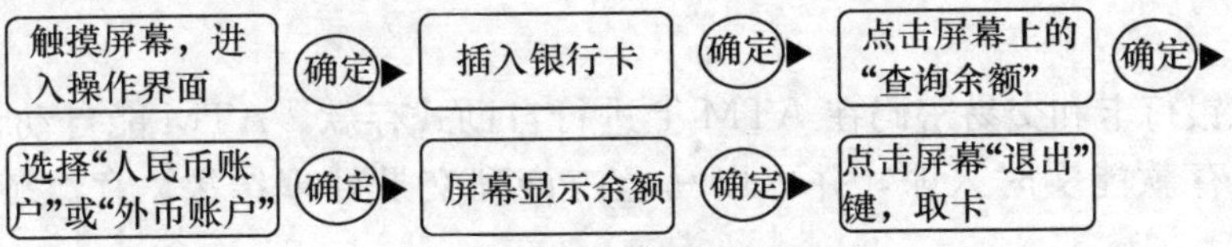

图 6－5　ATM 余额查询流程

2. 取款

客户可凭银行卡和交易密码在 ATM 上进行自助式取款。每次取款完成后，可选择打印“客户凭条”作为持卡人账单。“客户凭条”的内容包括取款的 ATM 编号、取款时间、取款金额、取款是否成功等内容。取款流程如图 6－6 所示。

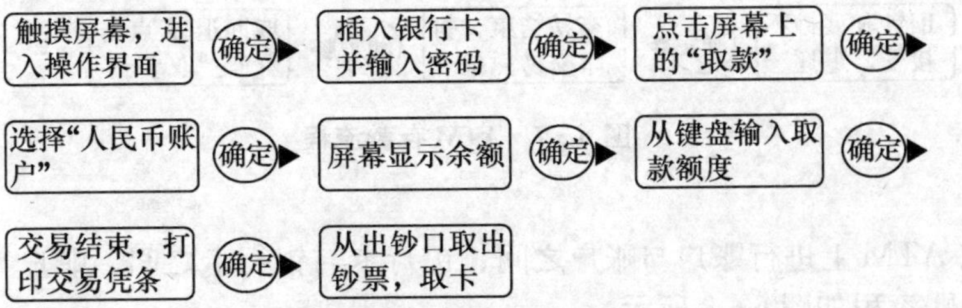

图 6－6　ATM 取款流程

每次从 ATM 取款金额不能小于 100 元，且必须是 100 的整数倍；每一张银行卡每日最多取现 20 000 元；当现金从出钞口吐出后，客户需要在 30 秒内将现金取走，否则会被机器吞回。

通常情况下，使用 ATM 进行跨行本地、同行异地及跨行异地取款，都会对持卡人按照一定比例收取手续费。目前，我国各商业银行在此项业务上的收费标准并不统一（见表 6－2）。

表 6－2　我国各商业银行 ATM 取款手续费一览表（借记卡）

	跨行本地	同行异地	跨行异地
工行 牡丹卡	2 元/笔	取款金额的 1% （最低 1 元，最高 50 元）	2 元＋取款金额的 1% （1%部分最低 1 元，最高 50 元）
农行 金穗卡	2 元/笔	取款金额的 1% （最低 1 元）	2 元＋取款金额的 1%
中行 长城卡	2 元/笔	10 元/笔	12 元/笔
建行 龙卡	2 元/笔	取款金额的 1% （最低 2 元）	2 元＋取款金额的 1% （1%部分最低 2 元）
招行 一卡通	每月前 2 笔免收， 从第 3 笔开始 2 元/笔	取款金额的 0.5%	2 元＋取款金额的 0.5%
交行 太平洋卡	2 元/笔	取款金额的 0.8%	2 元＋取款金额的 0.8%
华夏 华夏卡	免收	1 元/笔	2 元/笔
兴业 兴业卡	前 3 笔免收， 从第 4 笔开始 2 元/笔	免收	厦门、深圳、南京免收，其他城市前 3 笔免收，从第 4 笔开始 2 元/笔

3. 存款

客户可凭银行卡和交易密码在 ATM 上进行自助式存款。ATM 能自动识别面值并判断真伪。客户存款能实时入账，并可以马上查询到交易处理结果。存款流程如图 6－7 所示。

图 6－7　ATM 存款流程

4. 转账

客户可在 ATM 上进行账户与账户之间、银行卡与银行卡之间、账户与银行卡之间的款项划转。转账流程如图 6－8 所示。

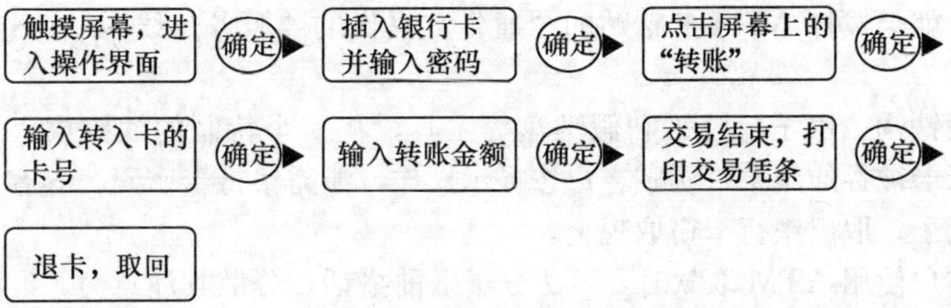

图 6－8　ATM 转账流程

5. 修改密码

客户可在 ATM 上修改账户密码，流程如图 6－9 所示。

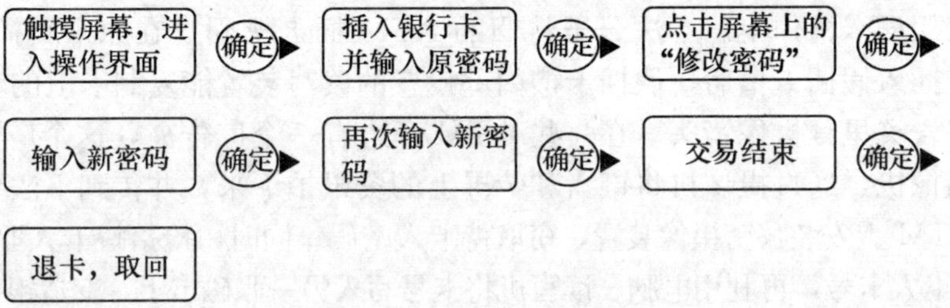

图 6－9　ATM 修改密码流程

6. 代理中间业务

客户可以在 ATM 上完成缴费等功能，流程如图 6－10 所示。

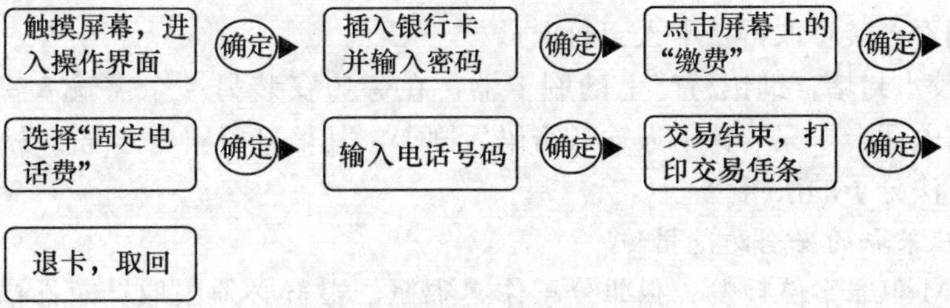

图 6－10　ATM 缴费业务流程

7. 信息发布和产品营销

与传统的营业网点面对面的营业服务模式相比，ATM 在信息发布和产品营销上具有明显的优势。ATM 可根据银行的需要，发布各类对外广告。如在显示屏上向客户提示用卡须知、银行重要事项的公告，也可显示银行产品宣传的广告画面，还可在无人操作时定时循环进行广告播放。

（四）自动柜员机的操作风险及安全防范

由于 ATM 具有自助服务、无人值守和信息化程度高等特点，近年来 ATM 交易中各种犯罪案件和纠纷不断增加，对银行和客户都造成了极大的风险。

1. 不法分子针对 ATM 的主要作案手段

（1）冒用银行或发卡机构等金融部门名义，在 ATM 上粘贴“温馨提示”等虚假信息“通告”，然后将透明胶带塞进 ATM 吐钞口，使机器里的钞票无法正常吐出，客户不能取钞，情急之下就会拨打 ATM 上粘贴的“通告”提供的“服务热线”，被不法分子诱骗进行转账操作。

（2）使用铁钩、镊子、胶带和假键盘等工具，将一个特制的铁钩放入 ATM 的插卡槽，造成银行卡被吞的假象，诱骗客户按提示操作，泄露银行卡密码。等客户走后，犯罪分子再拉出钩子，取出银行卡窃取现金。

（3）在客户使用 ATM 取款时，不法分子上前搭话，分散其注意力，设法窃取客户银行卡账户信息和密码或调换客户银行卡。

（4）在键盘上安装盗码器。有一种盗码器能贴在 ATM 的按键上，客户按下的密码会被自动记录下来。当客户按步骤输入密码时，屏幕却显示“此卡被银行保管”，之后操作无法继续进行，盗码器可以将客户输入的密码直接发送出去。

（5）利用假插卡槽作案。不法分子将假的 ATM 插卡槽固定在原来真插卡槽的位置，客户将银行卡插入假插卡槽后，假插卡槽内部设置的读写装置能复制卡上的全部信息。

（6）在广告夹里藏摄像镜头。在一些 ATM 旁边有一个广告夹，这个广告夹里可能藏着一个微型摄像机，通过摄像机将键盘和荧屏上的资讯拍下来，并传到不法分子那里。

（7）在 ATM 上安装秘密摄像装置，窃取持卡人密码。同时，捡拾持卡人取款后遗弃的取款凭条获取持卡人卡号，再利用电脑、读写机将卡号写入另一张磁卡上，变造银行卡后使用。

（8）在自助银行门上的刷卡器上安装自制的磁条读写装置，假冒成门禁系统遮挡住原来的门禁系统，并贴有“刷卡后请按密码确认”等提示语言字样，误导客户操作，窃取银行卡卡号和密码，制作假卡行骗。

（9）采用有记忆功能的键盘或类似塑料薄膜的物质覆盖在 ATM 键盘上，窃取持卡人密码，并利用吞卡装置取得持卡人银行卡。

（10）用胶水封堵自助银行门上的刷卡器，在旁边安装另一个需输入密码的刷卡器，里面有一通信电话卡，只要持卡人输入密码后刷卡，其信息资料（卡号、密码）就以短信的形式发往不法分子的手机上。

2. *银行应采取的安全防范措施*

针对 ATM 犯罪案件频发、犯罪分子作案猖獗，银行必须采取针对性措施，对 ATM 进行专项安全管理，让犯罪分子无机可乘，确保客户资金安全。

（1）设置隔离区域、加强远程监控建设、建立巡查机制等安全防范措施，提升银行预防 ATM 犯罪能力。

银行在 ATM 周围合理位置安装挡板和安保设施，每天对 ATM 进行常规检查，为客户提供安全的操作环境；建立远程监控中心，明确和加强值班人员对 ATM 设备的运行、使用管理等情况进行监控，落实夜间值班制度，使远程监控中心真正发挥作用；加强夜间巡查，特别是要检查吐钞口和插卡槽有无异物，ATM 周围有无异常的告示和设备，及时进行清理。

（2）增设报警装置，提升 ATM 安全性能。银行应敦促 ATM 设备制造商加大对 ATM 设备技术升级改造的研发力度和资金投入，强化 ATM 自动报警功能，消除吐钞口、插卡槽等犯罪分子常用以作案的机具部位的设计缺陷。各银行应加强对 ATM 机具及相关联网报警设施的维护和技术更新改造，加快银行智能识别远程监控报警联网系统的建设，提高银行、公安综合快速反应处置能力和预防效果。

(3) 加强内部技术交流或通过与专业人员和外包公司联办培训等形式提高现有人员技术素养，为快捷、准确、及时排除故障奠定良好的人才基础。

3. 客户应采取的安全防范措施

(1) 取款前注意观察周围环境，如发现有人在旁边盯看取款，可以避免密码泄露为由要求其暂时离开，如发现ATM上或附近装有可疑装置或设备，应立即停止取款，并与银行联系或报警。

(2) 不要相信任何所谓的"紧急通知"。ATM如果出现故障，银行会将机器关闭，暂停使用。

(3) 遇到任何取款故障，检查出钞口是否有异物，如取款成功而未出钞，不要轻易离开，应多等几分钟。ATM通常所发生的不吐钞现象是由于机器本身故障或银行网络故障所致，持卡人可通过向管理行或发卡行查询，申请调账。

(4) 遇到吞卡现象不要立即走开。一般正常吞卡，机器会吐出吞卡凭条，屏幕也会提示吞卡，有时因网络通信的原因会造成时间的延迟，而被误认为吞卡现象，因此应耐心等待几分钟，判定确属吞卡后再与银行联系解决。

(5) 守住密码最重要。首先银行卡密码设置不要过于简单，应不定期更换密码，并注意不要将密码泄露给任何人，在ATM输入密码时应尽量用身体遮挡或用另外一只手遮挡操作手势，以防不法分子窥视。自助银行门禁是不需要客户输入密码的。

(6) 认真保管好银行卡的资料，不要轻易示人，如对于ATM吐出的取款凭条，不要轻易扔掉，凭条上有取款卡号、金额等信息，随意乱扔会让不法分子盗取银行卡信息而影响账户安全。

(7) 掌握ATM操作方法，尽量谢绝陌生人帮助，减少泄密机会，记住银行卡卡号后面4～5位尾数，有问题直接向管理单位咨询，在ATM上办理完业务后要收好凭条并仔细验收银行卡，以防掉包。

(8) 警惕银行卡短信诈骗。收到可疑手机短信时，应谨慎确认，如有疑问应直接拨打发卡行客户服务热线进行查询，千万不要按照陌生人电话中的指示进行任何操作。

二、销售点终端

(一) 销售点终端 (POS机) 的概念

销售点终端 (Point of Sales) 简称为POS机。POS机通常安装在商店、宾馆、餐厅、超市等场所，通过同银行主机联网可迅速完成消费结算。POS机 (见图6-11) 实现了银行、客户与商业部门三方之间的联系，将银行传统业务扩展到了商业、服务领域的经营活动中。

图6-11　有线 (左) 及无线 (右) POS机

特约商户是指那些与银行签订特约商户协议，能够受理银行卡业务，为持卡人提供购物消费服务的单位。特约商户可以是任何经销商品或服务的公司（如零售商、饭店、航空公司、宾馆、邮购商、医院、超市、快餐店、电影院等），只要它们满足发卡组织和收单行的标准（有固定的营业场所、有实体货物摆放、有相关的执照等）。特约商户要与收单行签订有关接收银行卡作为付款方式的文字合同，特约商户要服从合同的条款。

收单行招揽、审核、接收商家进入银行卡计划（成为特约商户），负责处理银行卡业务中与特约商户有关的所有环节。收单行的主要责任有：（1）接收特约商户的主要票据；（2）为特约商户提供银行卡的授权终端及合同内容所包含的支付服务；（3）处理银行卡的交易。通常，收单行在处理银行卡的交易时，要向特约商户收取一定比例的手续费。

（二）POS 机的作用

银行 POS 机系统的应用，使消费者与商家之间的现金及支票交易、商业服务与银行之间的业务结算变得轻松简便、安全有序，大大加快了货币电子化的进程。

对持卡人来说，出门购物、消费无须携带大量现金，只需持银行卡并输入密码就能利用 POS 机进行交易，既方便又安全。对商户来说，POS 机的使用大大缩短了资金周转过程，提高了收款效率，实现了资金在流动中的增值。商户可以通过 POS 机及时掌握商品销售情况，有利于商户进行商品购销的分析和管理，减轻了管理、销售人员在汇总、盘库和清点时的劳动量，而且可以减少以往用现金或支票付款时存在的差错及风险，同时提高了信息处理效率，减少各类实物票据的流通量和处理量，确保信息处理的准确及时，提升商户的现代化形象，从而吸引更多顾客。对银行来说，为客户提供 POS 机服务，可使银行服务深入到流通领域的各个环节，使“现金流”“票据流”转化为“电子流”，使人们更加相信电子货币，提高用卡率，增加银行的用卡结算手续费收入，提高银行的信誉和竞争能力，从而赢得更多的客户。

（三）POS 机的功能及使用

POS 机的功能根据是否需要与银行主机或者网络中心联通分为脱机功能和联机功能（见图 6－12）。

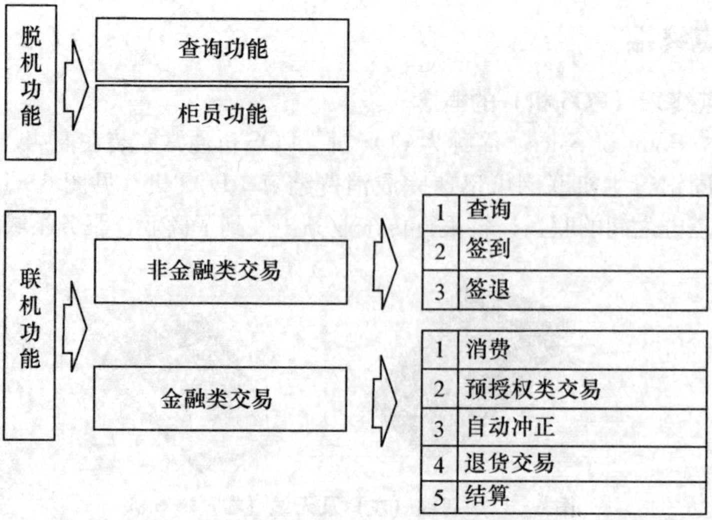

图 6－12　POS 机的功能

1. 脱机功能

脱机功能指POS机在不与银行主机或网络中心连接的情况下自身具有的功能。如增加操作员、重新打印单据等。脱机功能因POS机种类、型号、供应商提供的软件的不同而有所区别，主要有：

（1）查询功能。

该功能可以查询本台POS机的交易流水和小计，也可以根据交易流水号或卡号进行查询，收银员根据POS机界面的功能菜单，选择“查询流水”，再选择按何种方式（如按凭证号，或按卡号等）进行查询即可。该功能只能查询到POS机当批未结算前的交易。

（2）柜员功能。

包括增加、删除POS机操作员，修改操作员密码等，还可重打票据、重打印结算单、打印全部流水等（不同的POS机可能提供的打印功能有所不同）。

2. 联机功能

联机功能是指POS机必须与银行主机或网络中心联通的情况下才可实现的功能，按照交易类型不同分为非金融类交易和金融类交易两种。非金融类交易指不涉及银行资金的交易，如签到、签退等交易；金融类交易是指和银行资金及授权有关的交易，如消费、预授权、撤销等交易。

（1）非金融类交易。

1）查询。

查询是指在POS机上查询持卡人的银行卡账户余额的交易（有些发卡行未开放该项功能，因此在POS机上无法查询其银行卡的账户余额）。

2）签到。

签到是POS机开机后收银员必须进行的第一项操作，是以联机方式把终端号、商户号上传给收单行或银联主机，主机再以交易响应的方式把相关信息回传给POS机，POS机完成签到后才能开始交易。

3）签退。

签退是指操作员为结束当前POS机工作状态，在日终营业结束、POS机交易结算完成后需执行的操作。签退后须重新执行签到，方可进行新的交易处理，有些POS机也设置为在完成结算后自动签退。

（2）金融类交易。

1）消费。

消费是指持卡人在特约商户购物、餐饮或者其他消费时用卡进行支付的交易。可分为在线消费交易和离线消费交易。消费撤销是指在当日消费成功后，持卡人或收银员发现消费金额有误或其他情况（如持卡人要求取消原交易等），在当日POS机结算前，需要取消原消费交易。

知识链接

央行大幅降低刷卡手续费

2016年3月18日，国家发展改革委及人民银行联合印发了《关于完善银行卡刷卡手续费定价机制的通知》，全面下调银行卡刷卡手续费，并于2016年9月6日开始实施。

餐娱企业刷卡手续费降得多

据悉，上一次刷卡手续费调整是在2013年2月，不同行业刷卡手续费率差异也较大，其中餐娱类、一般类、民生类和公益类的收费标准分别为1.25%、0.78%、0.38%和0%。

本次除了下调刷卡手续费以外，还有两个较大的特点：一是取消商户行业分类定价；二是实行借、贷记卡差别计费，即人们日常使用的储蓄卡、信用卡的刷卡费率有所不同。

商户每年少付手续费74亿元

根据央行的初步测算，刷卡费率的新政策实施后，各类商户合计将每年可减少刷卡手续费支出高达约74亿元。

其中，餐饮等行业商户贷记卡、借记卡交易的发卡行服务费、网络服务费费率合计可降低53%～63%，百货等行业商户可降低23%～39%。超市等商户通过实行优惠措施将在改革过渡期内保持费率水平总体稳定。非营利性的医疗、教育、社会福利、养老、慈善机构将实行发卡行服务费、网络服务费全额减免。

调整后的收费方式：

1. 储蓄卡交易不超过0.35%，信用卡交易不超过0.45%。
2. 网络服务费率不超过0.065%，由发卡、收单机构各承担50%。
3. 发卡行储蓄卡单笔收费金额不超过13元，信用卡不实行单笔封顶措施。
4. 网络服务费不区分储蓄卡、信用卡，单笔收费金额不超过6.5元。
5. 非营利性的医疗机构刷卡免服务费。
6. 超市等商户在本次调整措施实施2年内给予费率优惠。
7. 以上给出的均为收费上限，具体费率要由收单机构和商户协商确定。

资料来源：陈周琴．央行大幅降低刷卡手续费．信息时报，2016-03-19.

2）预授权类交易。

预授权类交易多用于信用卡，有些借记卡也可支持该类交易。预授权是指宾馆、酒店类商户在预先估计了持卡人的消费金额后，通过POS机取得预授权号码，保证持卡人账户中有足够支付金额的交易。可理解为暂时冻结持卡人账户中预授权数目的金额以做押金，但该金额还在持卡人账户中，在预授权完成（或者结算中）才按实际消费金额划归商户。

3）自动冲正。

自动冲正是指由于超时或未收到有效响应包等原因，POS机自动产生原交易的冲正交易，并在下笔交易之前发送给主机，直到冲正成功。查询交易无冲正。冲正交易由POS机自动发起，无须收银员进行操作。

4）退货交易。

退货交易是指持卡人对货物或服务不满，要求退货而发起的交易。退货交易将已扣持卡人账户余额的消费交易款项全额或部分地退还至持卡人账户。退货交易可分为线上退货交易和手工退货交易。

消费撤销与退货交易的区别有：一是消费撤销必须是当日当批（未做结账），而退货交易可以当日也可以隔日进行。二是消费撤销金额必须与原消费交易金额一致，而退货交易可以全部或部分退款。三是退货交易一般是应持卡人要求而发起的，而消费撤销交易可由商户主动发起，也可应持卡人要求发起。

5）结算。

该功能是每天营业结束或收银员交接班前，收银员必须做的一种交易。POS 机通过结算与收单机构或者银联中心进行对账处理，并打印交易流水，收银员可根据流水核对 POS 机签购单据。

三、夜间金库

夜间金库如图 6－13 所示。

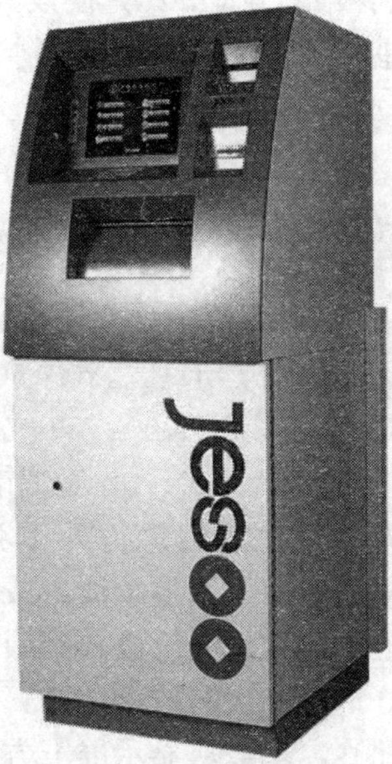

图 6－13　夜间金库

夜间金库具有以下功能及特点：

（1）一人一卡，使用一次性锁片。

夜间金库通过刷卡识别，并结合密码使用，确认操作者的合法身份，通过识别后即可进行存款或取款操作。用户使用便捷、安全可靠。

（2）高可靠性保险柜功能。

夜间金库保险柜体符合行业防撬、防盗、防切割破坏规范。投包口的设计具有单向、防钓等特点，杜绝了企图从投包口窃取柜内财物的可能性。

（3）统计金库内存包明细。

系统采用光电传感，自动检测落包，确认投包是否有效，并自动记录所有操作人员进行的存取款操作，同时自动打印操作凭条。

（4）查询历史存包记录。

使用人可对自己的历史数据进行查询和统计，管理人员也可以时间段或使用人为条件，对历史数据进行查询和统计打印。

(5) 实时监控管理和报警功能。

系统具有全天候实时现场监控录像功能，也可实现远程监控，当发现非法入侵时可自动（或手动遥控）启动紧急声光报警。

(6) 网络扩展功能。

管理中心可通过本系统内的网络接口，查询各夜间金库的存款额等相关信息。

四、外币兑换机

（一）外币兑换机的概念

外币兑换机（XDM）是一种多功能的自助银行设备，具有货币兑换、自动存取款、查询等功能。其货币兑换功能是将外币（纸币）兑换成人民币（纸币加硬币）。目前受理的是美元、日元、英镑、欧元、港币五个币种。外币兑换时，一次可兑换 15 张（但必须逐张进入）。

（二）外币兑换机的功能

(1) 外币兑换汇率的查询。

(2) 外币的兑换。

（三）外币兑换流程

目前受理的外币币种及面额具体为：美元 10、20、50、100 元面额纸币；欧元 5、10、20、50、100、200、500 元面额纸币；日元 1 000、5 000、10 000 元面额纸币；港币 20、50、100、500、1 000 元纸币；英镑 5、10、20、50 元纸币。

客户兑换外币时，按屏幕下方的红色按钮进行外币兑换交易，待左侧入钞口绿灯亮后，平整放入第一张纸币，然后根据画面提示继续放入或确认金额。设备画面将提示此次放入纸币的币种及面额和兑换的汇率。如果继续放入纸币应注意如下两点：继续放入的纸币与第一张为同一币种；应在绿灯每亮一次时放入一张，累计不超过 15 张。

交易确认后，等待机器进行配钞，现金从显示屏下方的出钞口出钞，若客户未在规定的时间内取走现金的，设备将会收回现金。

如果客户中途取消交易的，按"取消"键后，先前放入的外币将从入钞口下方的退钞口中退出。

为防止设备在配钞过程中发生故障，一般要求每次兑换交易不得超出下列金额限制：美元 600 元、港币 4 500 元、日元 65 000 元、英镑 300 元、欧元 450 元。超过的可以分次兑换。

第三节　自助渠道服务的发展及现状

一、ATM 的发展及现状

（一）国外 ATM 的发展及现状

1939 年，Luther George Simjian 发明了自动取款机。1967 年 6 月 27 日，伦敦附近恩

菲尔德的巴克莱银行推出了谢泼德·巴伦发明的自动取款机。最初的ATM只有单一的取款功能，且没有显示画面，只能通过指示灯进行操作。其控制部分是由微机与8位的微处理器构成（见图6-14）。

图6-14 最古老的ATM

20世纪70年代，美国已开始大量使用ATM等银行自助服务设备，截至2004年年底，共部署38万台，是当时全球ATM设备最多的国家；日本以16.5万台位居其次；巴西、韩国紧随其后。韩国每百万人口拥有ATM设备1 649台，设备密度居全球第一。

自助设备之所以被迅速推广使用是因为其突破了时间的限制，给客户带来极大方便，而且自助设备具有非常强的经营成本优势。国际信用卡组织Visa和MasterCard在全球建立了各自的ATM系统。Visa从1981年9月开始提供全球ATM服务，截至2005年年底，它的ATM网络已经跨越全球170个国家和地区，覆盖2 400多万个商业网点，拥有超过100万台的Visa/PLUS ATM，为全球的Visa持卡人提供全天候的现金存取服务。MasterCard的ATM网络已经遍布全球100多个国家和地区，共有90多万台ATM，5亿多持卡用户。

美国大多数ATM可提供取现、存款、转账、现金预付、信用卡交易等多种服务。客户可以在全美和全球数十万台ATM上提取美元和当地货币。现在，花旗银行的ATM能处理150多种交易，从现金存取到共同基金投资，甚至进行股票买卖。

在国外，ATM除了能让顾客存取款之外，更像一个包罗万象的服务机构。随着技术的发展，ATM还可以提供旅游和休闲门票、邮票等商品的出售。如新加坡一家银行利用ATM卖体育比赛门票，提高了银行收入；而澳大利亚的昆士兰银行则可在ATM上重复播放电视或其他媒体的一些内容。

（二）我国ATM的发展及趋势

1. 我国ATM的发展历程及问题

从1987年我国第一台ATM的投入使用开始，我国的自助设备经历了从无到有、从起步到发展壮大的阶段。从最早提供简单的自动存取款服务和分流柜台工作压力，到现在的延伸服务和网点覆盖的大幅提升，在过去几年里，国内自助银行的建设明显提速。

2003年银联组织的成立，打破了原来国内各商业银行ATM系统各自为政的局面，实现了 ATM 系统上的跨行交易，也大大加快了 ATM 系统的推广应用。现在的 ATM 能提供修改个人密码、查询余额、存款、转账、缴费等多项功能，实现了服务多元化，提高了资源利用效率。随着无线技术和网络技术的发展，我国还出现了无线 ATM 等新型设备。

据中国人民银行发布的《2015 年支付体系运行总体情况》显示，截至 2015 年年底，全国联网 ATM 设备数量 86.67 万台，较 2014 年的 61.49 万台增加了 25.18 万台，增长 40.95%。据统计，2015 年各大国有银行、股份制银行、城商行、农商农信等金融机构购买 ATM 设备共约 12.1 万台，较 2014 年的约 9.72 万台增加了约 24.49%，采购量超过 2012 年的 10.07 万台，创历史新高。

中国香港地区是全球 ATM 使用最频繁的地方。在香港，平均每台 ATM 每天进行 350 笔交易。香港花旗银行的新一代 ATM 除提供一般 ATM 所具有的提款、转账等服务外，还增添了多项以往只能在银行柜面办理的业务，如拥有“货币理财组合”户口的客户可以通过新一代 ATM 直接开立通知或定期存款、更改定期存款的续存指示，没带卡的客户还可以享受“免卡缴费服务”。

尽管近年来我国 ATM 的发展速度非常快，但在发展过程中也存在一些问题，主要表现在以下方面：

（1）考虑到人口因素，我国 ATM 数量明显不足。目前我国每百万人口的 ATM 拥有量与发达国家比较仍有很大差距，发达国家每百万人口的 ATM 拥有量为 1 450 台，据国家统计局发布的 2015 年国民经济运行情况数据显示，以 2015 年年末我国总人口数 13.74 亿计算，2015 年我国每百万人口的 ATM 拥有量约为 631 台。

（2）从地域上看，我国 ATM 布放极不平衡。在经济繁华的大城市 ATM 随处可见，而在一些偏远农村地区几乎无法找到它的身影。

（3）功能单一。目前我国大多数 ATM 只能提供存款、取款和余额查询等较简单的金融服务，业务创新做得不够。

（4）未建立 ATM 应急处置方案，相关管理办法有待更新。

2. 我国 ATM 的发展趋势

（1）功能更加完备，增值服务不断扩充。

ATM 在提升银行业服务品牌形象等方面发挥着不可替代的作用。随着银行自助服务市场日趋成熟，用户对 ATM 功能创新方面的需求不断推动着 ATM 向更高的方向发展。银行出于对客户个性需求与体验的重视，以及在战略转型中寻求新的利润增长点的考虑，中间业务日益多元化。现在，除了可以在 ATM 上实现取款、存款与修改密码等操作外，还可能实现代缴费、打印发票、充值、购买机票等功能。今后，随着市场的成熟，各种 ATM 的新型增值服务将在便利店、电信、石油、航空等领域得到更多的应用。

（2）客户身份识别能力增强，安全性提升。

由于针对 ATM 的犯罪活动从未间断，且手段更复杂、更隐蔽，人们对 ATM 安全性能的要求不断提升。“安全”依旧是 ATM 发展中的一个重要主题。国内 ATM 厂商在 2010 年的北京国际金融展上推出具有主动安防功能的 ATM 设备，如通过人脸识别、身份证识别等方式辨别持卡人身份。通过计算机与光学、声学、生物传感器和生物统计学原理等高科技手段紧密结合，利用人体固有的生理特征，如指纹、面像、虹膜等及行为特征如笔迹、声音、步态来进行个人身份的鉴定，大大提升了ATM的安全性。我国还成功研发出一套“钞票序列号追踪防伪系统”，极大地提高了ATM循环技术的安全性。未来，随着信息技术的高速发展，运用云计算和物联网技术构建一个更加智能、更为安全的ATM运营平台，成为重要趋势。

（3）ATM金融外包市场将发展壮大。

近年来，ATM市场保有量迅猛增长，随之而来的回笼现金清分处理、加钞、取钞和日常维护等后台服务工作量十分巨大，如何在有限的资源下通过合理的布局，实现投入产出的最大化，成为各银行业务转型和营销战略发展规划重要的组成部分。如今，一些银行已开始将ATM选址、网点建设、维保服务、运营管理等需要大量人力资源、管理经验和专业的实施策略的工作转交给运营服务商，在专注核心业务的同时，提高设备分布成效、资源配置效率及管理服务水平，促使ATM金融业务外包市场需求进一步扩大，成为ATM市场一个新的利润增长点。

二、POS机的发展及现状

1968年，发达国家的金融机构为了扩大取款卡的使用范围，使持卡人能够享受到简便的消费服务，在零售商店、酒吧等销售点安装了POS系统。持卡人在消费点消费后，可通过POS系统直接进行电子资金转账操作。

POS系统的发展可以分为三个时期：第一代EFT/POS系统，是使用借记卡的专有系统，通过该系统的联机处理，直接进行电子转账；第二代的EFT/POS系统，是由直接转账的POS系统同采用信用卡挂账的信用卡系统相结合而发展起来的共享POS系统，既可用借记卡，也可用信用卡进行购物消费，因此兼具直接转账和信用卡挂账双重功能；第三代POS系统从20世纪90年代到现在，随着互联网而发展，可使顾客在便利店中的POS机上进行存取款、交费、转账、查询余额等银行业务。POS系统可以和其他银行服务系统整合，实现信息共享，为用户提供更方便快捷的电子服务。方便顾客的同时，商店也可以借此吸引更多的顾客，卖出更多商品。

在美国和日本等发达国家，POS系统交易额已占到市场总销售额的70%以上，成为发达国家的主要支付系统之一，原来使用现金和支票购物最多的地方如超级市场是POS系统的最大用户。在美国，1977—1978年超级市场开始安装POS机，随着共享的电子资金转账网络的建立和完善，超级市场POS机得到迅速推广。日本第一次出现POS机是在1972年。20世纪70年代至80年代前期是日本POS系统的实验和探索期，1982年，7-Eleven便利店开始全面导入POS系统，并一律要求商品制造商标明商品的JAN型源代码（食品杂货型商品条形码），这促进了JAN-POS系统的推广和普及。日本大型商店的POS系统化是从1995年Itohyohka公司的全面POS系统化开始的。上述两个公司的全面POS系统化大大促进了日本JAN-POS系统的普及。

在我国，近几年联网POS机数量增长迅速，2013年终端布放增速居全球前列，其中POS机增速居全球首位，但人均数量排名相对落后。截至2014年年末，银行卡跨行支付系统联网商户达到1 203.4万户，同比增长57.62%；联网POS机达到1 593.51万台，比上年增长49.88%（见图6-15）。POS机使用数量的增长带动一系列市场主体发展。POS

机制造商向银行、银联提供 POS 机，银行和银联则免费为商户安装 POS 机，并从 POS 机刷卡消费金额中提取一定比例的手续费。

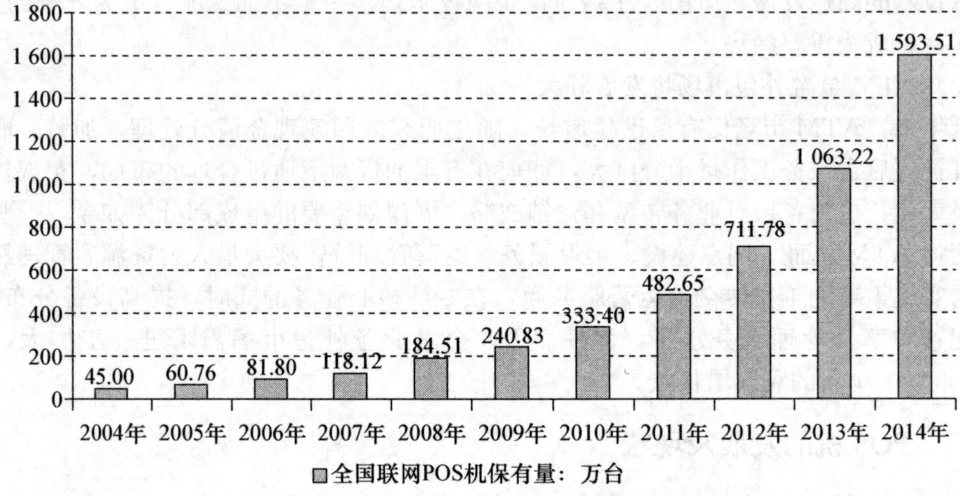

图 6－15　2004—2014 年我国联网 POS 机保有量走势图

在有些消费领域，由于受到场地和有线通信线路的限制，使得有线 POS 机的应用受到制约，例如电子商务的配送收费、煤气、水、电等公用事业上门收费、大型商品展览会购物消费、餐饮消费等具有移动特征的消费。而基于无线通信网络技术推出的无线 POS 机，很好地解决了因为场地和有线通信线路限制而导致的 POS 机配置不足。针对不断增长的无线 POS 机应用范围和市场需求，中国电信联合合作伙伴推出了基于 CDMA 技术的无线 POS 机业务，给客户带来了便利。

拓展阅读

中国工商银行自动柜员机现金管理办法

第一条　为加强中国工商银行自动柜员机现金管理，规范业务行为，确保自动柜员机的现金供应及时、合理和资金安全，根据《中国工商银行出纳制度》及有关规定，制定本办法。

第二条　本办法所称自动柜员机是指具有客户自助服务功能、可以存取现金的银行设备，包括：ATM（Automatic Teller Machine）和 CDM（Cash Dispenser Machine）等。

第三条　中国工商银行营业用自动柜员机的现金管理适用本办法。

第四条　自动柜员机现金管理工作的任务，是根据客户存取现金的需要，准确、及时、合理、安全办理自动柜员机现金供应、整点、反假、账款核对、钞箱检查和现金入库等工作，确保自动柜员机现金安全。

第五条　自动柜员机钞箱中存放的备付金，既是营业用现金，又是银行库存的组成部分。使用自动柜员机的相关部门要根据业务量和有关管理要求，合理核定每台自动柜员机备付金限额，既要保证现金的及时供应，又要降低现金占用。

第六条 使用自动柜员机的相关部门负责自动柜员机的装钞、卸钞、反假、清点、账款核对、钞箱检查及有关账务处理工作；现金供应部门负责提供符合自动柜员机使用标准的现金及入库款的清点和上缴工作；保卫部门负责现金调运途中的安全工作。

第七条 办理自动柜员机现金业务，必须贯彻双人管理原则。凡办理自动柜员机钞箱开闭、装钞、卸钞、整点、账款核对、钞箱检查等工作，必须双人到场、换人复核，并做到手续清楚、责任分明、数字准确、账款相符。

第八条 自动柜员机钞箱备付金的领取、钞箱余款及客户存入现金的上缴，必须按储蓄网点领缴现金手续办理。领取的备付金必须是经过清分、复点后，符合使用标准的现金。客户存入自动柜员机的现金必须经过整点方可入库。

第九条 自动柜员机装钞、卸钞、存款清点、账款核对、钞箱检查等工作，必须置于全方位录像监控之下。录像带须按有关要求妥善保管。

第十条 为自动柜员机加装备付金，可采用两种方法：

（一）更换钞箱法。将备付金不足的原钞箱撤下，打印清单，换上装好备付金的新钞箱，回行后清点余额，当日进行账款核对。

（二）原箱续钞法。必须在保证款项安全的条件下即时结账，打印清单，清点钞箱内余额，账款核对无误后，在备付金不足的钞箱中直接加装备付金。

第十一条 自动柜员机中的备付金，须按券别分钞箱管理，严禁将不同券别的现金混装一箱。更换或重新安装钞箱时，必须按券别在规定的位置放置钞箱。钞箱安装完毕，应按券别做吐钞测试，确认自动柜员机吐钞正常、准确。

第十二条 客户存入自动柜员机的现金（不含封包存款），应坚持一日一清、日终结账的原则；客户采取封包存款形式存入自动柜员机的现金（必须向客户明确封包业务要求），应坚持一笔一清、逐笔结账的原则，账款核对正确后，方可办理记账手续。如现金与客户通知书存款数额不符（账款不符或存在假币），应按实点数办理记账手续，并登记有关差错登记簿，同时填写存款差错通知书通知客户。

第十三条 自动柜员机现金结账是指将自动柜员机打印的清单、报表与钞箱内现金进行核对。钞箱中的备付金，无须每日清点，但遇以下情况，必须清点并做账款核对：

（一）吐钞不正常，开钞箱检查时。

（二）钞箱备付金不足，采用原箱续钞法增加备付金时。

（三）采用更换钞箱法，将旧钞箱替换，当日营业终了前。

（四）客户称吐钞有误，当日营业终了前。

（五）7个工作日（不含）未进行账款核对的。

第十四条 自动柜员机的打印清单是账款核对和事后检查的重要依据，经由经办员核对盖章后，按时间顺序妥善保管，保管期限不少于半年。

第十五条 自动柜员机保险柜（内置钞箱）钥匙、密码和电子柜钥匙管理要求：

（一）自动柜员机保险柜钥匙和保险柜密码必须双人分管，电子柜钥匙可兼管，相互制约，严禁一人统管。

（二）保险柜、电子柜备用钥匙及保险柜密码副本密封后，由使用部门负责人分人妥善保管、启用登记。

（三）非工作时间保险柜钥匙和电子柜钥匙不得随身携带，用后必须入库（保险箱）保管。

（四）如发现保险柜或电子柜钥匙遗失，必须立即采取措施，确保款项安全，同时查明事故原因，并及时上报主管部门。

（五）掌管密码人员临时变更或工作调动，接管人员必须及时更换保险柜密码。掌管钥匙人员临时变更或工作调动，必须办理定向交接（曾掌管密码人员不能接管钥匙）手续，并登记自动柜员机钥匙、密码交接登记簿。

第十六条　自动柜员机现金管理，应实行定期或不定期检查制度。使用部门的业务主管人员须不定期检查，每月至少一次；出纳部门须不定期进行抽查，每季度至少一次。检查内容包括：

（一）自动柜员机的备付金与有关分户账是否一致。

（二）日常现金的领取、上缴、装钞、卸钞等手续是否坚持双人办理。

（三）长短款及错账记录是否清楚，是否纳入有关科目核算。

（四）款项清点、交接、运送工作是否符合安全要求。

（五）钥匙、密码的交接和备用钥匙、密码副本的保管是否符合规定。

有关人员检查后，须登记查库记录簿（格式同出纳查库记录簿）。

第十七条　自动柜员机如发生错款或存款误收假币，使用部门应及时处理，分清错款性质，查明错款原因，做好错款记录，及时采取措施。自动柜员机当日难以处理的长短款，经有权人批准，暂列当日其他应收（付）款科目，严禁长款寄库，短款空库，以长补短。

第十八条　本办法由中国工商银行总行负责修改和解释。

第十九条　本办法自1999年12月1日起执行。

问题讨论：你认为从ATM中取出假钞的可能性大吗？为什么？

本章小结

自助渠道属于银行业务处理电子化和自动化的一部分，它利用现代通信和计算机技术，为客户提供存款、取款、转账、货币兑换和查询等智能化程度高、方便、高效的服务。自助渠道不受银行营业时间限制，能够24小时全天候为客户提供金融服务。自助银行的设备分为现金交易设备和非现金交易设备。现金交易类设备一般包括：自动取款机、自动存款机、外币兑换机、夜间金库等；非现金交易类设备包括销售点终端（POS机）、存折补登机、发票打印机、多媒体查询机、自动保管箱等。

本章实训

- 实训名称：熟悉银行自助设备的结构及使用
- 实训目的：

1. 巩固课堂上所学的自助服务渠道的相关知识，理论联系实践，实地观察各类自助设备的结构，亲身感受银行自助设备的使用方法，提高对电子银行业务的感性认识。

2. 对比柜面业务与自助银行业务的处理速度，观察自助设备的使用频率，加深对银行自助设备分流柜面业务作用的理解。

3. 通过观察与使用，分析自助设备使用过程中可能出现的问题及解决办法，为进一步学习自助银行的相关案例做准备。

◆ 实训内容：

1. 熟悉 ATM 的结构及使用方法。观察 ATM 的整体结构及各组成部分，用自己的银行卡在 ATM 上办理相关的业务（查询、存取款、转账、修改个人密码等）。在使用过程中遇到问题及时咨询银行工作人员。

2. 熟悉 POS 机的结构及使用方法。观察 POS 机的结构及各组成部分，用自己的银行卡做一笔刷卡消费，观察特约商户的操作流程。

3. 熟悉多媒体自助终端的结构及使用。观察多媒体自助终端的整体结构及各组成部分，用自己的存折或银行卡进行相应的操作，并总结多媒体自助终端与 ATM 的区别。

4. 在自助银行用电话银行办理业务。通过自动语音提示或人工服务的方式办理银行业务（查询、咨询等）。

课后习题

一、填空题

1. ATM 根据安装方式不同分为__________和__________。

2. 请列举你知道的自助渠道服务设备：________________________。

3. 自助渠道服务的特点包括__________、__________、__________、__________。

二、简答题

1. 自助渠道服务的优势有哪些？

2. ATM 的功能有哪些？

3. 我国 ATM 的发展所面临的问题有哪些？

三、思考题

1. ATM 自助服务与网上银行、电话银行、手机银行相比有哪些相同点和不同点？

2. 从银行角度来说，如何防范自助渠道服务的风险？

第七章　第三方支付

知识目标

掌握第三方支付的概念、特点、作用；掌握第三方支付的工作模式；了解我国第三方支付的发展历程、目前存在的问题及金融监管部门为其规范发展所制定的相关法律法规。

技能目标

具备运用第三方支付工具进行支付的能力；掌握支付宝等主要第三方支付工具的使用方法。

第一节　第三方支付概述

2005年，阿里巴巴总裁马云在瑞士达沃斯世界经济论坛上首次提出了“第三方支付”的概念。马云在会上表示，电子商务首先应该是安全的电子商务。一个没有安全保证的电子商务环境，是没有真正的诚信而言的。然而，要解决安全问题，需要先从交易环节入手，而C2C交易环节的核心问题是支付。

一、第三方支付的概念

第三方支付是指具备一定实力和信誉保障的独立机构，采用与各大银行签约的方式，基于互联网，提供线上（互联网）和线下（电话及手机）支付渠道，完成从用户到商户的在线货币支付、资金清算、查询统计等系列过程的一种支付交易方式，是第三方电子支付的简称。

进入信息时代后，电子支付替代纸币支付和票据支付成为主导支付体系。电子交易不仅是传统交易信息流、资金流的电子化，而且出现了以互联网为媒介的 B2B、B2C、C2C 等电子交易形式。在这些交易中，电子货币具有取代纸币成为重要支付方式的潜力及能够在世界范围内流通的特性。由于电子认证技术的日新月异及电子签名、电子密码（如指纹、虹膜、声波等生物识别技术）的不断演变，交易和支付认证越来越便捷、准确。

与此同时，虽然商业银行体系的电子支付、结算在理论上足以支撑电子商务、互联网金融活动中的资金支付，但由于运营成本及经营定位等因素，商业银行在为客户提供电子支付、结算服务时的用户体验并未跟上电子商务及互联网金融快速发展的步伐。在这一背景下，第三方支付机构应运而生，成为电子商务客户进行网上支付的“入口”，并成为银行结算体系在客户端的“接口”。

总体来说，在电子交易形式、电子货币及电子认证技术演变的共同作用下，电子交易的支付媒介已不再全部由银行担任，而是出现了新的支付中介服务机构。按照中国人民银行 2010 年颁布的《非金融机构支付服务管理办法》的规定，第三方支付服务机构所提供的服务（即该办法所定义的非金融机构支付服务）是指在收、付款人之间作为中介机构提供下列部分或全部货币资金转移，如互联网支付、预付卡的发行与受理、银行卡收单。

二、第三方支付的作用

（一）便捷服务

由于第三方支付服务商的存在，银行降低了发展商户和收单成本，商家也减少了与多家银行网关连接的开发费用和系统开销。所以，一个好的第三方支付服务商对每家银行来说都是一个“超级商户”，对每一家商户来说都是一家“超级银行”。第三方支付服务商提供一系列的应用接口程序，将多种银行卡支付方式整合到一个界面上，负责交易结算和与银行的对接，使网上购物更加快捷、便利。

（二）提供信用担保

提供信用担保的第三方服务商利用自身信用提供交易担保，有效地解决了“拿钱不给货、拿货不给钱”的问题，降低了商品交易中的风险，提高了电子商务网站交易的成功率，促进了电子商务交易量的增长。

（三）生成信用数据

以电商为依托的第三方支付平台，自产生开始，就是各种即时的生产、销售、消费、社交信息的交换和集成之所在。第三方支付平台积累的支付数据，很容易与其他电商交易、供应链信息管理系统、社交和媒体平台积累的行为数据进行交叉组合。这些数据流生成的大数据，对于小到单个产品的研发，大到判断行业趋势，乃至构筑一种全新的信用评价体系，都有十分重要的作用。同时，运用先进的数据挖掘工具，第三方支付机构可以更深入地了解客户的资金用途与需求、消费行为与偏好、信用特征等丰富多样的信息。这既可用于第三方支付机构进一步改善支付流程、客户体验，又可用于客户网络的精准营销和深度营销。

（四）创造衍生需求

由于银行、商户、消费者等多方客户都汇聚在同一支付平台，它的外部性能吸引更多的生产者、服务者加入这个平台。由此，从支付服务这个最基础的服务可以衍生出一系列新服务，满足客户更多的需求。这些服务可能与支付相关，也可能完全脱离了支付。

三、第三方支付的类型

根据不同的分类标准，第三方支付可分为不同的类别：

（一）根据支付渠道分类

根据支付渠道与媒介不同，将第三方支付分为银行卡收单、互联网支付、移动支付、预付卡支付、电话支付、数字电视支付等多种形式的支付服务。

1. 银行卡收单

以POS机为介质，实现银行向商户提供的本外币资金结算服务。持卡人在商户刷卡消费时，先由银行结算给第三方支付服务机构，最终支付给商户。

2. 互联网支付

通过互联网终端进行的资金转移，利用银行所支持的某种数字金融工具，在购买者和销售者之间进行金融交换，从而实现购买者、金融机构、商家之间的在线货币支付、现金流转、资金清算、查询统计等过程，为电子商务和其他电子交易提供金融支持。

3. 移动支付

移动支付是指以移动终端，主要是智能手机、平板电脑等移动工具，运用移动互联网、蓝牙、红外、NFC（近场通讯）、RFID（射频识别）、短信等技术，通过移动通信网络，实现资金由付款方转移至收款方的一种支付方式。

4. 预付卡支付

采取磁条、芯片、RFID等技术，以卡片、密码等形式的电子支付卡片为介质，以实现在发行机构指定范围内购买产品或服务的预付价值兑现。预付卡包括礼品卡、福利卡、商家会员卡、公交卡等。狭义的预付卡支付是指由专营发卡机构发行，可跨法人使用的预付卡。

5. 电话支付

通过各种形式的通话终端设备（如固定电话、手机）与银行或通信运营商建立的支付系统相联通，近而连接到银行系统完成个人银行账户资金转移的支付方式。电话支付的媒介为电话设备，无须添加额外终端。与移动支付相比，它要求用户进行通话通信。

6. 数字电视支付

数字电视支付是指以电视信号为媒介，通过电视遥控器的操作，接入支付系统完成支付的模式。与其他支付相比，数字电视利用了完全不同的信号通路，且与电视娱乐直接挂钩。

（二）根据业务模式和支付流程分类

根据业务模式及支付流程不同，第三方支付可分为网关型支付模式、账户型支付模式及特殊的第三方支付——银联电子支付。

1. 网关型支付模式

所谓的支付网关，是指连接银行内部的金融专用网络与互联网的一组服务器，其主要作用是完成两者之间的通信、协议转换和对数据进行加密、解密，以保护银行内部数据安全。在支付网关模式下，第三方支付平台扮演着“通道”的角色，没有内部交易功能（见图 7-1）。网上消费者的付款直接进入支付平台的银行账户，然后由支付平台与商户的银行进行结算，中间没有经过虚拟账户，而是由银行完成转账。银行完成转账后再将信息传递给支付平台，支付平台将此信息通知商户并与商户进行账户结算。在支付过程中，交易双方不能看到对方银行卡号码等支付信息，商品种类、规格等交易信息也不能让交易双方以外的人获取。网关型支付模式的典型代表是首信易支付。首信易支付从 1999 年 3 月开始运行，是中国首家实现跨银行跨地域提供多种银行卡在线交易的网上支付服务平台，目前支持全国范围内 23 家银行及全球范围 4 种国际信用卡在线支付，拥有千余家大中型企事业单位、政府机关、社会团体组成的庞大客户群。

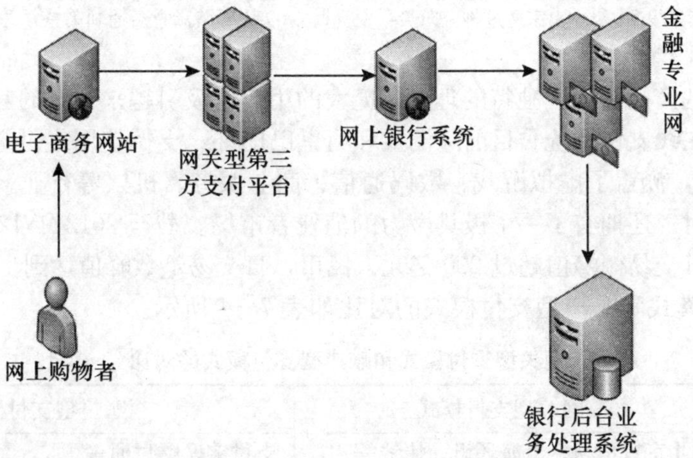

图 7-1　网关型第三方支付平台

2. 账户型支付模式

在账户型支付模式下，付款者和收款人首先必须在第三方支付平台开立虚拟账户（大部分第三方支付平台都用客户的 E-mail 作为账户名），付款人需将实体资金转移到支付平台的支付账户中（可使用不同的方式进行充值）。当付款人发出支付请求时，第三方平台将付款人账户中相应的资金转移到自己的平台，然后通知收款人已经收到货款，可以发货。收款人通过物流将货物发出，付款人确认收货并检验完毕后通知第三方支付平台，第三方支付平台将临时保管的资金划拨到收款人账户中。最后收款人可以将账户中的款项通过第三方支付平台和实际支付层的支付平台兑换到银行的账户中保管（见图 7-2）。账户型支付平台为电子商务交易的双方提供了信用保障，而且安全措施也更加严密，普遍实现了通过电子签名等手段来保障账户资金安全。因此，账户型第三方支付模式是第三方支付企业未来发展的主要方向。国内账户型第三方支付平台的典型代表是支付宝和财付通。

支付宝是支付宝公司针对网上交易而特别推出的安全付款服务，其运作的实质是以支付宝为信用中介，在买家确认收到商品前，由支付宝替买卖双方暂时保管货款的一种增值服务。

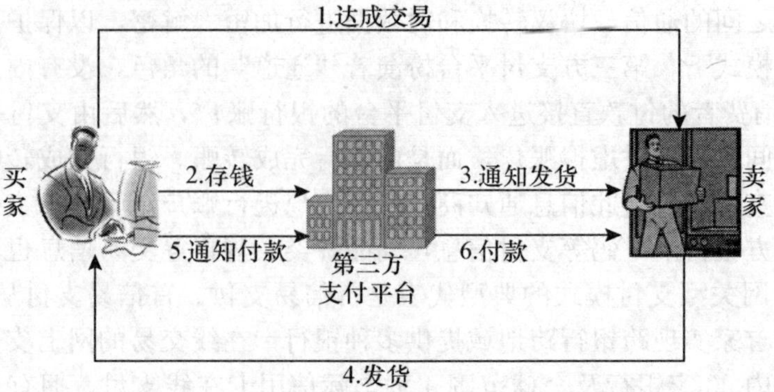

图 7－2　账户型第三方支付平台交易流程

注：1. 买家在互联网上选购商品，下单达成交易；2. 买家通过自己的账户向第三方支付平台付款；3. 第三方收到买家货款后，通知卖家发货；4. 卖家通过物流向买家发货；5. 买家验货满意后通知第三方支付平台付款；6. 第三方支付平台向卖家账户付款。

支付宝创新的产品技术、独特的理念及庞大的用户群吸引越来越多的互联网商家主动选择支付宝作为其在线支付系统。目前除淘宝和阿里巴巴外，支持使用支付宝交易服务的商家已经超过 46 万家，涵盖了虚拟游戏、数码通信、商业服务、机票等行业。这些商家在享受支付宝服务的同时，还拥有了一个极具潜力的消费者市场。截至 2012 年 12 月，支付宝注册账户突破 8 亿，日交易额峰值超过 200 亿元人民币，日交易笔数峰值达到 1 亿零 580 万笔。

网关型支付模式和账户型支付模式的对比如表 7－1 所示。

表 7－1　网关型支付模式和账户型支付模式的对比

	网关型支付模式	账户型支付模式
平台代表	北京首信易、上海环讯、快钱等	支付宝、财付通等
主要市场	B2B、B2C	C2C、B2C
客户群体	企业、政府机构等	个人、中小企业
盈利方式	根据客户规模和特点提供不同的产品，收取年服务费和交易手续费	广告收入、店铺费、商品登录费、交易服务费等
主要优势	独立网关，灵活性大，一般都有行业背景或者政府背景	拥有庞大稳定的客户群，在中介担保服务中建立了个人信用评价体系，可信度较高
主要劣势	缺乏完善的信用评价体系，增值服务少，缺乏服务特色	交易产生纠纷，仲裁效力有限，对沉淀资金的处理不够透明，有很大的金融和政策风险

3. 银联电子支付

银联电子支付平台（ChinaPay）是中国银联控股的银行卡专业化服务公司，拥有面向全国的统一支付平台，主要从事以互联网等新兴渠道为基础的网上支付、企业 B2B 账户支付、电话支付、网上跨行转账、网上基金交易、企业公对私资金代付、自助终端支付等银行卡网上支付及增值业务，是中国银联旗下的网络方面军。

ChinaPay 依托中国银联全国统一的跨行信息交换网络，在人民银行及中国银联的业务指导和政策支持下，致力于银行卡受理环境的建设和银行卡业务的推广，将先进的支付科技与专业的金融服务紧密结合起来，通过业务创新形成多元化的支付服务体系，为广大持卡人和各类商户提供安全、方便、快捷的银行卡支付及资金结算服务。公司充分利用中国银联全国性的品牌、网络、市场等优势资源，整合银联体系的系统资源、银行资源、商户资源和品牌影响力，实现强强联合、资源共享和优势互补。

（三）根据是否依托于电子商务网站分类

根据第三方支付服务商是否为与其同属一集团内的电子商务平台提供支付服务而分为独立的第三方支付和非独立的第三方支付。

1. 独立的第三方支付

独立的第三方支付平台是指完全独立于电子商务网站，由第三方投资机构为网上签约商户提供围绕订单和支付等多种增值服务的共享平台。这类平台仅仅提供支付产品和支付系统解决方案，平台前端联系着各种支付方法供网上商户和消费者进行选择，同时平台后端连接着众多的银行。由平台负责与各银行之间的账务清算，同时提供商户的订单管理及账户查询等功能。我国独立的第三方支付公司包括银联、首信、环讯 IPS、Yeepay 等。

下面以快钱为例说明这类第三方支付的特点：

作为独立的第三方支付企业，快钱没有自己的商业交易平台，采取与各类行业、各种企业联合的方式，来推广自己的支付工具。快钱针对不同行业的商家，推出各具特色的功能和服务，使商家能得到量身定做的支付平台，包括人民币支付、神州行支付、企业网银支付、外卡支付、电子邮件账单付款等，是国内支持货款支付方式最多的网关。快钱绝大部分的销售收入来源于向收款方收取的手续费。在快钱注册的用户之间通过快钱账户的款项往来是免费的，但是如果用户要进行结算，比如从快钱账户中取现，就要对个人用户或商户收取一定金额的费用。目前，快钱已拥有过亿注册用户和逾 400 万商业合作伙伴，并荣获中国信息安全产品测评认证中心颁发的“支付清算系统安全技术保障级一级”认证证书和国际 PCI 安全认证。

2. 非独立的第三方支付

非独立的第三方支付平台是由电子商务网站（电子商务交易平台）独立或者与其他机构合作开发，同各大银行建立合作关系，凭借其公司的实力和信誉，承担买卖双方中间担保的第三方支付平台。这类支付网站最初是为了满足自身配送商品和实时支付而研发搭建的，逐步扩展到提供专业化的支付产品服务。其典型代表是支付宝、贝宝、财付通及云网支付等。这类机构的特点如下：盈利方式包括年费加手续费；客户群体面向 B2C、C2C 市场，向个人或中小型电子商务网站提供在线支付服务；其优势在于自身是经营电子商务的企业，所以充分了解客户的支付需求，但由于依附于自身的电子商务企业，发展行业受限；同时因为服务于所隶属的电子商务网站，又要服务于竞争对手（其他的电子商务网站），所以会引起其他电子商务企业的质疑。

第二节 第三方支付的使用

本节内容站在消费者的角度，以占据第三方支付市场重要地位的支付宝和微信支付为例，来讲述第三方支付工具的使用。其中支付宝的使用以互联网支付为例进行讲述，微信支付以移动支付为例进行讲述。

一、支付宝的使用

支付宝的工作原理是：买家需注册一个支付宝账户，利用开通的网上银行或其他方式给支付宝账户充值，然后用支付宝账户在网站上购物并使用网上支付，货款会先转移到支付宝账户中，支付宝公司在收到支付的信息后通知卖家发货，买家在收到商品后再给支付宝确认，支付宝公司收到买家确认收货并满意的信息后，最终给卖家付款。

（一）支付宝账户的注册

如果还没有支付宝账号，必须先进行注册。用户可以选择用手机号码或 E-mail 两种方式来注册支付宝账户。如果用户已经是淘宝会员，则无须重新注册支付宝账户。在注册淘宝时，系统已自动生成一个支付宝账户，账户名是注册淘宝时填写的电子邮箱或手机号码，登录密码和淘宝最初的密码相同。

这里选择用 E-mail 来注册支付宝账户。下面为支付宝账户的注册流程：

（1）在支付宝首页点击“免费注册”，进行支付宝账户的注册。首先要选择注册方式，这里选择“E-mail 注册”（见图 7-3）。

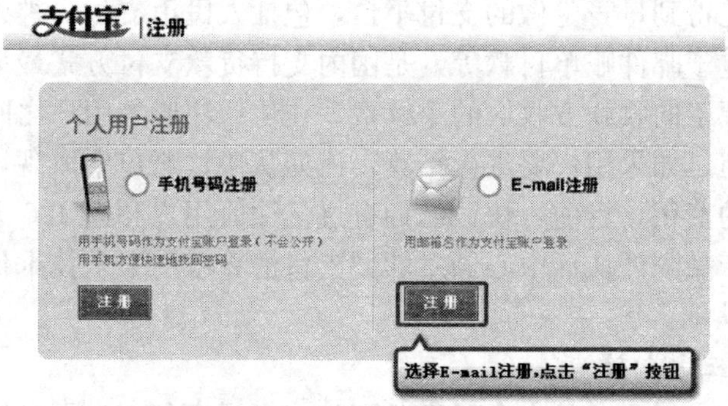

图 7-3　选择 E-mail 注册

（2）填写注册信息（见图 7-4）。

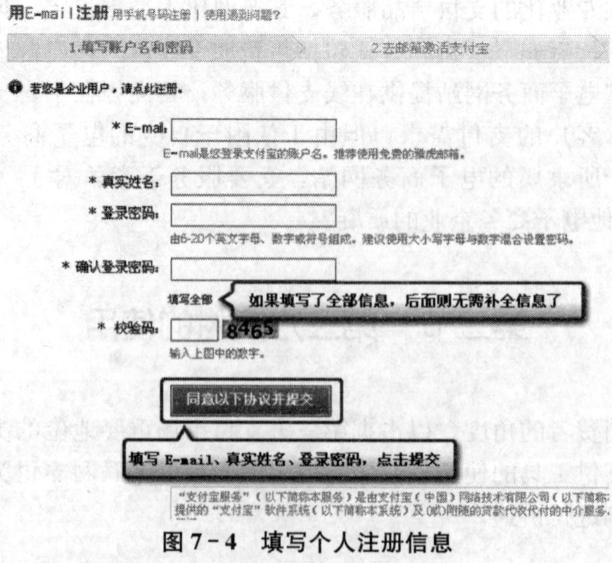

图 7-4　填写个人注册信息

填写资料需注意以下事项：

1）用户的 E-mail 地址就是用户的账户名，建议使用常用的邮件地址。

2）登录密码由 6～20 个英文字母、数字、符号组成，为了账户安全，建议使用复杂的安全登录密码。

3）支付密码也就是支付宝账户资金发生变化时要输入的密码，这是支付宝非常重要的一个安全措施，建议支付密码不要与登录密码一样。

4）真实姓名要填写自己的身份证上的姓名，身份证号码也要填写准确的号码，否则在申请支付宝卖家时不能通过真实身份验证。

(3) 注册成功后，系统会把激活码发送到刚刚填写的注册邮箱中，注意查收，并在邮箱中点击激活按钮，支付宝注册成功（见图 7－5、图 7－6）。

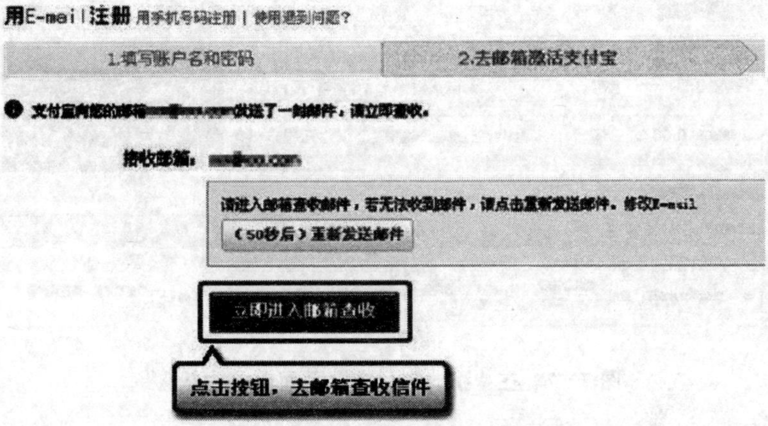

图 7－5　去邮箱查收激活邮件

图 7－6　点击邮件，激活支付宝账户

（二）充值与提现

1. 为支付宝账户充值

用户可以选择网上银行、支付宝卡通、银行网点和消费卡四种方式为自己的支付宝账户充值。下面以网上银行充值为例演示支付宝账户的充值流程，如图 7－7 至图 7－10 所示。

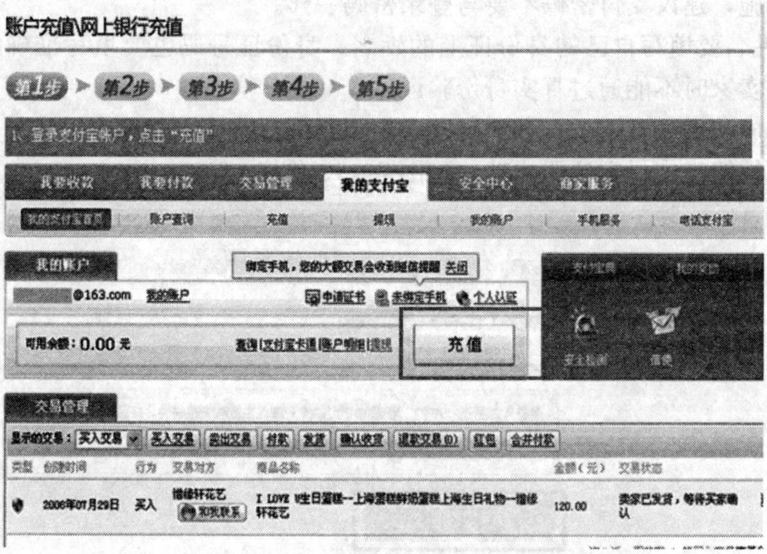

图 7－7　在“我的支付宝”页面点击“充值”

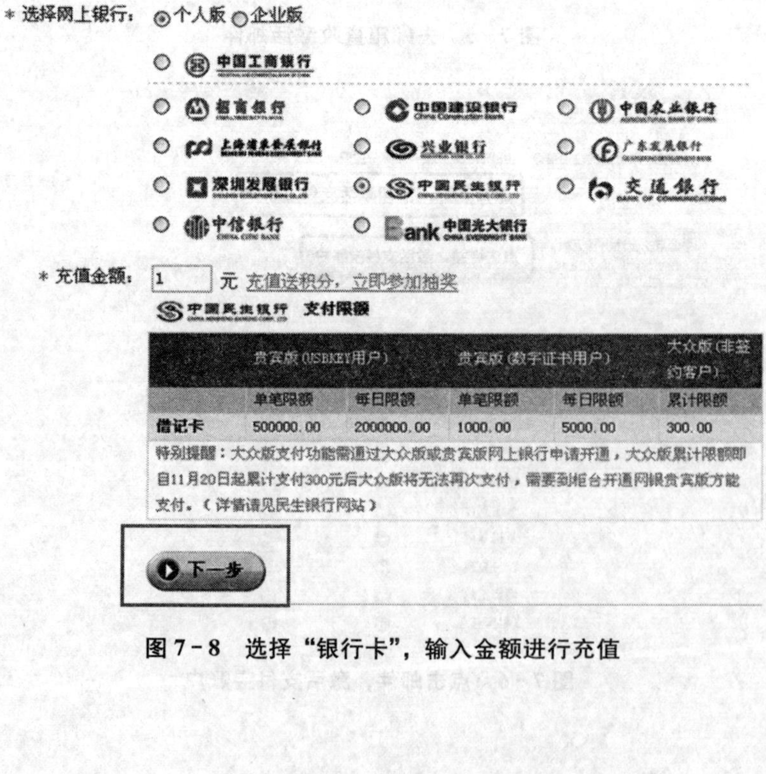

图 7－8　选择“银行卡”，输入金额进行充值

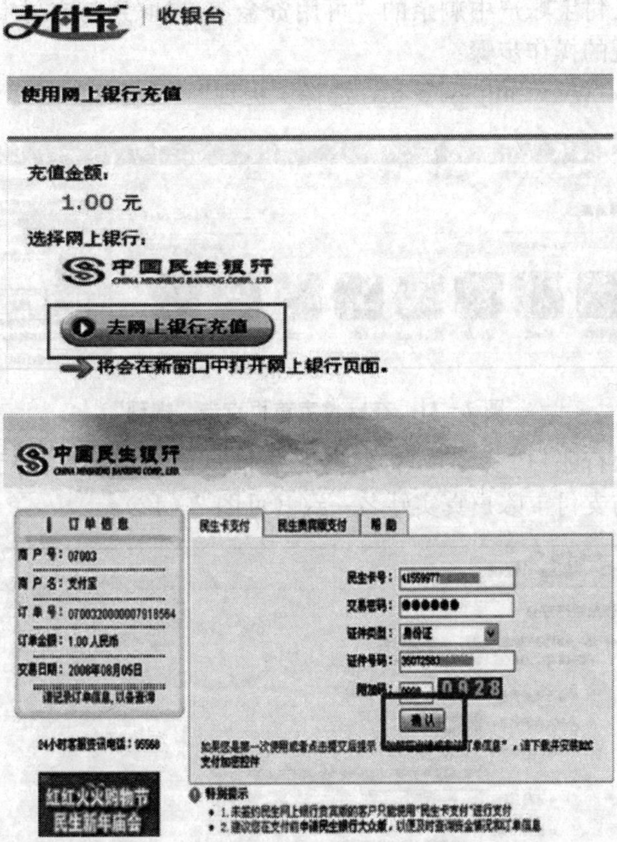

图 7-9 跳转到相应网上银行界面进行充值

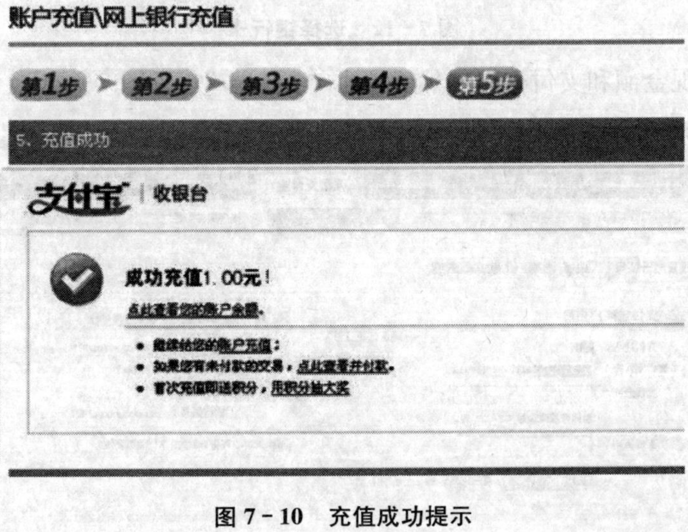

图 7-10 充值成功提示

2. 账户提现

用户还可以将支付宝账户中剩余的“可用资金”，提取到与支付宝账户同名的银行账户中。下面演示提现的操作步骤：

（1）登录 http://www.alipay.com，选择“提现”（见图 7－11）。

图 7－11　在支付宝首页点击“提现”

（2）在“添加银行账户”页面，将银行账户信息填写完整，然后点击“保存账户”，提现银行账户必须与支付宝账户真实姓名一致（见图 7－12）。

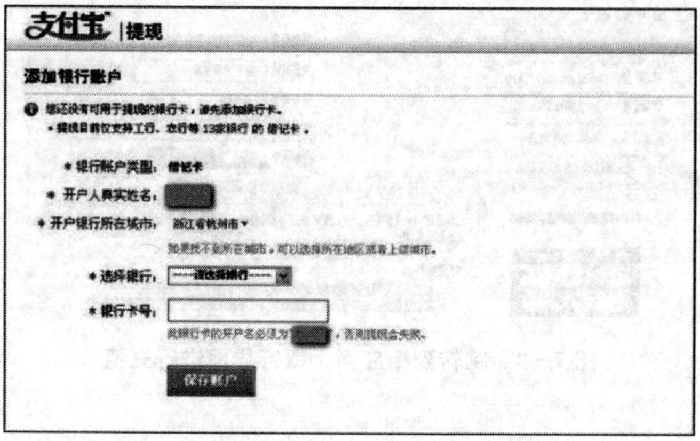

图 7－12　选择银行卡

（3）填写提现金额和支付密码，然后点击“下一步”（见图 7－13）。

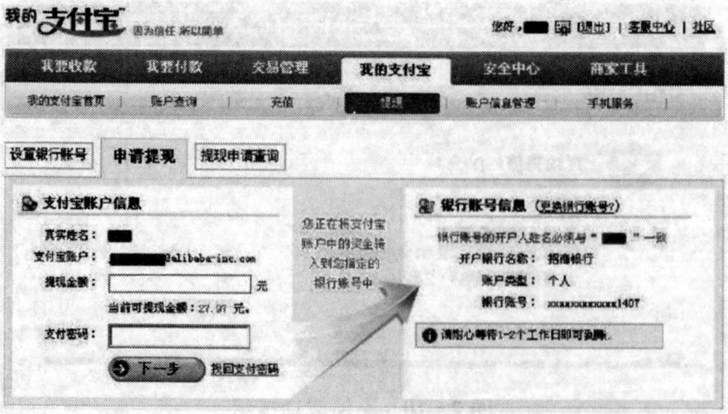

图 7－13　填写提现金额

(4) 提现申请成功提交，请耐心等待款项到账（见图 7 - 14）。

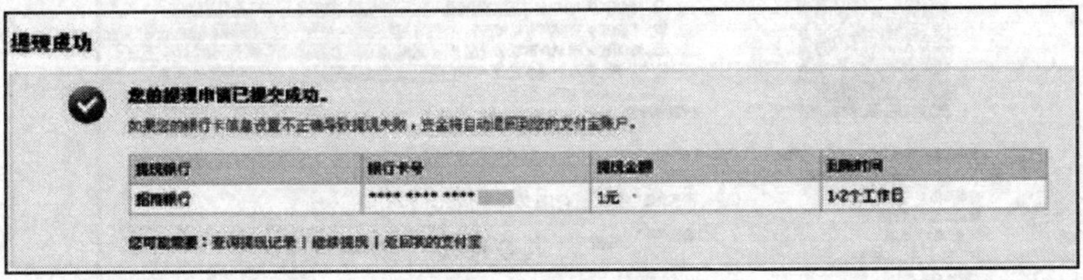

图 7 - 14 提现成功提示

（三）支付宝的使用

用户可使用自己的支付宝账户进行收款、付款、购物支付、缴纳费用、捐款、信用卡还款等，下面以支付宝最典型的“购物支付”功能为例来说明支付宝的使用。

用户在淘宝或其他支持支付宝付款的网站购买商品之后，就可以选择支付宝进行支付。支付宝支持两种付款方式：即时到账付款和担保交易付款。亲朋好友之间或者值得信赖的人之间可以选择即时到账付款，付款后用户的资金将直接进入对方的支付宝账户。为了资金安全，大多数的网络购物都选用担保交易付款。

下面以在淘宝购物付款为例演示购物支付流程。到淘宝网挑选喜欢的商品，点击“立即购买”，即可使用支付宝为商品付款，具体流程如下：

(1) 登录 http://www.taobao.com，选择要购买的商品，选中后点击“立即购买”，买下选中的商品（见图 7 - 15）。

图 7 - 15 选购商品，点击“立刻购买”

(2) 用户正确填写收货地址、收货人、联系电话，以方便卖家发货后，快递公司联系收货人，填写所需购买的数量，补充完成个人基本信息，点击“确认无误，购买”（见图 7 - 16）。

(3) 选择支付宝账户余额支付，输入支付宝账户支付密码，点击“确认无误，付款”，如支付宝账户无余额可以选择网上银行、支付宝卡通、网点付款来完成支付（见图 7 - 17）。

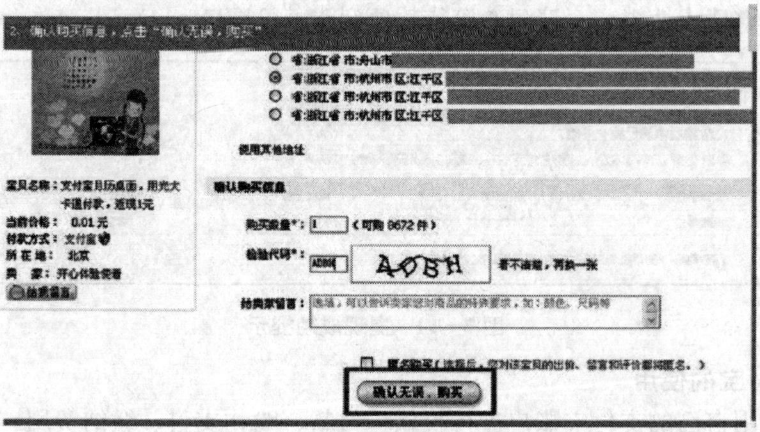

图 7－16　确认购买信息

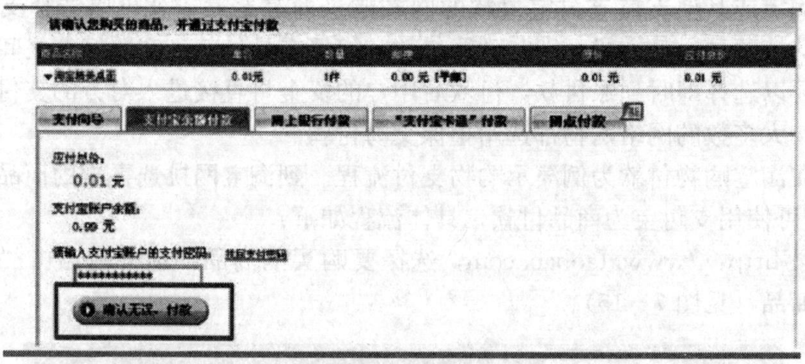

图 7－17　输入支付宝密码，确认付款信息

（4）支付宝账户余额付款成功，点击“点此查看本笔交易的详情”（见图 7－18）。

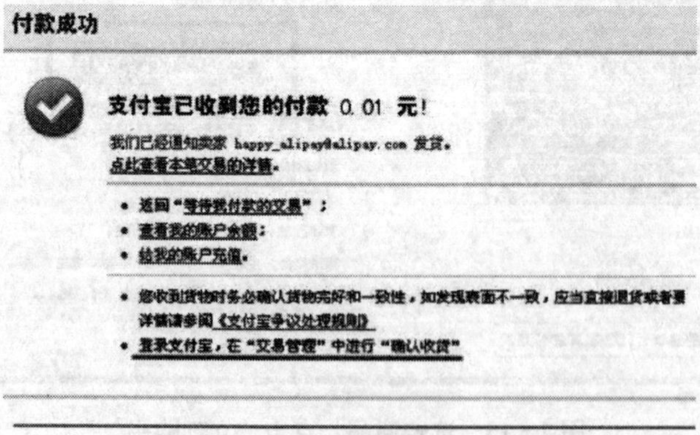

图 7－18　付款成功

（5）卖家发货后，买家注意查收货物，收到货物后，点击“确认收货”（见图 7－19）。

（6）输入支付宝账户的支付密码，点击“确定”付款给卖家（见图 7－20）。

（7）跳出提示框确认是否真的收到货物，如未收到货物请千万不要点击“确定”按钮，否则可能会钱货两空，收到货物点击“确定”付款给卖家（见图 7－21）。

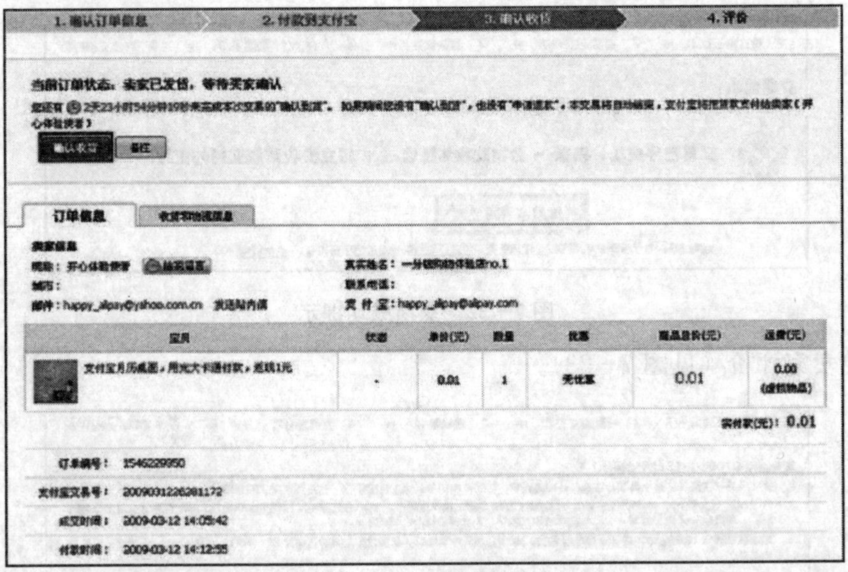

图 7 - 19　确认收货

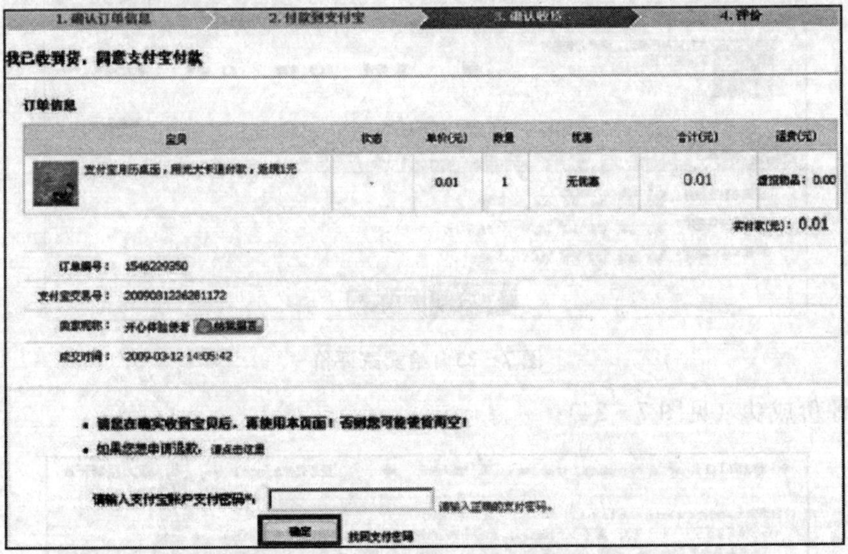

图 7 - 20　输入支付密码，付款

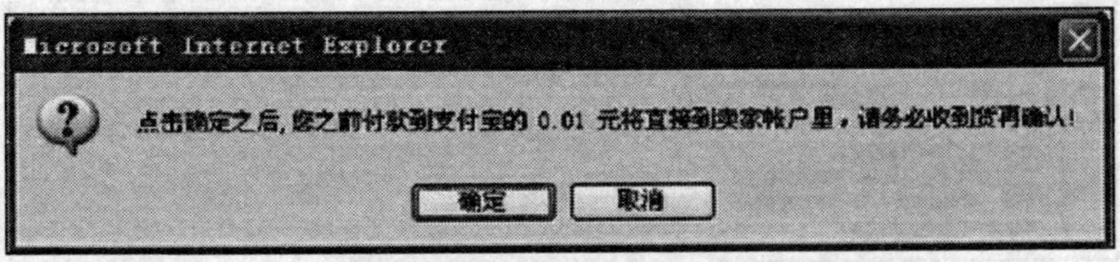

图 7 - 21　安全提示

（8）成功付款给卖家（见图 7-22）。

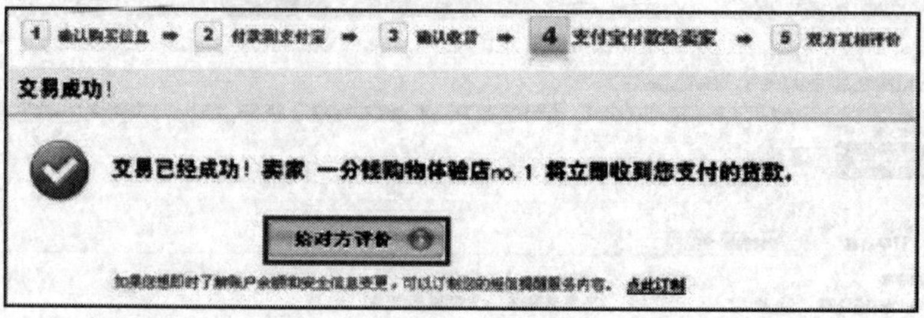

图 7-22 交易成功提示

（9）给卖家评价（见图 7-23）。

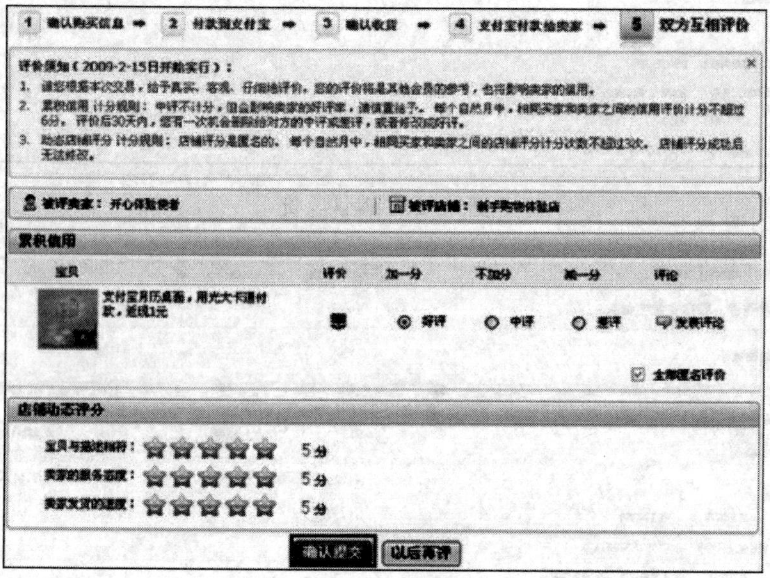

图 7-23 给卖家评价

（10）评价成功（见图 7-24）。

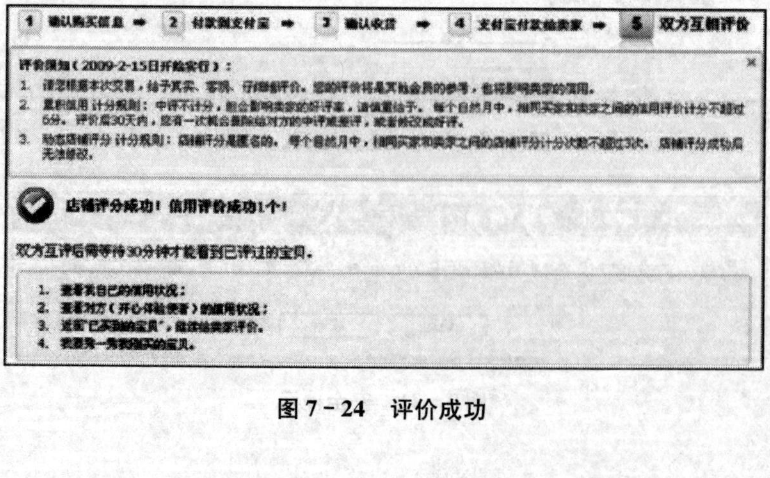

图 7-24 评价成功

(四) 使用支付宝的安全措施

1. 设置安全易记的密码

通过支付宝账户购物会涉及很多密码，如淘宝网的登录密码、支付宝账户的登录密码和支付密码、注册邮箱的密码、网银的登录密码和支付密码等，用户不能图一时好记，把这些密码都设置成一样的，一旦一个密码被破解，所有账户就都暴露在极不安全的状态中。

2. 设置安全保护问题

一旦用户忘记密码或者密码被盗，可以利用密码保护问题找回原密码。因此，密码保护问题一定要慎重填写并牢记在心。

3. 设置手机动态口令

设置了手机动态口令，用户在付款时需输入手机短信校验码（免费）。如果用户是账户有余额的买家或卖家，平时手机都会带在身边，选择手机动态口令，当账户有异常情况时，支付宝会及时发出校验码与用户核对。

4. 安装数字证书

安装数字证书后，只有在安装数字证书的电脑上才能用支付宝账户里的余额付款（免费）。

5. 使用支付盾或宝令

支付盾是一种U盾，付款时将其插入电脑USB口，即插即用，方便快速，为客户提供顶级安全保障。宝令是一种动态口令，客户付款时需要输入屏幕上显示的6位数校验码，校验码每分钟更新一次。另外，用户也可将自己的工行U盾与支付宝账户绑定，使用U盾保护自己的资金安全。

二、微信支付的使用

微信支付是由腾讯公司移动社交通讯软件微信及第三方支付平台财付通联合推出的移动支付创新产品，旨在为广大微信用户及商户提供更优质的支付服务，微信的支付和安全系统由腾讯财付通提供支持。

微信的支付功能在“微信钱包”中。安装了微信App的用户，在“微信钱包”中会被自动分配一个与自身微信账户关联的“零钱”账户。微信客户可以利用“零钱”相互转账、发放与收取红包、购买各类商品及服务、进行理财等。同时，微信可以绑定银行卡，为“零钱”账户充值、取现提供路径，用户也可直接在微信中使用银行卡进行支付。

(一) 绑定微信账号与银行卡

绑定微信账号与银行卡步骤如下（见图7-25）：

(1) 首先在手机上登录微信，点击主界面下方的“我”按钮。

(2) 进入“我”界面，选择“钱包”，然后在界面右上角点击“银行卡”。

(3) 输入卡号、卡片类型（如储蓄卡），并绑定手机号，点击“下一步”。

(4) 绑定的银行卡卡号在“银行卡”界面下显示。

用同样的方式可以绑定多张银行卡。

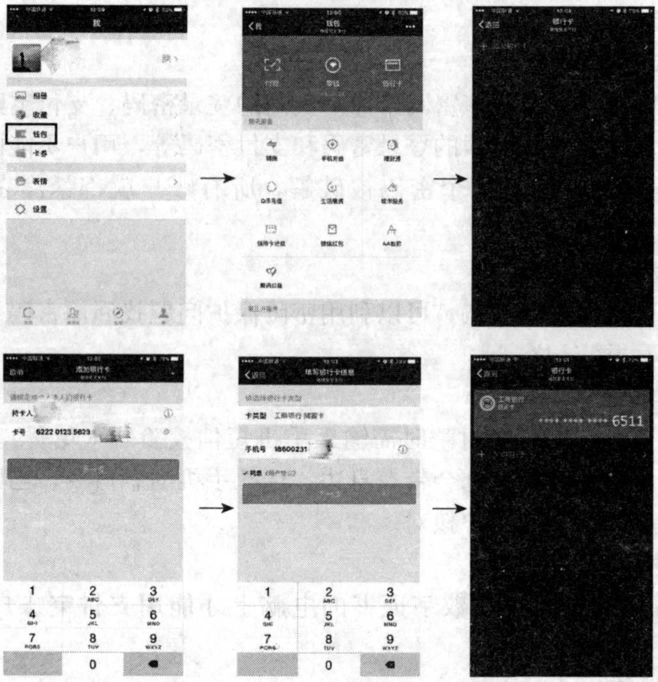

图 7-25　绑定微信账号与银行卡

（二）充值与提现

“充值”是指将资金从绑定银行卡中转入“零钱”账户，“提现”是指将资金从“零钱”账户转入绑定银行卡中。下面以充值为例进行业务演示（见图 7-26）。

图 7-26　向“零钱”账户充值

（三）转账

微信的转账功能是指微信好友之间的互相转账，转出账户持有人可直接在朋友名单中找出收款人，将自己绑定银行卡或“零钱”账户中的资金转入朋友的“零钱”账户（见图7-27）。

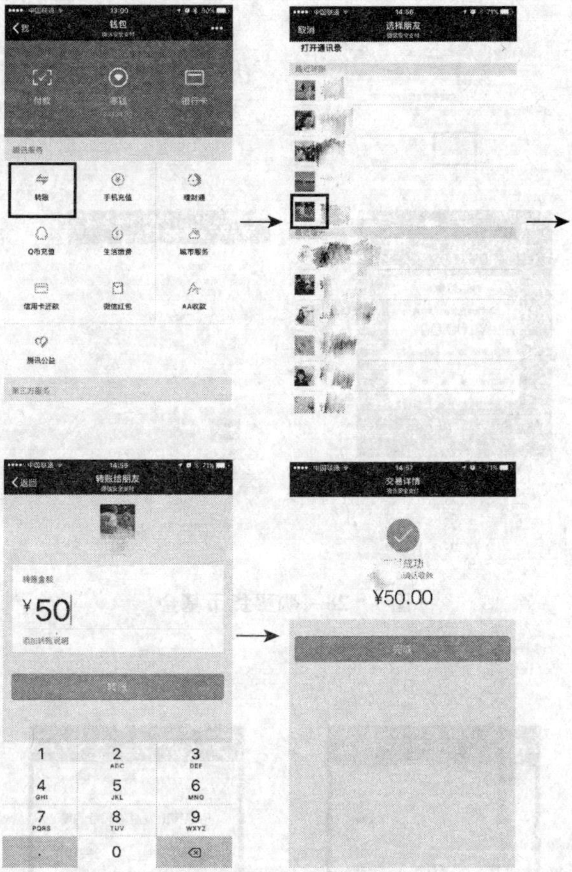

图 7-27 向好友转账

（四）理财

微信的理财功能是指用绑定银行卡或零钱账户中的资金购买各种理财产品，如基金理财、保险理财等。下面以购买基金为例来展示微信的理财功能（见图7-28）。

（五）第三方服务

目前微信支付与一些第三方的移动商务应用合作，为它们提供支付服务，微信将这些应用集中在一起，方便客户选择。下面以“滴滴出行”为例来展示这种应用（见图7-29）。

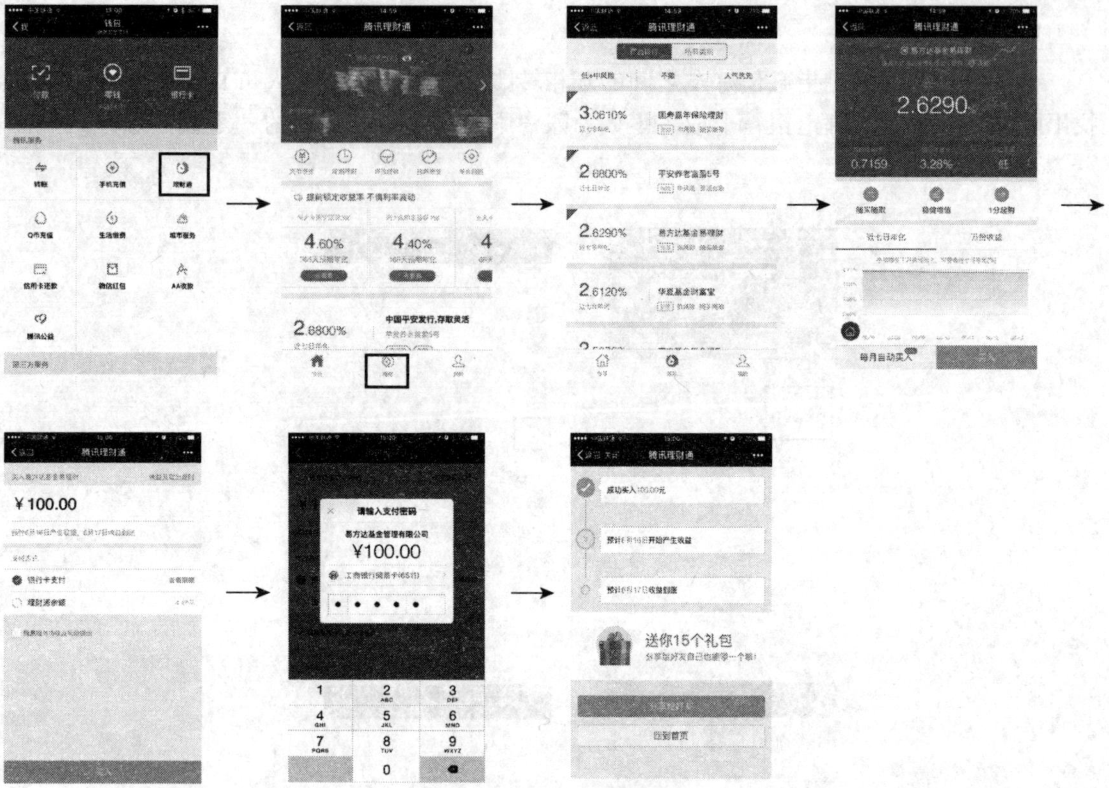

图 7-28　购买货币基金

图 7-29　在微信上用“滴滴出行”约车

第三节　第三方支付的发展及现状

一、国外第三方支付的发展及现状

（一）美国

第三方支付起源于20世纪80年代的美国ISO（International Organization for Standardization）制度。几十年中，美国的第三方支付业务也得到了突飞猛进的发展。美国网上支付是在发展成熟的线下信用卡和ACH① 建设基础上延伸到互联网媒体的，它的前提是信用卡和银行支票已经是广大美国用户支付线下交易最熟悉的工具。在原先系统下建设的支付授权、业务流程、清算、行业标准、风险控制及高容量信息系统都不需要做重大改造。这得益于美国良好的支付基础设施建设。

美国是发展电子商务最早的国家，目前网上支付已经比较成熟。PayPal是美国乃至世界最大的第三方网上支付服务商，它是1998年12月由Peter Thiel、Max Levchin和Elon Musk创立的，于1999年10月开始运营，2002年被eBay以15亿美金并购旗下，是一家为企业和个人提供先进网络支付服务的公司。PayPal通过银行系统，利用先进的网络技术、风险管理和网络安全防范措施，为全球103个国家和地区的超过1.14亿用户提供安全、快捷、方便的网上支付服务。仅仅用了5年的时间，PayPal就操纵了美国消费类电子商务额的9%，相当于全球的5%。它可以在103个市场以17种货币使用，是跨国交易中最有效的付款方式。

Square从中小零售商无力承担信用刷卡费率中觅得商机，试图在实体店中找到机会，2010年推出Square Card Case（后升级为Pay With Square/Register）议案。2013年6月25日，Square宣布推出Square Market；2013年7月，Square推出Square Stand。Square希望以支付为切入点，打造一个将商家和顾客纳入其中的大平台。目前，Square年交易规模超过200亿美元。从2012年11月开始，星巴克在美国的7 000家门店消费者可以直接通过Square Wallet购买咖啡。

Google Wallet是Google在支付领域的标志性产品，是一款移动应用软件。用户可以下载安装Wallet应用来储存自己的借记卡、信用卡、购物卡、礼品卡等信息。2013年Google Wallet开始支持Gmail邮箱转账支付。

在监管方面，美国对第三方支付公司实行的是功能性监管，即将监管的重点放在交易的过程，而不是从事第三方支付的公司。美国采取的是多元化的监管体制，分为联邦和州两个层次进行监管。各州监管部门可依据本州法律，对第三方网上支付业务做出自己的定位，且第三方支付公司作为货币服务企业需要在美国财政部的金融犯罪执行网络注册、接受联邦和州两级的反洗钱监管、及时汇报可疑交易和保存所有交易。但美国并没有制定针对第三方支付公司的专门的法规条例，只是在现在的法规中寻求相关的监管依据，或者对已有法规进行增补。

---

① 即自动交换中心，是美国处理银行付款的主要系统。

（二）欧洲

欧洲地区近年来电子商务增长强劲，但欧洲各国电子商务的发展是不平衡的，丹麦、瑞典、芬兰和挪威等北欧国家处于领先地位，德国、英国、法国和其他中欧国家居中，意大利、希腊等南欧国家相对落后一些。欧盟规定网上第三方支付媒介只能是商业银行货币或电子货币，这就意味着第三方网上支付公司必须取得银行业执照或电子货币公司的执照才能开展业务。实际上，欧盟对第三方网上支付公司的监管是通过对电子货币的监管实现的。

Moneybookers（简称 MB）是现今欧洲使用率最高的网络支付方式。MB 注册用户人数甚至不低于 PayPal，而其便于使用、安全性高的性能更是为它赢得了与 PayPal 相当的口碑。其简便通过 E-mail 地址来安全地支付及收款的功能、广阔的地域覆盖性（几乎支持对所有经济合作发展组织成员国家内的任何银行账户），深得西方消费者和商家，乃至一些国内商家和消费者的青睐。

（三）亚洲

第三方支付公司在亚洲的出现较欧美略晚，仍处于发展初期。日本第三方支付发展领先，韩国、新加坡、中国、印度紧随其后。日本电子商务的快速发展既得益于企业间纽带关系，也得益于既有的基础设施建设。日本企业在长期经营中形成了中小企业群围绕核心大企业的共荣共生体系，如 NEC、丰田、新日铁（新日本制铁公司）等大企业凭借雄厚的资本和技术实力积极推进电子商务，同时带动大批相关中小企业参与电子商务，并且日本传统的零售配送系统解决了电子商务配送和支付问题。新加坡电子商务的发展是政府积极参与的结果，尤其是对中小企业的鼓励和支持的结果。目前，制约印度电子商务市场发展的因素主要包括不成熟的网上支付系统及买卖双方的信用情况等。

（四）澳洲

澳大利亚和新西兰两国非常注重市场化运作方式，努力降低网络、数据库建设和运行管理的成本。完全竞争的市场机制能够实现资源的最优配置。澳新两国充分运用市场化方式加快信息化建设，加强信息化管理，降低了信息化建设和运行的成本，有效地改善了信息资源配置的状况。在网络等基础设施建设方面，两国实施了招投标方式，吸引了更多的企业竞争性地参与建设，大大降低了生产成本，提高了建设的速度和质量。新西兰政府负责 ICT（Information Communication Technology，信息、通信和技术）行业发展的部门制定了一系列低税、开放的政策，创新了许多筹集社会资本的机制，吸引大批内外资投入宽带网等信息基础设施建设。这些都为第三方支付的发展创造了良好的条件。

从以上情况我们可以看出，国外发达国家电子商务中第三方支付的发展得益于其良好的基础设施建设、成熟的信用体系、完善的监管体制、规范的法律法规指引及政府的积极参与。

二、我国第三方支付的发展历程

在我国，以淘宝、京东、卓越等为代表的电子商务网站，以及以支付宝、财付通等为代表的第三方电子支付平台已经成为大多数网民日常生活中必不可少的生活工具之一。中国的第三方支付和网上银行起步时间基本一致，早在 1998 年便产生了最早的支付平台，以网上支付为主的第三方电子支付发展至今大致可以分为以下三个阶段：

（一）相对自由发展阶段

1998—2004 年，国内互联网刚开始发展，包括盈利模式在内的商业模式还处于探索之中。中国最初的第三方支付平台源自政府推动。1998 年 11 月 12 日，由北京市政府与中国人民银行、原信息产业部、原国家内贸局等中央部委共同发起的首都电子商务工程正式启动，确定首都电子商城（首信易支付的前身）为网上交易与支付中介的示范平台。作为中国首家提供多种银行卡在线交易的网上支付服务平台，首信易支付是单纯的网络工具，是一种网关模式，起到链接所接入商家与银行等结算机构的作用，并收取相应技术服务费。2000 年，环迅支付作为独立运营的第三方支付企业在上海成立。2002 年 6 月，中国银联控股的银行卡专业化服务公司——ChinaPay 成立，ChinaPay 拥有面向全国的统一支付平台，专门从事网上电子支付。环迅支付与 ChinaPay 在经营模式上与首信易基本相同。此后，网银在线、支付宝、联动优势等在 2003 年前后分别推出相关服务；贝宝、快钱等也在 2004 年正式推出。第三方支付市场迅速起步并发展壮大起来。

这一阶段，支付平台大都是以网关支付为核心进行结算，市场参与者不多，竞争环境宽松且比较公平，企业压力不大，发展处于自由放任阶段，商户自然也没有很多第三方支付平台可以选择，因此，第三方支付能够从商户处收取较为合适的手续费、技术开发费、年费等费用。

（二）市场竞争激化阶段

2005 年是第三方支付发展中较为关键的一年，也被许多业内人士称为中国的电子支付元年。从 2005 年开始，中国快速发展的网络购物市场发生了根本性的变化，此前一直占网络购物市场主流的 B2C 电子商务模式被后来居上的 C2C 模式赶超，这一变化对第三方支付市场的发展而言十分重要。在 C2C 模式下，个人卖家和买家数量众多，单笔交易涉及金额较小，银行也没有精力为个人卖家提供网上支付服务及信用担保，以支付宝账户信用担保为主的第三方支付平台迅速成长起来，并取得很大的成功。2005 年 1 月，国务院《加快发展中国电子商务市场的若干意见》文件下发，多次提及网上支付，并明确给予高度重视。2005 年 4 月 1 日《电子签名法》正式实施，规定“可靠的电子签名与手写签名或者盖章具有同等的法律效力”。2005 年 10 月 26 日，中国人民银行公布了《电子支付指引（第一号）》，文件规定电子支付指令与纸质支付凭证可以相互转换，两者具有同等效力。此外，决定支付企业存亡的《支付清算组织管理办法（征求意见稿）》也是在这一年公布。之后，电子支付市场发展十分迅速，自 2005 年以来，连续多年保持 100%以上的增长率。

随着支付宝、贝宝等多家国内外电子支付企业发现了电子支付行业的市场机会及银行本身业务的拓展和转型，银行的网上支付意识开始增强，各大企业纷纷进入支付市场。大约短短一年时间，在网上支付市场就活跃着 50 余家支付企业，其中规模较大的近十家。这些机构产品单一，服务模式接近，唯有价格成为彼此竞争的武器，它们纷纷降低费率，打价格战，第三方支付市场竞争开始变得残酷。由于没有行业自律规范等明确的限制，一些企业不惜采取低价甚至倒贴的非正常手段吸引用户，以扩大自身市场份额。在这一阶段，第三方支付存在的问题主要表现在：

1. *法律地位不明确*

第三方支付公司作为支付中介，其不仅仅是提供技术平台和支付中介服务，实质上是从事类似于支付结算的业务。但第三方支付公司是否属于金融机构的范畴，却没有一个明确的法律定位。这就造成了第三方支付长期处于网络运营和金融业务交叉地带，政府的监管措施相对欠缺。

2. 沉淀资金管理问题

第三方支付的沉淀资金主要来自于两方面：一是消费者等待收货期间暂存在账户上的货款；二是账户主人充值后没有用完的钱。第三方支付凭借大量用户的剩余资金从银行获取利息，利息分配问题无法回避。更有甚者，一些第三方支付企业不自律，随意支配这些款项或使用客户的沉淀资金进行不合规定的投资等，监管部门又没有对其监管的依据，客户的资金风险较大。

3. 违法交易问题

第三方支付可能成为某些人通过制造虚假交易来实现资金非法转移套现，以及洗钱等违法犯罪的工具。由于网络交易的匿名性、隐蔽性，第三方电子支付平台很难辨别资金的真实来源和去向，使得利用第三方平台进行资金非法转移、洗钱、贿赂、诈骗、赌博及逃税、漏税等活动有了可乘之机。比如，如果信用卡持卡人利用亲戚或朋友的身份证和银行卡在网上开店，然后用自己的信用卡去店里买东西，第三方也无从查证该笔交易是否真实，用这种方法完全可以实现信用卡的套现而不花任何费用。

（三）逐渐规范阶段

2007年开始，恶性竞争带来的后果受到市场各方的重视。一些支付企业开始在产品创新、增值服务探索等方面加大投入力度。多元化的支付平台、深入化的行业应用开始成为市场竞争重点。在此背景下，2010年6月14日，中国人民银行公布了《非金融机构支付服务管理办法》（以下简称《办法》），并决定自2010年9月1日起实施。《办法》的出台表明第三方支付企业将被纳入统一监管，有利于规范企业行为，促进行业健康发展。《办法》明确规定，第三方支付机构必须取得《支付业务许可证》后才能提供支付服务，并依法接受中国人民银行的监管。未经中国人民银行批准，任何非金融机构和个人不得从事或变相从事支付业务。《办法》对第三方支付机构的权利与义务、“申请与许可”条件、“监督与管理”办法、违规处罚均做出明确规定。2010年12月，央行又公布了《非金融机构支付服务管理办法实施细则》，对支付机构从事支付业务的最基本规则、申请人资质条件等进行细化。至此，支付企业申请支付业务许可证的最后一个政策门槛已经消除。

2011年5月，央行发放首批第三方支付牌照，支付宝、银联、财付通等27家企业获牌；同年8月底，第二批牌照发放，13家企业获得许可证。中国移动、中国电信和中国联通三大电信运营商均于2012年年底获得第三批第三方支付牌照。截至2015年年底，央行已发放了8批、共270张支付牌照。

三、我国第三方支付的现状

我国电子商务市场的快速发展引发了电子支付领域的巨大变革，以支付宝、财付通为代表的第三方支付平台迅速发展壮大，其服务已覆盖B2B、B2C、C2C，以及跨行转账、信用卡还款、网络融资和公共事业缴费等众多领域。第三方支付平台不仅是电子商务产业的重要配套设施，而且自身也成为一个发展前景广阔、潜在价值巨大的分支产业。

（一）市场规模和结构

2014年中国第三方互联网支付交易规模达到80 767亿元，同比增长50.3%（见图7-

30）。在2014年中国第三方互联网支付交易规模市场份额中，支付宝占比49.6%，财付通占比19.5%，银商占比11.4%，快钱占比6.8%，汇付天下占比5.2%，易宝支付占比3.2%，环迅支付占比2.7%，京东支付占比0.5%，其他占比1.1%（见图7-31）。互联网金融的快速发展对第三方互联网支付产生了一定的影响，加剧了各支付企业在传统行业及互联网金融领域的竞争。

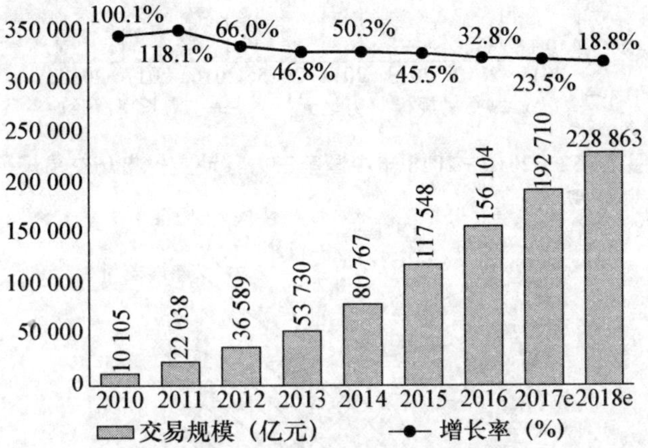

图7-30　2010—2018年中国第三方互联网支付交易规模

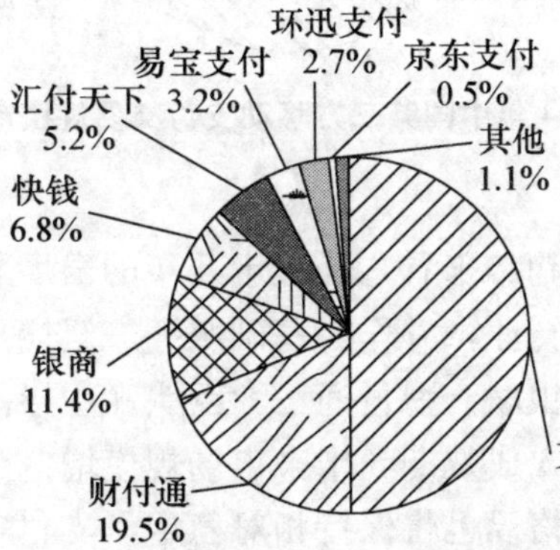

图7-31　2014年中国第三方互联网支付交易规模市场份额

2014年中国第三方移动支付市场交易规模接近6万亿元，较2013年增长391.3%（见图7-32）。2014年中国第三方移动支付的市场集中度更加明显，支付宝、财付通两家企业占据了93.4%的市场份额，其中支付宝的市场份额为82.8%，财付通的市场份额为10.6%（见图7-33）。艾瑞分析认为，移动支付代表着第三方支付行业最先进生产力，是将线下支付和线上支付融合一体的新型支付方式，目前移动支付的发展仍处于不稳定状态，整体行业增速主要依靠大型支付公司的亮点业务，在内还缺少硬件环境及支付场景的普及，但各类智能设备和信息化城市的建设必然会将移动支付所需的基础设施逐步完善，当应用场景能够深入社会正常经济生活中时，个人乃至中小企业端的支付就全部可由移动支付完成。

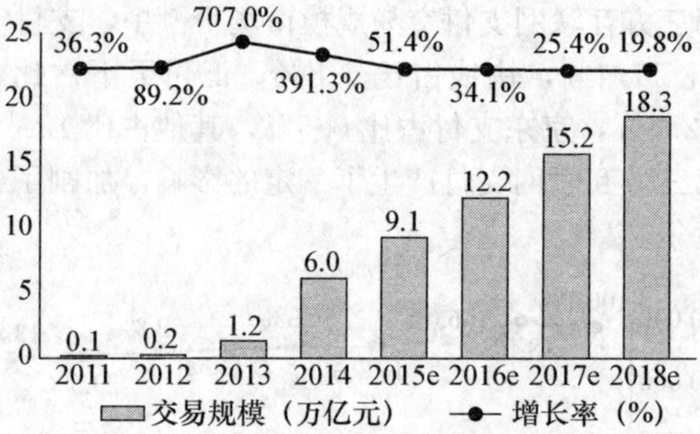

图 7-32　2010—2018 年中国第三方移动支付市场交易规模

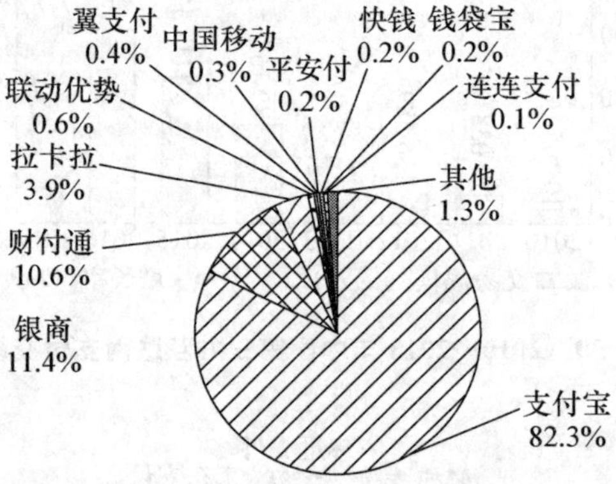

图 7-33　2014 年中国第三方移动支付交易规模市场份额

（二）行业特点及发展方向

从中国第三方支付整体发展趋势来看，经过十几年的发展壮大，第三方支付市场已经成为互联网金融领域最为成熟的行业，并作为基础服务广泛应用于各行业。目前第三方支付市场已经形成由支付宝、中国银联、财付通三大巨头占主导的市场竞争格局。

（1）互联网在线支付市场进入成熟期，未来市场规模增速趋于平缓，市场格局保持稳定。此外，互联网在线市场竞争格局也将保持相对稳定，支付宝、财付通、中国银联仍将占据第三方互联网在线支付交易规模市场份额前三名。

（2）移动支付市场规模将继续保持爆发式增长，市场将有更多的参与者加入，但对于整体竞争格局影响不大。对于移动支付来说，线下市场比线上更富有潜力。随着移动支付介入的线下消费场景变得丰富，移动支付市场规模将继续扩大。此外，线下支付市场的巨大前景正吸引着众多商家不断涌入，除传统的第三方支付机构相继入场外，手机厂商、通信运营商、传统商业银行也在努力布局。

（3）基于交易数据展开征信增值服务将成为支付机构的发力方向。支付具有金融、数据双重属性，第三方支付机构经过多年积累已拥有大量的数据资源，这些数据经过分析后的结果有相当价值，例如提供精准营销、客户管理、信用评级等增值服务。

（三）第三方支付的监管现状

第三方支付是一个以依靠创新为主，对支持经济转型发展具有重要意义的新兴产业。

在其起步初期，政策监管相对放松，对于产业发展起到了一定的促进作用。随着近年来市场格局的逐步稳定，第三方支付机构之间的竞争日渐激烈，行业管理要求不断提升。我国第三方支付监管现状如下：

1. 多方监管模式

中国人民银行主要负责支付结算规则制定，对第三方支付等非金融机构颁发支付业务许可证，同时出台相关政策及管理办法。此外，中国人民银行还推动成立了中国支付清算协会，通过行业自律组织推动市场行为向促进创新、规范管理的方向发展。银监会对第三方支付机构的保险产品准入和经营进行监管。工信部负责监管电信运营商的手机支付业务内容，监管第三方支付机构的移动互联网支付业务。国家发改委物价部门指导第三方支付机构的产品和服务定价。国家外汇管理局负责监管第三方支付机构的跨境支付。

2. 监管框架日趋完善

随着第三方支付发展，在客户备付金管理、消费者权益保护等方面出现了一些迫切需要加以规范的问题。为此，经国务院授权，中国人民银行先后出台了一系列部门规章和规范性文件，逐步形成了第三方支付领域的监管框架体系（见表7-2）。

表7-2　近年来我国第三方支付有关法规一览表

时间	法规名称	制定部门
2010年6月	《非金融机构支付服务管理办法》	中国人民银行
2010年10月	《非金融机构支付服务管理办法实施细则》	中国人民银行
2011年5月	《关于规范商业预付卡管理意见的通知》	国务院办公厅转发中国人民银行等七部委
2012年1月	《支付机构互联网支付业务管理办法（征求意见稿）》	中国人民银行
2012年9月	《支付机构预付卡管理办法》	中国人民银行
2013年6月	《支付机构客户备付金管理办法》	中国人民银行
2013年7月	《银行卡收单业务管理办法》	中国人民银行
2015年7月	《促进互联网金融健康发展指导意见》	中国人民银行
2015年12月	《银行卡收单外包业务自律规范》	中国支付清算协会
2015年12月	《非银行支付机构网络支付业务管理办法》	中国人民银行
2016年4月	《非银行支付机构自律管理评价实施办法（试行）》	中国支付清算协会
2016年4月	《非银行支付机构分类评级管理办法》	中国人民银行

拓展阅读

第三方支付的圈地战

目前国内手机支付出现三大流派：一是闪付派，包括云支付、三星支付、苹果支付等，以及手机运营商使用SIM-SWP技术的支付品种，重点巩固线下支付；二是扫码派，即二维码支付派，主要包括支付宝和财付通两个第三方支付机构，重点是争夺线下交易转化为线上交易；三是转账派，包括支付宝转账和微信支付。

中国银联

中国银联近年来在移动支付战略布局上大有所为，在支付行业新环境下，中国银联开启了“二次创业”模式，逐渐掀起了金融科技创新的热潮。2015年12月12日，中国银联联合20余家商业银行发布银联“云闪付”，以闪付为基础发展手机支付，正式推出基于HCE（基于主机的卡模拟方式）的移动支付方案。随着银联卡小额免密免签服务的试点推出，持卡人在指定商户“闪付”300元以下无须签名和输密，“闪付”体验极大提升。2015年12月18日，中国银联与三星电子宣布达成SamsungPay，与苹果公司宣布合作在中国推出ApplePay。银联卡持卡人使用SamsungPay或ApplePay，可享受到便捷、安全的移动支付体验。

此外，中国银联从简化支付流程入手，于2015年年初在上海中山医院正式推出“现代医院”解决方案，将支付与传统的挂号、诊疗、检查、取药等环节无隙融合，并开始在全国进行试点推广。目前已经在包括上海、广东、浙江、河北、安徽等地的近30家医院上线运行，并且率先在广东地区实现了医保个账手机支付。

支付宝

支付宝作为移动支付绝对市场份额优势方，并没有片刻放松。首先，支付宝通过改版移动端以完善线上场景；其次，通过线下大力推广，签约商超、便利店来拓展线下支付场景。

2015年第三季度，支付宝发布了9.0版本，拟在未来做全场景金融平台，并围绕着“场景”开拓市场，如支付宝在成都提供了“城市服务”这一功能，为当地居民提供包含公积金查询、港澳台签注等14项便民服务，使得支付宝场景更加丰富。

支付宝线下推广力度也颇大，例如签约大润发，至此支付宝已将国内五大超市品牌全部签下。2015年9月23日宣布投入10亿元推出“全民开店”计划，称将在2个月内招募100万名“口碑客”，开满100万家店。

与此同时，支付宝的触角还在不断伸向可覆盖的任何领域。自2016年1月23日起，支付宝联合80家品牌商连续19天派发商家礼包，还包括以往并不常出现的保险公司。

腾讯支付

根据腾讯控股有限公司公布的截至2015年9月30日未经审核的第三季度财报，该季度，QQ钱包和微信支付累计绑卡用户数超过2亿，庞大的用户群及基于社交带来的频繁支付行为为财付通支付规模带来了较大幅度的增长。此外，对服务商全面开放申请也吸引了相当数量的小微商户。

拉卡拉

拉卡拉是支付行业的一匹黑马，在布局综合性互联网金融的共生体系发挥作用，显现效力。拉卡拉在2015年第三度完善了“8＋N”的业务板块布局，支付、征信、贷款、理财、保险、商城、投资、银行服务等多条业务线齐发力，为拉卡拉平台带来了更多的新用户，原有便民支付业务增长的同时，信贷和理财业务增量明显。

基于超过400万商户和1亿个人用户的平台基础，以及大数据和征信服务，2015年第三季度，拉卡拉信贷业务单月交易额达到100亿元，理财交易额达到30亿元，成为拉卡拉移动支付端爆发式增长的主力。

“合体”POS机

大支付机构革新改良，同时带动其他支付机构及相关上下游产业也在悄悄改变。而作为支付场景的重要领地，又是近场支付的主要方式，POS 机也在发生着改变。市场上正流行着一种新型终端 POS 机，这种机器巧妙地将银联支付、微信支付和支付宝等支付方式“合体”。互联网 POS 机正在对 30 岁“高龄”的传统 POS 机形成部分替代。互联网 POS 机除具备银行卡受理、缴费、转账等功能外，还可以与银行、行业平台及第三方机构平台对接。与传统 POS 机相比，互联网 POS 机运维效率提高 20 多倍，且无须人工现场维护。快钱超智能 POS 机、拉卡拉云 POS 机已于近期面市。

资料来源：李德尚玉，杨芮．支付变局：旧族与新贵的“圈地战”．第一财经日报，2016-02-18.

问题讨论：

1. 第三方支付企业为什么要创新？如何创新？
2. 第三方支付企业与银行能够在哪些方面展开合作？

本章小结

第三方支付是指具备一定实力和信誉保障的独立机构，采用与各大银行签约的方式，基于互联网，提供线上和线下支付渠道，完成从用户到商户的在线货币支付、资金清算、查询统计等系列过程的一种支付交易方式。第三方支付的发展是金融服务发展的需要，是业务创新的结果。第三方支付的优点是连接多家银行，拥有众多的客户及方便灵活的支付机制、个性化的服务方式；其缺点是风险控制能力差，操作规范性差。随着网上支付渗透到居民生活的各个领域及企业结算的各个环节，第三方支付市场将继续保持高速增长的态势。

本章实训

◆ 实训名称：支付宝的模拟使用

◆ 实训目的：

学会注册、使用最常用的第三方支付工具——支付宝。

◆ 实训内容：

1. 进入支付宝首页 https://www.alipay.com，选择“帮助中心”下的“新手学堂”，开始体验支付宝的注册和使用。

2. 支付宝的注册：在支付宝首页点击“免费注册”，进行支付宝账户的注册。选择注册方式，这里选“E-mail 注册”；填写注册信息；去邮箱查收激活邮件。

3. 充值与提现：为支付宝账户充值；账户提现。

4. 使用支付宝付款。

课后习题

一、填空题

1. 根据支付渠道不同，第三方支付分为__________、__________、__________、__________、__________、__________。

2. 根据业务模式不同，第三方支付分为__________、__________、__________。

3. 根据是否依托于电子商务网站，第三方支付分为__________和__________。

二、简答题

1. 谈谈第三方支付在电子商务交易过程中起到了什么样的作用。

2. 网关型第三方支付与账户型第三方支付有什么区别？为什么说账户型模式是第三方支付发展的主要方向？

3. 独立的第三方支付平台与非独立的第三方支付平台各有什么优劣势？

4. 画图说明支付宝的交易流程。

三、思考题

1. 第三方支付企业和银行是怎样的关系？双方如何在竞争合作中平衡？

2. 我国第三方支付企业的发展方向是什么？

第八章　电子支付的风险及安全管理

知识目标

了解电子支付所涉及的风险及如何防范电子支付风险；了解电子支付过程中可能出现的不安全因素，并熟悉解决这些安全问题对应的安全技术手段；了解我国目前电子支付立法领域存在的问题，了解目前已颁布的相关法律法规的内容。

技能目标

能够从客户的角度了解电子支付中的安全防范措施，并利用这些措施保护自己私人信息的安全；能够提高对电子支付风险的防范意识，并能使用动态密码、数字证书等安全工具。

第一节　电子支付的风险及其防范

电子支付系统作为电子货币与交易信息传输的系统，既涉及个人的经济利益，也影响国家的金融安全。支付的电子化为消费者带来了便利、为银行业带来了新的机遇，但同时也为交易相关主体带来了新的挑战。电子支付面临多种风险，包括传统金融面临的风险及新技术的应用所产生的新风险。有效防范电子支付过程中的风险是电子支付健康发展的关键。

一、电子支付风险的特征

电子支付的风险是指在电子支付过程中，发生某种损失的可能性。由于电子支付是现代高新技术的产物，所以电子支付的风险在传统金融风险的基础上有了新的特征：

(1) 传统的支付方式只涉及交易双方和银行，而电子支付涉及的主体除此以外，还包括认证中心、第三方支付等。

(2) 电子支付的风险可能是因一些新技术的应用而引起，这类风险需要有更专业的人去监测、防范。

(3) 电子商务打破了时间和空间的限制，不同地域的人都可以在网上交易，而且支付工具的使用也非常丰富，我国很多 B2C、C2C 网站都支持 Visa、MasterCard 等国际信用卡。因此，国际金融市场的风险会随互联网传播，而当一国发生支付风险时，也会给国际金融秩序带来负面影响。

二、电子支付风险的类型

电子支付是现代金融业务的创新，传统金融业所具有的风险在电子支付中也会发生，如经济波动风险，同时由于电子支付具有网络化、无形化、信息化、国际化等特点，使得传统金融风险在电子支付中表现得更为突出。电子支付的风险可归纳为以下类型：

（一）系统风险

1. 软硬件风险

电子支付的业务操作和大量的风险控制工作均由电脑软件系统完成。在与客户的信息传输中，如果该系统与客户终端的软件互不兼容或出现故障，就存在传输中断或速度降低的可能。另外，系统停机、磁盘列阵破坏等不确定性因素，也会形成系统风险。根据对发达国家不同行业的调查，电脑系统停机等因素对不同行业造成的损失各不相同，其中对金融业的影响最大。因此，信息系统的平衡、可靠和安全运行成为电子支付安全的重要保障。

2. 技术选择性风险

电子支付业务的开展必须选择一种成熟的技术解决方案来支撑，在技术选择上存在着技术选择失误的风险。这种风险既来自于选择的技术系统与客户终端软件的兼容性差异导致的信息传输中断或速度降低的可能，也来自于选择了被技术变革所淘汰的方案，造成技术相对落后、网络过时，从而导致巨大的技术和商业机会的损失。

（二）操作风险

电子支付的操作风险包括来自于系统内部人员的操作风险、来自客户的操作风险及系统外部人员的恶意操作风险等。

1. 来自于系统内部人员的操作风险

电子支付使用的是信息技术，但是很多银行的内部人员对技术不熟悉造成操作失误，而且这种失误一旦发生将是无法挽回的。也有一些工作人员利用职务之便，使用系统或者管理上的漏洞进行非法交易，这些都是系统内部的操作风险。

2. 来自客户的操作风险

像在传统银行业务中那样，客户的疏忽也是操作风险的另外一个来源。客户可能因欠缺电子支付方面的知识而面临很高的操作风险。例如，客户在某些没有安全防护措施的场合使用私人信息，容易被他人窃取而导致账户泄密，使自己和银行都蒙受损失。此外，如果客户不能合理使用网络银行采用的不断更新的软件，进行误操作也会给银行和自身带来操作风险。

3. 系统外部人员的恶意操作风险

（1）电子扒手。

一些被称为“电子扒手”的银行偷窃者专门窃取别人的网络地址，这类案件近年呈迅速上升趋势。一些窃贼或因商业利益，或因对所在银行或企业不满，甚至因好奇盗取银行和企业密码，浏览企业核心机密，甚至将盗取的信息卖给竞争对手。美国的银行每年在网络上被偷窃的资金达 6 000 万美元，持枪抢劫银行的平均作案值是 7 500 美元，而“电子扒手”平均作案值是 25 万美元。“电子扒手”多数为解读密码的高手，作案手段隐蔽，不易被抓获。

（2）网上诈骗。

网上诈骗包括市场操纵、知情人交易、无照经营、投资顾问活动、欺骗性或不正当销售活动、误导进行高科技投资等互联网诈骗。据北美证券管理者协会调查，网上诈骗每年估计使投资者损失 100 亿美元。

（3）网上黑客攻击。

黑客即非法入侵电脑系统者，网上黑客攻击对国家金融安全带来极大的风险。目前，黑客行动几乎涉及了所有的操作系统，包括 UNIX 与 Windows NT。因为许多网络系统都有着各种各样的安全漏洞，其中有些是操作系统本身引起的，有些是管理员配置错误引起的。黑客利用网上的漏洞和缺陷修改网页，非法进入主机，进入银行盗取和转移资金、窃取信息、发送假冒的电子邮件等。

（4）电脑网络病毒破坏。

电脑网络病毒破坏性极强。以 NOVELL 网为例，一旦文件服务器的硬盘被病毒感染，就可能造成 NetWare 分区中的某些区域上内容的损坏，使网络服务器无法启动，导致整个网络瘫痪，这对电子支付系统来说无疑是灭顶之灾。电脑网络病毒普遍具有较强的再生功能，一接触就可通过网络进行扩散与传染。一旦某个程序被感染了，很快整台机器、整个网络也会被感染。据有关资料介绍，在网络上病毒传播的速度是单机的几十倍，这对于电子支付的威胁同样也是致命的。鉴于电脑网络病毒破坏性极强、再生机制十分发达、扩散面非常广的特点，如何解决电脑网络病毒是当前电子支付监管要解决的首要问题之一。

（5）信息污染。

正如在工业革命时期存在工业污染，信息时代也有信息污染和信息爆炸问题。大量与问题无关的或失真的信息不是资源而是灾难。美国在线公司每天处理的 3 000 万份电子函件中，最多时有 1/3 是网上垃圾，占据了很多宝贵的网络资源，加重了互联网的负担，影响了电子支付发送和接收网络信息的效率，更严重的是信息堵塞及其他附带风险也随之增加。

（三）法律风险

电子支付业务常涉及银行法、证券法、消费者权益保护法、财务披露制度、隐私保护法、知识产权法和货币银行制度等。目前，全球对于电子支付立法相对滞后，而且现行许多法律都是适用于传统金融业务形式的。在电子支付业务中出现了许多新的问题，如发行电子货币的主体资格、电子货币发行量的控制、电子支付业务主体资格的确定、电子支付活动的监管、客户应负的义务与银行应承担的责任等，对这些问题各国都还缺乏相应的法律法规加以规范。缺乏法律规范调整的后果表现为：要么司法者或仲裁者必须用传统的法律条文来分析网上业务产生的争议；要么不得不放弃受理这类纠纷。由于网络纠纷的特殊性，用传统法律规则来解决是一件非常吃力的事情，但是，消极地拒绝受理有关争议同样无助于问题的解决。法律规定的欠缺使得金融机构面临巨大的法律风险。

（四）市场风险

电子支付机构的各个资产项目因市场价格波动而蒙受损失的可能性、外汇汇率变动带来的汇率风险都是市场风险。此外，国际市场主要商品价格的变动及主要国际结算货币国家的经济状况等因素也会间接引发市场波动，构成电子支付的市场风险。

（五）信用风险

电子支付的信用风险是交易方在到期日不完全履行其义务的风险。电子支付拓展金融服务业务的方式与传统金融不同，其虚拟化性质形成了突破国界限制的无边界金融服务特征，对金融交易的信用结构要求更高、更趋合理，金融机构可能会面临更大的信用风险。社会信用体系的不健全是信用风险存在的根本原因，也是制约电子支付业务甚至电子商务发展的重要因素。

（六）流动性风险和声誉风险

当电子支付机构没有足够的资金满足客户兑现电子货币或结算需求时，就会面临流动性风险。一般情况下，电子支付机构常常会因为流动性风险而恶性循环地陷入声誉风险中，只要电子支付机构某一时刻无法以合理的成本迅速增加负债或变现资产，以获得足够的资金来偿还债务，就存在流动性风险，这种风险主要发生在电子货币的发行人身上。发行人将出售电子货币的资金进行投资，当客户要求赎回电子货币的时候，投资的资产可能无法迅速变现，或者会造成重大损失，从而使发行人遭受流动性风险，同时引发声誉风险。流动性风险与声誉风险往往联系在一起，成为相互关联的风险共同体。电子货币的流动性风险同电子货币的发行规模和余额有关，发行规模越大，用于结算的余额越大，发行者不能等值赎回其发行的电子货币或缺乏足够的清算资金等流动性问题就越严重。

除了与电子货币发行相关的声誉风险以外，网上银行可能由于技术设备的故障、系统的缺陷，导致客户失去对该银行的信心。重大的安全事故会引起电子支付机构产生声誉风险。如新闻媒体报道某家银行被黑客入侵，尽管可能没有造成任何损失，但是客户会立刻对该银行的安全性能产生怀疑。网上银行的业务处在发展初期，客户对安全存在潜在的不信任，声誉风险的出现对网上银行业务的影响尤其大。

三、电子支付的风险防范

（一）电子支付风险管理步骤

电子支付与传统金融风险管理的基本步骤和原理是一致的，但是，不同的国家、不同的监管机构可能会根据不同的情况，制定出不同的电子支付风险管理要求。目前，最为常见、最为通俗易懂的是巴塞尔委员会采用的风险管理步骤。以网上银行为例，巴塞尔委员会把电子支付风险管理分为三个步骤：评估风险、管理和控制风险及监控风险。

1．评估风险

评估风险实际包含了风险识别过程，不过识别风险只是最基本的步骤，识别之后，还需要将风险尽可能地量化。经过量化以后，银行的管理层就能够知道银行所面临的风险究竟有多大、对银行会有什么样的影响、这些风险发生的概率有多大等。在此基础上，银行的管理层要做出决定，确定本银行究竟能够承受多大程度的风险，即如果出现这些风险，造成了相应的损失，那么银行的管理层能不能接受。

2. 管理和控制风险

管理和控制风险的过程比较复杂，简单地说就是采用各种各样的控制措施、制度来减少风险。

3. 监控风险

风险的监控是建立在前两个步骤基础上的，实际上是在系统投入运行、各种措施相继采用之后，通过机器设备的监控，通过人员的内部或者外部稽核，来检测、监控上述措施是否有效，并及时发现潜在的问题，加以解决。

许多国家都接受巴塞尔委员会电子支付风险管理的步骤，并将其加以本土化，针对本国银行的特点，制定出本国电子支付风险管理的基本程序。比如美国通货监管局负责监管美国的国民银行，随着大量国民银行采用各种各样的电子技术向客户提供电子支付的服务，国民银行将与技术有关的风险管理也分成三个步骤：计划、实施、检测和监控。计划阶段在一定程度上包括风险的识别、量化等，但主要是针对某一个具体项目的采用而言。实施实际上类似于巴塞尔委员会的管理和控制风险这一步骤，将各种相应风险控制和防范措施加以实际运用，以控制项目运行后造成的风险。检测和监控阶段则同巴塞尔委员会的监控风险大同小异。

因此，简单地说，风险的管理过程是技术措施同管理控制措施相结合而形成的一系列制度、措施的总和。整个过程同传统银行业务的风险管理差别并不是很大，但电子支付采用的新的风险管理措施需要同银行原有的内控制度相配合，同传统业务的风险管理措施相融合。

（二）防范电子支付风险的技术措施

1. 建立网络安全防护体系，防范系统风险与操作风险

不断采用新的安全技术来确保电子支付的信息流通和操作安全，如防火墙、滤波和加密技术等，要加快发展更安全的信息安全技术，包括更强的加密技术、网络使用记录检查评定技术、人体特征识别技术等。使正确的信息及时准确地在客户和银行之间传递，同时又防止非授权用户（如黑客）对电子支付所存储的信息的非法访问和干扰。主要通过采取物理安全策略、访问控制策略、构筑防火墙、安全接口、数字签名等高新网络技术的拓展来实现。

2. 发展数据库及数据仓库技术

建立大型电子支付数据仓库或决策支持系统，防范信用风险、市场风险等金融风险。通过数据库技术或数据仓库技术存储和处理信息来支持银行决策，以决策的科学化及正确性来防范各类可能的金融风险。要防范电子支付的信用风险，必须从解决信息对称、充分、透明和正确性着手，依靠数据库技术储存、管理和分析处理数据，是现代化管理必须要完成的基础工作。

3. 加速金融工程学科的研究、开发和利用

金融工程是在金融创新和金融高科技基础上产生的，是指运用各种有关理论和知识，

设计和开发金融创新工具或技术，以期在一定风险程度内获得最佳收益。目前，急需加强电子技术创新对新的电子支付模式、技术的影响，以及由此引起的法制、监管的调整。

4. 通过管理、培训手段来防止金融风险的发生

电子支付是技术发展的产物，许多风险管理的措施都离不开技术的应用。不过这些技术措施实际上也不是单纯的技术措施，技术措施仍然需要人来贯彻实施，因此通过管理、培训手段提高从业人员素质是防范金融风险的重要途径。要完善各类人员管理和技术培训工作，通过各种方法加强对各级工作人员的培训教育，使其从根本上认识到金融网络系统安全的重要性，并要加强对各有关人员的法纪和安全保密教育，提高电子支付安全防护意识。

（三）加强电子支付立法建设

电子支付业务的迅速发展，导致了许多新的问题与矛盾的产生，也使得立法工作相对滞后，同时，电子支付涉及的业务范围相当广泛，也给立法工作带来了一定的难度。在电子支付的发展过程中，为了防范各种可能的风险，不但要提高技术措施、健全管理制度，还要加强立法建设。

针对目前电子支付活动中出现的问题，应建立相关的法律，以规范电子支付参与者的行为。对电子支付业务操作、电子资金划拨的风险责任进行规范，制定电子支付的犯罪案件管辖、仲裁等规则。对电子商务的安全保密也必须有法律保障，对电脑犯罪、电脑泄密、窃取商业和金融机密等也都要有相应的法律制裁，以逐步形成有法律许可、法律保障和法律约束的电子支付环境。

（四）加强电子支付的监管

电子支付监管包括国内监管措施和国际监管的协调。

1. 国内监管措施

电子支付虽然很大程度实现了虚拟化，但都离不开人的操作，需要一定的设施，需要人员的维护和管理。因此，对电子支付进行现场检查不仅是必要的，而且是可行的。现场检查的第一层次主要检查银行是否采取了相关的措施来遵守有关的法律和法规，同时确保在为非存款性投资金融工具做广告时，进行必要的披露。第二层次主要检查三个方面：一是检查银行同客户、技术厂商等当事人的协议是否充分规定了各方的权利和义务，确保这些法律文件中规定银行有权监测、存储和追踪电子交易；二是检查银行是否考虑了关于数字签名、认证机构的法律，包括地方法和中央法；三是检查银行同第三方签订的协议是否也包含在银行保护客户和遵守纪律的文件中。第三层次主要检查的内容有：检查银行是否采取了有关的措施确保网上业务遵守资料保存和客户保密的法律；对于银行卡之类的电子货币产品，确保有关协议明确了银行、客户和第三方之间关于银行卡遗失和被盗的责任分担。

2. 国际监管的协调

国际监管的协调包括：建立电子支付条件下的汇率协调机制和国际统一的信息披露与市场约束制度；协调控制网络上国际短期资本的流动；防止国际性金融犯罪的监管协调；加强市场准入与金融风险监管的协调；协调对对冲基金等高杠杆、高风险金融机构的监管机制；进行国际统一的金融监管立法。

第二节　电子支付安全技术

一、电子支付面临的安全问题

电子支付快捷、方便的操作方式符合现代人的生活节奏的要求，也促进了电子商务的发展。但由于电子支付的远距离操作不同于面对面的传统支付方式，安全问题已经成为交易各方最关注的问题，也是客户关心的焦点问题。目前，电子支付面临的主要安全问题可以归纳为如下几个方面：

（一）电子支付系统的安全性

电子支付系统的安全主要是指支付系统的软、硬件及支撑平台的正常运行。保证电子支付软件的可靠运行、支撑网络平台和支付网关的畅通无阻和正常运行、防止网络病毒和黑客的攻击、防止支付的故意延缓、防止网络通道的故意堵塞等是实现安全电子支付的基础。解决思路主要有：采用网络防火墙技术、网络防病毒软件等方法。

（二）数据传输过程中的保密性

网上交易是交易双方的事，交易双方并不想让第三方知道他们之间进行交易的情况，包括资金账号、密码、支付金额等网络支付信息。但由于交易是在开放的网络环境中进行传输，很容易被别人获取，造成账户被盗用，给交易人带来资金损失。解决这一问题的方法是对交易数据进行加密。

（三）信息的真实性、完整性

电子支付简化了支付过程、减少了人为的干预，同时也带来了维护交易数据的真实性、完整性的问题。在支付数据传输过程中，可能因为各种通信网络的故障，造成部分数据遗失，也可能因第三方恶意篡改导致交易信息的改变。如某人在网上购买商品后支付200元款项，但因金额信息被人篡改，之后发现自己的账户被划去2 000元，必然引起纠纷。因此，在电子支付过程中，信息接收方在收到信息后，一定会考虑收到的信息是否真实完整。解决这一问题的方法是采用数字摘要和数字签名技术。

（四）交易各方的身份识别及交易信息的不可抵赖性

在实体商店里买东西，售货员与顾客是面对面进行交易的，一手交钱一手交货，不太可能出现互不认账的情形。使用信用卡结算，收银员要实时检查信用卡的真实性，查看其是否上了黑名单，还要核对持卡人的签名证实其身份。在票据支付中，交易双方通过在书面凭证上的手写签名或盖章来鉴别双方的身份，预防抵赖行为的发生。

在电子支付过程中，持卡人要在网上商店进行交易，首先要确定商店是否真实存在，付了钱能否拿到东西；商店和银行都要担心上网购物的持卡人是否是持卡人本人，否则扣了张三的钱，却将货送给李四，结果持卡人上门质问没买过东西为什么扣钱，而商户却已经将货物送走了。所以在网上交易过程中，参与交易的各方，包括商户、持卡人和银行，必须采取如CA认证等措施认定对方的身份。同时，在网上交易中，也需要有交易双方对每笔交易都认可的方法，也就是所谓的不可抵赖性。否则，持卡人购物后，商户将货物送到他家，他却说自己没有在网上下过订单；反过来，持卡人已付款，商家却坚持说没有收到货款，造成客户的资金损失。因此，需用数字证书等相应的认证方法去识别交易各方的身份，同时保证交易行为的不可抵赖。

二、防火墙技术

（一）防火墙的概念

防火墙指的是一个由软件和硬件设备组合而成，在内部网和外部网之间、专用网与公共网之间构造的保护屏障。它是一种隔离技术，也可以说是在两个网络通信时执行的一种访问控制尺度，它能允许你“同意”的人和数据进入你的网络，同时将你“不同意”的人和数据拒之门外，最大限度地阻止网络中的黑客入侵。

（二）防火墙的作用

1. 网络安全的屏障

这是它最重要的一项功能。一个防火墙（作为阻塞点、控制点）能极大地提高一个内部网络的安全性，并通过过滤不安全的服务而降低风险。防火墙可以实现内部网与外部网、专用网与公众网络（如互联网）在数据交换上的过滤与隔离功能。通过在防火墙上定义访问控制策略，可以拦截外网的非法数据请求，从而保证内网主机的安全和数据的私密性。

2. 控制对系统的访问

防火墙可以控制对系统的访问。如允许外部访问某些主机，同时禁止访问另外的主机，也可以允许外部访问特定的邮件服务器和 Web 服务器等。

3. 集中的安全管理及策略执行

防火墙能对企业的内部网实现集中的安全管理，防火墙定义的安全规则可以运行于整个内部网络系统，无须在内部网每台机器上分别设置安全策略。防火墙可针对不同的应用与服务设置不同的安全等级，并对不同的使用者或访问者采用不同的安全策略。这样做的一个优点是：通过细化的安全模型实现符合实际要求的安全级别。不同的人、不同的服务，要求的安全级别并不相同，这导致需要为他们定义不同的安全策略。

4. 提供网络流量统计及非法数据流量统计与报警

防火墙本身定义了严格的日志记录，并自动进行记录和备份，它可以根据管理员预定义的报警策略来对危险事件进行报警并采取不同安全等级的措施来进行安全防范。

（三）防火墙的类型

从技术上看，防火墙有三种基本类型：包过滤防火墙、代理服务器防火墙和状态监控防火墙。

1. 包过滤防火墙

包过滤防火墙就是把接收到的每个数据包同预先设定的包过滤规则相比较，从而决定阻止或者让数据包通过。过滤可以基于多种约束，如数据包的源地址、目的地址、端口号等，经过分析和过滤实现对非法数据包拦截及开放对合法数据的访问请求。

这种防火墙的优点是简单、方便、速度快、透明性好，对网络性能影响不大，可以用于禁止外部不合法用户对企业内部网的访问，也可以用来禁止访问某些服务类型。但包过滤防火墙的维护比较困难，定义过滤规则也比较复杂，而任何一条过滤规则的不完善都会为网络黑客造成可乘之机。同时，包过滤防火墙一般无法提供完善的日志。

2. 代理服务器防火墙

代理服务器防火墙是内部网络与外部网络数据传输的转发点，它一方面接收外部数据，采用安全策略对数据进行安全分析，并把数据转发到内部网络；另一方面对内网的外发数据传输进行拦截，并更改数据包中的部分字段，然后进行中继转发。代理服务器防火墙比单一的包过滤防火墙更为可靠，内部客户感觉不到它的存在，可以自由访问外部站点，对外部客户可开放单独的内部连接，可以提供极好的控制、登录能力及地址转换功能，同时代理服务器支持缓冲功能，通过缓存能够加快浏览速度。代理服务器对代理的服务会产生一个详细的记录，如果发现非法入侵会及时报警。这一点非常重要，对于内部网络而言，重要的问题不是网络是否会受到攻击，而是何时会受到攻击，必须及时审计和记录所有通过防火墙的重要信息，如果不能响应报警并审查记录，防火墙就形同虚设。

代理服务器防火墙比包过滤防火墙更为安全，是应用最广的一种防火墙。它可以实现用户认证、详细日志、审计跟踪和数据加密功能。但代理服务器防火墙最大的缺点是性能差、速度比较慢，必须建立在操作系统提供的服务接口之上，且它对每个访问实例的处理代价和资源消耗接近于 Web 服务器的两倍，当用户需要在内、外网之间进行大量的数据处理和信息交换时，它会成为信息交流的瓶颈。此外，代理服务器防火墙对用户的透明度差、操作麻烦、维护量大，对服务器的计算机性能有较高的要求、成本相对较高。

3. 状态监控防火墙

状态监控防火墙是一种使用基于网络安全策略的软件模块（称为检测引擎），是采用抽取数据的方法对网络通信各层实施监测的防火墙技术。它通过灵活地扩充和加载安全策略模块实现动态（随机抽取状态信息）的网络监控，抽取状态信息被保留，并作为以后执行安全策略的参考。

状态监控防火墙具有高安全性的优点，并且支持多种协议和应用程序，可以容易地实现应用和服务的扩充。其缺点是实现成本较高，也不易管理。

三、加密技术

（一）加密的概念

电子支付信息在开放的互联网上进行传输，这些信息包括订单、支票、信用卡密码、身份证明等敏感信息，如果在传输过程中被窃取、篡改，势必会影响电子支付的正常进行，甚至会给用户带来巨大的损失。为了保护电子支付过程中隐私数据的安全，就必须使用加密技术。

1. 加密算法

用于通信的信息和数据称为明文，加密之后用于传输的形式称为密文，由明文转换为密文的过程称为加密。加密的基本思想就是发送方使用某种信息变换规则，即加密算法，将明文伪装成外人难以识别的密文。

2. 密钥

密钥是一组由数字、字母或特殊符号组成的参数，加密算法和解密算法的操作要在密钥的控制之下运行。加密和解密过程中使用的密钥分别称为加密密钥和解密密钥。

对于相同的加密算法，密钥位数越多，破译难度越大，安全性也就越强。因为密钥位数越多，密码空间越大，密钥的可能范围也就越大，所以就更加难以用穷举之类的手段进行破解。

现代加密技术以密钥作为标准，可分为对称密钥加密技术和非对称密钥加密技术。

（二）对称密钥加密技术

对称密钥加密技术就是对数据的加密和解密采用相同的密钥，信息发送方用一个密钥对要发送的数据进行加密，信息接收方能用同样的密钥解密，而且只能用这一密钥解密。由于这对密钥不能被第三方知道，所以又叫私有密钥加密法。对称密钥加、解密过程如图 8－1 所示。

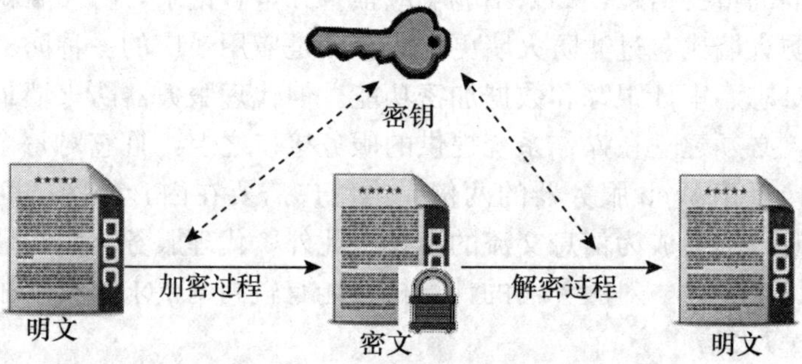

图 8－1　对称密钥加、解密过程

对称加密的优点是加密速度快，适合于对大量数据进行加密。但密钥管理困难，在加密和解密过程中，交易双方必须使用同一个密钥，为了保证信息安全，就必须保证密钥的保密性，一旦密钥泄密，发送方和接收方就必须使用新的密钥。另外，对称密钥加密技术很难适应当前互联网的环境。由于交易者往往要同多个贸易伙伴合作，就必须维护多个专用密钥，以维持与各个贸易伙伴的关系。这就进一步加大了私有密钥的保管难度。

（三）非对称密钥加密技术

非对称密钥加密技术在加密和解密时所用的密钥不同，又称为公开密钥加密技术。非对称密钥加密技术中用到一对密钥，一个公开发布，称为公钥；另一个由用户自己严密保管，称为私钥。这一对密钥（公钥和私钥）具有严格的对应关系，用其中的一个加密，只能用另外一个才能解密成功。

非对称密钥的加、解密过程（见图 8－2）如下：两位用户之间要互相交换信息，需要各自生成一对密钥，将其中的私人密钥保存好，将公开密钥发给对方。交换信息时，发送方用接收方的公开密钥对信息加密，接收方只能用其私人密钥解密。他们之间可以在无保障的公开网络中传送消息，而不用担心消息被别人窃取。

非对称密钥技术的安全性较对称密钥技术好，但由于其密钥位数较大，相对于后者运算速度要慢得多。二者的具体技术比较如表 8－1 所示。

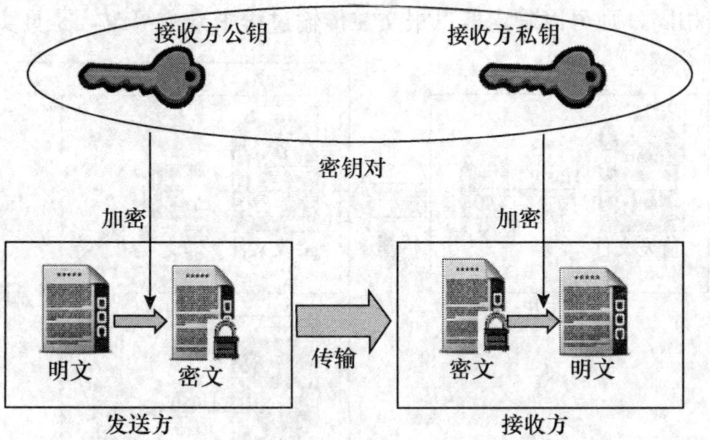

图 8－2　非对称密钥加、解密过程

表 8－1　　对称密钥技术与非对称密钥技术比较

对比项目	对称密钥技术	非对称密钥技术
密钥数目	单一密钥	一对密钥（公钥、私钥）
密钥性质	秘密的	一个公开、一个秘密
加、解密速度	快	慢
用途	大量数据加密	小文件加密
应用网络	专用网络	公开网络

（四）数字信封技术

数字信封技术结合了对称密钥技术和非对称密钥技术的优点，克服了对称密钥技术中密钥分发困难和非对称密钥技术中加密时间长的问题。其工作原理为：对需传送的信息（如电子合同、支付指令）采用对称密钥加密法，但密钥不先由双方约定，而是在加密前由发送方随机产生，用此随机产生的密钥对发送信息进行加密，然后将此对称密钥用接收方的非对称密钥加密，准备定点加密发送给接收方。这就好比用“信封”封装起来，所以称之为数字信封（信封里装的是对称密钥）。

数字信封技术在外层使用非对称密钥技术，可以充分发挥非对称密钥加密技术安全性高的优势，而内层的对称密钥长度较短，用非对称密钥加密长度较小的密钥可以尽可能地规避非对称密钥技术速度慢的弊端。由于数字信封技术结合了非对称密钥加密技术和对称密钥加密技术的优点，同时摒弃了它们的缺点，因而在实践中获得了广泛的应用。

四、数字摘要技术

通信双方在互相传送信息时，不仅要对数据保密，不让第三方知道，还要保证数据在传输过程中没有被别人改变，也就是要保证数据的真实性、完整性。

数字摘要的工作原理（见图 8－3）是：发送方将需要加密的信息报文利用单向哈希（Hash）函数进行计算处理，得到一个特殊的数字信息串，即数字摘要（又叫做数字指纹），并将此摘要值与原始信息报文一同通过网络发送给接收者，接收方收到信息报文和数字摘要后，用相同的 Hash 函数处理收到的信息报文，得到新的数字摘要，比较两个数字摘要是否相同，若相同，则可以确定信息报文在传输过程中未被篡改，是真实、完整的。

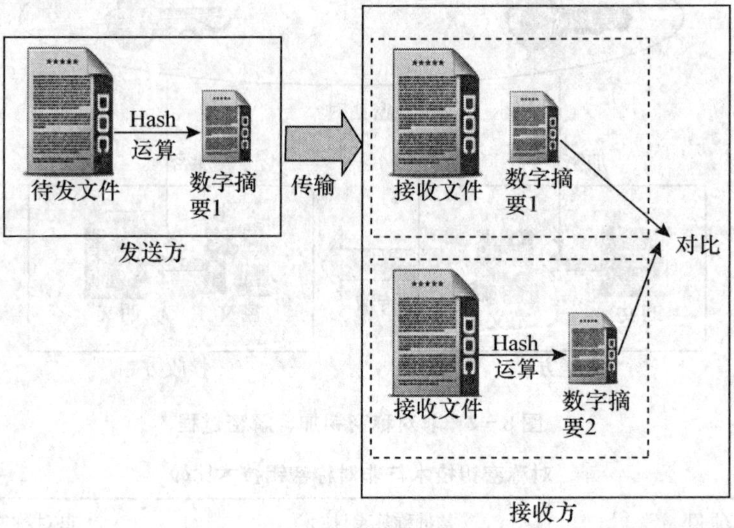

图 8－3　数字摘要的工作原理

数字摘要技术要求有：第一，生成数字摘要的算法必须是一个公开的算法，数据交换的双方可以用同一算法对原始数据经计算生成的数字摘要进行验证。第二，生成数字摘要的算法必须是一个单向算法，就是只能通过此算法从原始数据计算出数字摘要，而不能通过数字摘要得到原始数据。第三，不同的两条消息不能得到相同的数字摘要。

五、数字签名技术

数字签名的原理就是利用数字加密技术实现在网络上传送信息文件时，附加个人标记，即在要发送的信息上附加一小段只有消息发送者才能产生，而别人无法伪造的特殊数据，起到传统文件上手写签名或印章的作用，以表示确认、负责、经手、真实等。在网络支付 SET 机制中是用发送方的私人密钥对用 Hash 运算处理原始消息后生成的数字摘要进行加密，并附加在原始消息上，生成数字签名。数字签名的工作原理如图 8－4 所示。

数字签名与手写签名的区别在于：手写签名（包括盖章）是模拟的，因人而异，即使同一个人也有细微差别，比较容易伪造，要区别是否伪造往往需要特殊专家。而数字签名是 0、1 数字串，极难伪造，要区别真假不需要专家。即使同一个人，对不同的信息进行数字签名，其结果也是不同的。这就实现了数字签名和文件内容、发送者身份最紧密的“捆绑”。

六、数字证书

为了保证互联网上电子商务环境的安全性（保密性、真实性、完整性和不可否认性），防范信息传递及交易过程中的欺诈行为，除了在信息传输过程采用更强的加密算法等措施外，还必须在网上建立一种信任及信任验证机制，使交易及支付各方能够确认其他各方的

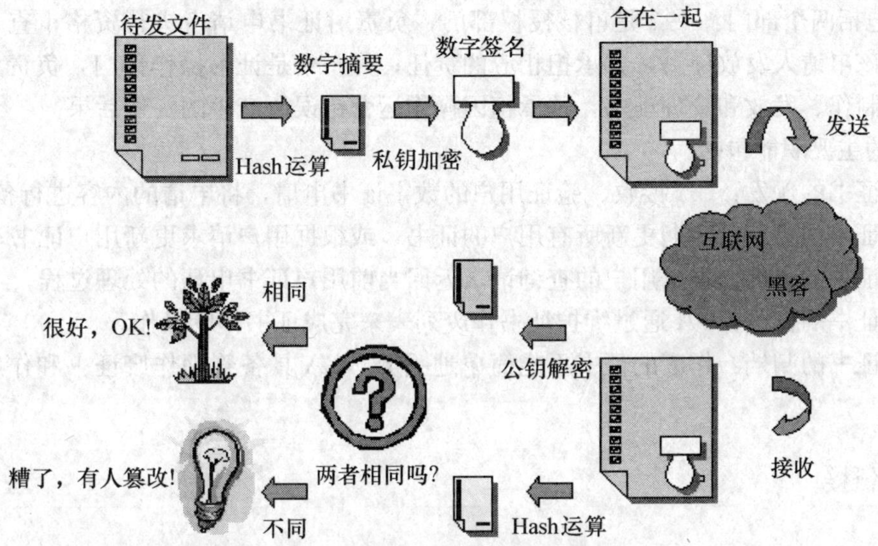

图8-4　数字签名的工作原理

身份，这就要求参与电子商务的各方必须有一个可以被验证的身份标识，即数字证书。

（一）数字证书的概念

数字证书是标志网络用户身份信息的一系列数据，用来在网络通信中识别通信各方的身份，即要在互联网上解决“我是谁”的问题，就如同现实生活中我们每一个人都要拥有一张身份证一样，以表明我们的身份。

数字证书是由权威公正的第三方机构即CA签发的，以数字证书为核心的加密技术可以对网络上传输的信息进行加密和解密、数字签名和数字验证，确保网上信息传递的机密性、完整性，以及交易实体身份的真实性、签名信息的不可否认性，从而保障网络应用的安全性。

（二）数字证书的内容及工作原理

数字证书必须具有唯一性和可靠性，通常采用公钥密码技术。公钥密码技术解决了密钥发布的管理问题，用户可以公开其公钥而保留其私钥。通常CA提供的数字证书包括以下内容：数字证书序列号、数字证书拥有者姓名、数字证书拥有者公钥、数字证书有效期与颁发该数字证书的单位及其数字签名等。数字证书的颁发过程一般为：首先用户产生密钥对，将公钥及部分个人身份信息发送给CA。CA在核实身份后，执行一些必要的操作来确认请求确实是该用户发过来的，之后CA将发给用户一个数字证书，该证书包含用户的个人信息及其公钥信息，并附有认证中心的签名信息。这样，用户就可以用自己的数字证书进行各种相关活动。

（三）认证中心

认证中心（Certification Authority，CA）是负责发放和管理数字证书的权威机构。在电子交易中，数字证书的发放不是依靠交易双方自己来完成的，而是需要由一个具有权威性和公正性的第三方来完成。CA就是承担网上安全电子交易认证服务、签发数字证书、确认客户身份的服务机构。

CA 包括两个部门：一个是审核授权部门，负责对证书申请者进行资格审查，决定是否同意给该申请人发放证书，并承担相应的责任；另一个是证书操作部门，负责为已授权的申请人制作、发放和管理证书，并承担因操作运营错误所产生的一切后果。

CA 的主要职能包括：

（1）证书的颁发：CA 接收、验证用户的数字证书申请，将申请的内容进行备案；

（2）证书的更新：定期更新所有用户的证书，或根据用户请求更新用户证书；

（3）证书的查询：根据用户的查询请求返回当前用户证书申请的处理过程；

（4）证书的作废：CA 通过维护证书作废列表来完成证书作废操作；

（5）证书的归档：作废的证书不能简单地丢弃，CA 具备管理作废证书和作废私钥的功能。

知识链接

中国金融认证中心（CFCA）

中国金融认证中心（China Financial Certification Authority，CFCA）于 2000 年 6 月 29 日挂牌成立，是经中国人民银行和国家信息安全管理机构批准成立的国家级、权威的安全认证机构，是重要的国家金融信息安全基础设施之一，也是《电子签名法》颁布后，我国首批获得电子认证服务许可的机构之一。

2004 年年底，CFCA 建成了“国家金融安全认证系统”，开始向网上银行、电子商务、电子政务提供服务。该系统的建设及应用受到国家相关部门的高度重视，被列入国家 863 计划。系统先后通过了国家密码管理局的安全性审查、技术鉴定和国家科技部的 863 项目验收。“国家金融安全认证系统”具有良好的兼容性和扩展能力，能够充分满足金融信息化、电子商务、电子政务蓬勃发展的需要。该系统的建成，也为跨银行、跨行业一证通用打下了基础。

CFCA 在行业内拥有权威地位和较高的品牌知名度，同时，具有良好的品牌信誉度，拥有丰富的信息安全领域经验和雄厚实力。为金融行业、电子商务、电子政务领域服务，提供信息安全解决方案、信息安全产品研发、信息安全评估、安全技术支持、联合测试等全方位的信息安全服务。国内绝大部分银行（100 多家）已经采用了 CFCA 提供的第三方安全认证。目前，CFCA 的产品应用于银行等金融机构、税务等政府机关、大企业集团，广泛得到客户好评。

资料来源：http://www.cfca.com.cn.

第三节　电子支付的法律法规

要保证电子支付的健康顺利发展，除了采取有效措施加强监管、增强技术防范外，更重要的是要加强立法与执法，形成有法可依、依法支付的良好环境。

一、电子支付面临的法律问题

电子支付作为新型的支付渠道，对传统的金融法律体系提出了挑战，在其发展过程中，不可避免地面临着以下几方面的法律问题：

（一）电子支付的安全责任主体问题

电子支付技术的安全性是网络银行消费者最关心的问题。安全责任主体问题主要是指当数据的保密性、完整性和可靠性受到侵害，由此造成的损失该由谁来承担的问题。

（二）电子支付规范标准不统一问题

目前许多国家的网络银行业务由各银行独立开发、推销，其开发模式、业务范围和发展规模有较大差异，发展不均衡。这种规范标准不统一的局面既造成了重复建设、浪费资金，又使得整个金融结算系统不能满足消费者方便、快捷操作的要求。

（三）各方权利义务不明确、法律责任界定不清问题

由于目前的各种法律法规对网络银行与有关商家、客户的权利、义务关系没有明确规定，也没有明确规定网络银行在业务流程中对客户承担的义务种类及适用范围，所以各方在电子支付中所承担的法律责任界定不清晰，极易发生纠纷。而且由于缺乏有关此类纠纷诉讼程序的法律规定，所以纠纷发生时也会因无法可依而难以及时解决。

（四）电子支付的监管问题

传统的资本管制手段对网络银行失去意义，而针对网络银行的监管体制还未建立，因此，网络银行开展电子支付业务还面临着监管失控的可能性。监管当局必须研究电子货币可能对国家货币政策产生的冲击、对资本市场的资金流产生的影响，以及使用电子货币进行网上支付可能引发的交易风险等电子支付监管中发生的新问题。

二、我国目前有关电子支付的法律法规

（一）《电子签名法》

2005 年 4 月 1 日起颁布实施的《电子签名法》是我国第一部信息化法律。《电子签名法》的实施有效规范了电子签名行为，确立了电子签名的法律效力，为实施电子银行业务监管奠定了扎实的法律基础。《电子签名法》重点明确了以下四个方面的问题：

（1）明确了电子签名的法律效力，并规定了可靠电子签名的条件。

（2）明确了数据电文使用规则，并对数据电文的真实性做了规定。

（3）明确了认证机构的法律地位及认证程序，并给认证机构设置了市场准入条件及行政许可程序。

（4）明确了电子签名人和电子认证服务机构应承担的义务和责任。

《电子签名法》的实施，为商业银行积极开拓电子银行业务提供了有效的法律支持，主要体现在以下三个方面：一是进一步确立了电子合同的合法性和有效性；二是电子银行可以通过电子签名来识别和确认客户身份；三是电子银行可以以电子记录作为证据使用。

（二）《电子银行业务管理办法》

为全面加强对电子银行的系统监管，中国银监会根据我国现行法律、法规，借鉴国际

上电子银行业务监管的实践经验，制定了《电子银行业务管理办法》，并从 2006 年 3 月 1 日起开始实施。

《电子银行业务管理办法》主要借鉴了巴塞尔银行监管委员会的《电子银行业务风险管理原则》，美国货币监理署的《电子银行最终规则》《网络银行检查手册》，欧洲银行标准委员会的《电子银行》报告，以及中国香港金融管理局的《电子银行服务的安全风险管理》等，总结了近几年我国电子银行发展与监管的经验和问题，侧重于切实提高商业银行等金融机构自身的电子银行风险管理能力和监管机构对电子银行风险状况的及时监测与评估能力，提高电子银行监管的针对性和可操作性。

《电子银行业务管理办法》的推出，使商业银行开展电子银行业务有章可循，对商业银行加强电子银行业务的经营管理起到了积极的作用，同时也适应了国际上对电子银行业务的监管要求，有效防范了电子银行的潜在风险。

（三）《电子支付指引（第一号）》

近年来，我国的电子支付发展非常迅速，新兴电子支付工具不断出现，电子支付交易量不断提高，逐步成为我国零售支付体系的重要组成部分。为促进电子支付效率的提高、保障电子支付安全，2005 年 10 月 26 日，中国人民银行发布了《电子支付指引（第一号）》，对银行从事电子支付业务提出指导性要求，以规范和引导电子支付的展。《电子支付指引（第一号）》共分六章、四十九条，主要明确了以下几方面的内容：

（1）规范了电子支付的主体，即银行及接受其电子支付服务的客户之间的权利与义务关系。

（2）对银行在电子支付活动中的信息披露做出了具体要求。

（3）对电子支付活动中客户和银行的权利与义务做出了基本规定。

（4）规定了加强电子支付活动安全性所采取的措施。

（四）《非金融机构支付服务管理办法》

2010 年 6 月 14 日，中国人民银行正式公布了《非金融机构支付服务管理办法》，该办法规定未经中国人民银行批准，任何非金融机构和个人不得从事或变相从事支付业务。该办法自 2010 年 9 月 1 日起施行。

《非金融机构支付服务管理办法》规定了：

（1）非金融机构支付服务市场准入条件和人民银行关于《支付业务许可证》的两级审批程序。市场准入条件主要强调申请人的机构性质、注册资本、反洗钱措施、支付业务设施、资信状况及主要出资人等应符合的资质要求等。此外，明确了支付机构变更等事项的审批要求。

（2）支付机构在规范经营、资金安全、系统运行等方面应承担的责任与义务。规范经营主要强调支付机构应按核准范围从事支付业务、报备与披露业务收费情况、制定并披露服务协议、核对客户身份信息、保守客户商业秘密、保管业务及会计档案等资料、规范开具发票等。资金安全主要强调支付机构应在同一商业银行专户存放接受的客户备付金，且只能按照客户的要求使用。系统运行主要强调支付机构应具备必要的技术手段及灾难恢复处理能力和应急处理能力等。此外，支付机构还需配合人民银行的依法监督检查等。

（3）人民银行工作人员、商业银行、支付机构等各责任主体相应承担的法律责任等。

三、我国电子支付法律建设的缺陷与建议

(一) 电子支付法律建设的缺陷

我国电子支付虽然起步较晚，但是发展十分迅速，为了适应电子支付发展的客观需要，我国电子支付立法已经开始起步，而且取得了一定的成果。这些立法对推动电子支付发展和规范银行业有着一定的意义。但是我国电子支付方面的立法存在着明显不足，主要表现在以下几个方面：

1. 立法相对于电子支付的发展比较滞后

在电子支付方面，我国目前只出台了《电子支付指引（第一号）》（以下简称《指引》），《指引》的发布对银行从事电子支付业务提出了指导性要求，对规范和引导电子支付的发展提供了基础。但是它也存在着银行承担责任问题不清等不足。电子支付立法涉及电子货币、电子票据、信用卡支付、网上支付、金融认证、EDI下的资金划拨等一系列问题，但目前我国电子支付立法仅限于银行卡和网上银行方面，对很多问题都缺乏相应的规范，致使现实中的许多问题都无法可依。

2. 立法层次较低，法律效力普遍不高

由于金融市场的地位非常重要，调整金融市场的相关法律法规应当具有一定的规范性、强制性、权威性。这就要求这些法律法规具有较高的立法层次和法律效力。而我国现在许多金融方面的规范只是“暂行办法”“条例”等立法层次较低的行政法规或规章。由于立法主体与金融市场管理主体实际上是同一机构，往往导致这些法律法规在实施过程中会受到来自政府及其相关部门的干扰，使法律效力大大降低。

3. 金融法律体系内部及与其他法律体系之间的统一性和协调性不够

由于我国实行分业经营、分业管理的金融体制，所以采用的是“多级立法、多头立法”的金融立法模式，这就很容易造成各个部门的法律法规不统一、不协调的情况。而现代金融服务的开放性打破了部门间的封闭，网上银行、网上证券和网上保险之间已经没有明显的界线，这对上述分别立法模式提出了新的挑战。

4. 移动支付法律缺失

据相关数据显示，截至2016年，中国移动通信用户的数量已超过8亿户，移动支付用户总量逾3亿户。移动支付业务颠覆了传统的消费观念及思想，满足了公众支付多样化、个性化及便捷性等多种需求。这是一个容量达万亿元的庞大市场，国内多家电子支付企业早已看准了以手机终端为平台的移动支付前景一片光明，纷纷进入移动市场。但是，国内目前还没有一部针对移动支付的法律。出现纠纷的解决办法大都是参照其他经济法规，通过法律手段解决移动电子商务交易各方的纠纷问题仍是一个真空区域。

(二) 电子支付法律建设的建议

关于电子支付的法律建设，应该从以下几个方面入手：

1. 电子支付主体的法律地位

电子支付主体包括银行、商家、持卡人、第三方支付平台、认证机构等。电子支付方面的法律应该明确各参与主体的法律地位，对这些参与电子支付活动主体的条件和资格做出明确要求，尤其是对银行、商家、第三方支付平台、认证机构的市场准入条件加以科学规定。

2. 电子支付工具的法律地位

电子支付工具包括电子现金、电子支票、银行卡等。虽然我国的立法目前对银行卡的发行和管理做出了一些规定，但是在其他一些电子支付工具方面的立法还是空白。电子支付法应该对电子支付工具做出调整，对它们的发行和使用进行规范。而随着电子支付的发展，电子支付工具的种类也越来越多，如何对这些新产品进行规范，是制定一个统一开放的标准还是针对每个产品详细立法，这是立法者必须考虑的问题。

3. 电子支付行为规范

电子支付行为规范包括电子支付指令的签发、接受、执行等。电子支付法应该针对这些行为设定规范，明确当事人的权利和义务。

4. 电子支付的安全控制规则

安全问题是电子支付的一个核心问题，涉及交易双方身份的真实性、信息传输的保密性和完整性、交易的不可否认性等内容。为解决这一问题，数字签名技术、电子认证技术、SET 标准等安全控制技术应运而生，这些技术在电子支付领域的应用在当事人之间产生了相应的权利义务关系，但传统的法律缺乏调整当事人之间此种关系的规则，因此未来的电子支付法应在这方面做出详尽而科学的规定。

5. 电子支付的风险承担规则

在电子支付中，风险问题是一个无法回避并为当事人所关心的重要问题。电子支付中的风险主要来自于支付指令是否被否认、篡改和各种形式的冒签等行为。电子支付行为规则与支付安全控制规则对电子支付风险的防范起到了正面积极的作用，但是风险仍然是客观存在的。在风险发生之后，损失如何承担是电子支付法要着力解决的重要问题。有关这方面的法律规则称为风险承担规则，是构成电子支付法的重要内容。电子支付法应该制定详细的风险承担规则，以便于在风险发生之后能够准确判断各方的责任。

拓展阅读

银行卡安全支付提示

与现金相比，银行卡是一种安全、快捷的支付手段。目前各家商业银行和银联已经采取各种技术手段和安全措施，最大限度地保障持卡人的资金安全。但持卡人在使用银行卡时具备一些必要的安全意识，了解一些常见的银行卡犯罪手法，同时掌握基本的防范技能是非常重要的。以下是持卡人在使用银行卡过程中可能遇到的十大安全问题：

问题一：持卡人应该如何保护自己银行卡信息安全？

有些不法分子会通过盗取持卡人的银行卡账户信息，伪造银行卡后盗窃持卡人账户资金，还有窃取他人身份信息资料后假冒他人申请信用卡进行恶意透支消费。因此，持卡人需要保护自己银行卡账户信息（卡号、密码等）和个人信息资料安全。

防范小技巧：

1. 巧设密码很重要。持卡人拿到新的银行卡后，要立即修改密码。设置一些相对复杂的密码，不要设置 123456、888888 等简单密码，并应定期修改密码；不要用自己的生日、家庭电话号码等作为密码；在任何情形下都不要轻易向他人透露银行卡密码等账户信息，记住：任何人都无权询问你的个人密码。

2. 保护自己的个人信息。持卡人应注意保护自己的个人信息资料，防止个人资料被不法分子滥用。如不要把个人资料随便留给不熟悉的公司或个人，不要随便在互联网页留下真实的个人身份资料（包括家庭、工作信息），如为办理某项业务需要留下身份证复印件时，最好在复印件上标明用途，如“仅用于招聘”等字样。

问题二：经常看到网上或报纸上有自称经银行授权的信用卡中介服务机构，可以帮助申办金卡或提供信用卡融资的广告，是否可信？如果个人想办理信用卡该怎么办？

一般来说，自称可以帮助申办金卡或提供信用卡融资服务的所谓中介机构绝大多数都不可信，办理信用卡时应注意以下几点：

1. 要通过正规渠道申请信用卡。如果申请人要申请信用卡，应直接到银行柜台或有银行授权的正规营销机构办理，而这类营销机构都不需要收取任何办卡费用，也不会为申请人提供信用卡融资或套取现金的服务。

2. 信用卡是银行基于申请人个人良好的资信状况给予的一种循环信用额度，发卡银行会根据持卡人使用信用卡状况和资信情况调整相应的信用额度。因此，不能图一时方便或为取得更高的信用额度而通过一些非法中介机构办理，更不能主动参与信用卡套现，一旦被银行发现将对个人资信状况造成很大影响。

3. 持卡人若发现非法中介或套现商户，应当拨打发卡银行的电话或银联客服热线95516予以举报，共同维护银行卡健康良好的发展环境。

问题三：持卡人在使用ATM等银行自助终端时要注意哪些？

有些不法分子会在自助银行及ATM上设置一些“机关”，同时在后面偷窥密码，当持卡人无法正常交易或造成卡片被吞的假相时，假装好心人帮助刷卡，趁机将卡片掉包或等持卡人离开后将卡片取出盗刷。因此，持卡人在使用ATM等银行自助服务终端时要多加小心。

防范小技巧：

1. 使用银行自助服务终端时要小心，留意周围是否有可疑的人，操作时应避免他人干扰，防止他人偷窥密码。遭遇吞卡、未吐钞等情况时，应拨打发卡银行的全国统一客服热线，及时与发卡银行取得联系。

2. 不要轻信“好心人”。不要拨打机具旁粘贴的电话号码，不要随意丢弃打印单据。另外，刷卡门禁是不需要输入密码的。

3. 刷卡消费时卡不离眼。在公众场合（如超市、餐馆等）刷卡输密码时，可用一只手挡住密码键盘，防止他人偷窥密码。

问题四：如何识别虚假短信或电话？

短信、电话诈骗是不法分子通过电话、手机等通信工具，编造一些貌似合理的事由，利用持卡人贪图便宜或紧张害怕的心理，骗取持卡人账户资金、卡号、密码等账户信息或诱骗持卡人到ATM操作转账等的一种诈骗手法。常见的有：目前盛行的手机短信假冒银行通知或中奖通知的短信诈骗，类似“中奖”“银行卡消费”“退还汽车购置税”，以及冒充移动员工“退手机话费”，或打电话谎称持卡人亲人朋友遇到紧急事件需要资金的诈骗等。

防范小技巧：

1. 收到可疑信函、电子邮件、手机短信、电话等时，应谨慎确认，勿贪小便宜，也不要紧张害怕。

2. 如有疑问应直接到发卡银行柜台去询问，或拨打发卡行统一的客户服务热线（通常都以“95”开头）或银联的95516服务热线。

问题五：碰到可疑短信或电话怎么办？

首先，识别虚假短信的样式，欺诈短信中“银行卡管理处”“联合管理局”“国家财政中心”等机构根本就不存在，收到这样的短信后请务必小心。

其次，识别虚假短信中的银行卡交易信息内容，虚假短信中绝对不会包含发生交易的银行卡卡号等信息。

再次，识别“李鬼”。万一拨打了虚假短信中所留电话，可以反问对方是否知道自己的手机号或卡号，由于虚假短信的发送是随机的，所以一般诈骗分子是无法知道的。

最后，虚假短信中无论以何种名义编造理由，最重要的一点就是不法分子会留下各种电话，一旦你打电话过去后，对方就会指导或要求你到ATM上进行操作。因此，切记不要按照电话中人的话去ATM进行任何操作，如有疑问，应及时到银行柜台、客服中心或权威部门去咨询。

问题六：银行发给持卡人的提示短信有什么特点？如何区分正规短信和诈骗短信？

如果持卡人开通了银行卡账户变动短信通知服务的话，正规的短消息当中会明确显示用户银行卡的消费时间、地点、消费金额及卡号的尾数几位，信息很明确。而如果是虚假短信的话，由于发送虚假短信的不法分子并不知道持卡人的真正卡号，所以虚假短信中绝不会包含发生交易的银行卡卡号等信息。

问题七：持卡人在使用网上银行或网上支付时应注意什么？

有些不法分子往往会利用电子邮件、网络黑客软件及终端设备，引诱持卡人登录伪冒的网上银行网站。盗取持卡人的银行卡卡号、密码等账户信息后，制作伪卡或进行消费、转账。

防范小技巧：

1. 持卡人使用网上支付及网上银行时，不要使用不明链接或电子邮件提供的银行网站。登录时仔细检查网站名称、标识是否正确，特别是正规的网上银行地址一般是以“https:”开头，而假冒网站一般只是简单的“http:”；不要在网吧等公共上网场所操作网上银行或进行网上交易；密码要尽可能复杂。

2. 选择较知名、信誉佳、已运营相当时间且与知名金融机构合作的网站，了解交易过程的资料是否有安全加密机制。在熟悉的或知名的厂商购物，避免因不了解厂商而被盗用银行卡卡号或其他的个人资料。

3. 注意保留网上消费的记录，以备查询。一旦发现有不明的支出款项，应立即联络发卡银行。

问题八：若持卡人不幸落入欺诈分子设下的骗局，该如何减少自身的损失？

1. 及时致电发卡银行客服热线或直接向银行柜面报告欺诈交易，监控银行卡交易或冻结、止付银行卡账户。

2. 对已发生损失或情况严重的，应及时向当地公安机关报案。

3. 配合公安机关或发卡银行做好调查、举证工作。

问题九：为什么持卡人应保持良好的个人信用记录？

持卡人要保持良好的个人信用记录。目前我国正在倡导建设诚信社会，人民银行已建立起了覆盖全国范围的个人信用基础数据库，中国银联也在各银行间对不良用卡行为进行信息共享，因此如果个人有良好的信用记录，发卡银行不仅将适时调整信用卡的额度，同时将给个人在日常生活中与银行等部门的其他业务往来带来很大方便。

问题十：哪些卡是使用“签名”确认，哪些卡是使用“密码”确认交易呢？

“签名”和“密码”都是持卡人对银行卡消费进行确认的方式之一，是保护持卡人资金安全的重要手段。通常来说，大多数人使用的借记卡（即一般在卡片里面预先存有资金、没有透支功能的卡）是通过密码加签名来进行消费确认的，而许多国内银行发行的信用卡（贷记卡、准贷记卡）提供了凭密码或凭签名进行交易确认的功能，可由持卡人自主选择。

资料来源：http://www.mps.gov.cn.

问题讨论：在防范电子支付的风险问题上，你认为银行应该做些什么？客户应该做些什么？

本章小结

支付的电子化，为消费者带来了便利、为银行业带来了新的机遇，但同时也为交易相关主体带来了新的挑战。电子支付中的风险包括支付系统风险、操作风险、法律风险、市场风险、信用风险、流动性风险和声誉风险。电子支付的风险与传统金融风险相比更具复杂性、传播面更广，因此也影响更大，于是防范电子支付风险就显得更加迫切和重要，可从技术、法律及监管等方面进行努力。电子支付的安全技术手段包括防火墙技术、加密技术、数字摘要技术、数字签名技术及数字证书等，通过这些技术手段的应用，可以较好地解决信息在传输过程中的一系列不安全问题。我国目前的电子支付立法还很不成熟，迫切需要监管部门适应市场需求，加快出台相关法律法规。

课后习题

一、填空题

1. 电子支付风险管理的步骤包括__________、__________、__________。

2. 解决电子支付系统的安全问题，可以采用__________等措施；为了加强数据的保密性，可采用__________技术；为了保证数据的真实性、完整性，可采用__________技术；为了能够识别交易各方的身份，可使用__________。

3. 防火墙有三种基本类型，分别是__________、__________和__________。

二、简答题

1. 电子支付所涉及的风险与一般的金融风险有什么不同？请举例说明。

2. 电子支付的操作风险包含哪些方面？请举例说明。

3. 对称密钥加密技术和非对称密钥加密技术各有什么优缺点？

参考文献

[1] 中国支付清算协会. 移动支付理论与实务. 北京：中国金融出版社，2015.

[2] 马梅，朱晓明，周金黄，季家友，陈宇. 支付革命. 北京：中信出版社，2014.

[3] 中国支付清算行业协会. 中国支付清算行业运行报告. 北京：中国金融出版社，2015.

[4] 李耀东，李钧. 互联网金融框架与实践. 北京：电子工业出版社，2014.

[5] 万建华. 金融e时代. 北京：中信出版社，2013.

[6] 海天理财. 一本书玩转移动支付. 北京：清华大学出版社，2015.

[7] 吴卫明. 互联网金融知识读本. 北京：中国人民大学出版社，2015.

[8] 孙颖，郭福春. 银行卡业务. 北京：中国金融出版社，2008.

[9] 孙森. 网络银行. 北京：中国金融出版社，2010.

[10] 蔡元萍. 网上支付与结算. 大连：东北财经大学出版社，2010.

[11] 黄超，龚惠群. 网络支付. 北京：机械工业出版社，2007.

[12] 帅青红. 网上支付与安全. 北京：北京大学出版社，2010.

[13] 陈月波. 电子支付与网上金融. 北京：中国财政经济出版社，2009.

[14] 张劲松. 网络金融. 北京：机械工业出版社，2010.

[15] 陈进，崔金红. 电子金融概论. 北京：首都经济贸易大学出版社，2009.

[16] 杨国明，蔡军. 网络金融. 北京：中国金融出版社，2006.

[17] 王龙华. 网络金融. 北京：中国金融出版社，2009.

[18] 张衢. 商业银行电子银行业务. 北京：中国金融出版社，2007.

[19] 辛树森. 电子银行. 北京：中国金融出版社，2007.

[20] 牛刚. 商业银行清算业务. 北京：中国金融出版社，2008.

[21] 陈进. 网络金融服务. 北京：清华大学出版社，2011.

[22] 李洪心，马刚. 电子支付与结算. 北京：电子工业出版社，2010.